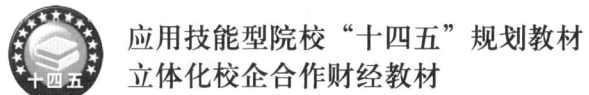

应用技能型院校"十四五"规划教材

立体化校企合作财经教材

U0781214

财务大数据
应用技术

朱菲 张艳 杨晶◎主 编

立信会计 出版社

LIXIN ACCOUNTING PUBLISHING HOUSE

图书在版编目（CIP）数据

财务大数据应用技术/朱菲,张艳,杨晶主编.
上海:立信会计出版社,2025.8.-- ISBN 978-7-5429-
7921-6

Ⅰ.F275

中国国家版本馆 CIP 数据核字第 2025U6H498 号

策划编辑　　王斯龙　郑文婧
责任编辑　　王斯龙
助理编辑　　郑文婧
美术编辑　　吴博闻

财务大数据应用技术

CAIWU DASHUJU YINGYONG JISHU

出版发行	立信会计出版社			
地　　址	上海市中山西路 2230 号	邮政编码	200235	
电　　话	(021)64411389	传　　真	(021)64411325	
网　　址	www.lixinaph.com	电子邮箱	lixinaph2019@126.com	
网上书店	http://lixin.jd.com	http://lxkjcbs.tmall.com		
经　　销	各地新华书店			
印　　刷	常熟市人民印刷有限公司			
开　　本	787 毫米×1092 毫米	1/16		
印　　张	16.75			
字　　数	398 千字			
版　　次	2025 年 8 月第 1 版			
印　　次	2025 年 8 月第 1 次			
书　　号	ISBN 978-7-5429-7921-6/F			
定　　价	49.00 元			

如有印订差错,请与本社联系调换

前 言

　　在当今信息化高速发展的时代,大数据已成为推动各行各业变革的重要力量,特别是在财经领域,大数据的应用为财务管理、决策分析等方面带来了前所未有的机遇与挑战。本教材应运而生,旨在培养适应新时代需求的财经类专业人才。

　　本教材以"财务大数据应用技术"为核心,经过细致的教学规划与内容编排,以项目形式循序渐进地展开:"项目一 大数据认知"帮助学生建立对大数据的全面理解;"项目二 数据库基础"和"项目三 数据库基本操作"深入讲解数据库理论及实践应用;"项目四 Python 入门"与"项目五 Python 基础语法"引领学生踏入编程世界,掌握 Python 这一大数据处理的重要工具;"项目六 Python 进阶语法"深化学生的编程能力;"项目七 财务数据建模与处理"教授学生如何运用大数据技术进行财务数据建模与分析;"项目八 财务数据采集与清洗"重点介绍数据的获取与预处理;"项目九 Python 数据可视化"则通过可视化手段使数据更加直观易懂;"项目十 案例企业数据分析"通过真实企业数据分析案例,将理论知识与实践操作紧密结合。本教材不仅可以提升学生的专业技能,还可以在课程思政的引领下,塑造正确的价值观、职业道德观和社会责任感,旨在培养既精通财务大数据应用又具备高尚品德的复合型人才。

　　本教材具有以下特色:

　　1. 思政融合

　　本教材在思政融合方面以"小提示"的形式呈现,结合大数据技术在财务领域的具体应用案例,讲解数据安全、隐私保护等法律法规,引导学生树立正确的网络安全观和法治意识,强化社会主义核心价值观的认同与践行,培育爱国情怀与社会责任感;通过介绍国内大数据技术在财经领域的创新成果与成功案例,激发学生的民族自豪感和对国家发展的关注,鼓励学生将个人技能与国家需求相结合,积极投身社会服务,增强社会责任感,强化工匠精神与持续学习态度,倡导精益求精、追求卓越的职业态度;同时,鼓励学生紧跟技术前沿,保持终身学习的热情,不断提升自我,以适应快速变化的大数据时代需求。

　　2. 超便捷编程

　　本教材与"网中网财务大数据基础综合教学平台"匹配,通过系统化、实践化的教学,帮助学生掌握大数据基础及其在财务领域的应用技能。该平台已集成所需工具,无需安装复杂的数据库软件和 Python 开发环境,方便学生随时随地进行学习实践。

3. 零基础入门

本教材配有详细的知识点讲解、配套案例练习和实验实操，即使是没有任何编程基础的学生也能轻松掌握相关知识技能。

4. 资源立体化

本教材提供教材、电子课件、授课视频、微课、案例库等多维度教学资源，为师生提供全方位的教学支持和学习保障。

5. 应用数字化

本教材将大数据技术贯穿到业务流程中，通过大数据应用深化业财融合，让学生在掌握数据库设计、数据维护、数据查询、数据采集及可视化处理等技能的同时，深刻理解大数据在财务管理中的重要作用。

本教材由朱菲、张艳和杨晶三位老师共同担任主编，具体分工如下：朱菲老师主要负责项目一至项目三以及项目十的编写，同时负责整体策划与审核定稿工作，为本教材的质量与实用性提供了坚实保障；张艳老师主要负责项目四至项目六的编写，通过深入浅出的讲解与丰富的案例，帮助学生轻松掌握 Python 编程及大数据处理技能；杨晶老师主要负责项目七至项目九的编写，通过理论讲解与实战演练相结合的方式，帮助学生深刻理解大数据在财务管理中的重要作用与价值，提升学生的专业素养与综合能力。三位主编精心策划与编写本教材，旨在为财经商贸类学生提供一本既实用又具有前瞻性的教材。

本教材主要面向财经商贸类专业学生，我们期待通过本教材，学生能够扎实掌握财务大数据的基础知识与技能，具备良好的职业道德和团队合作精神，为未来的职业生涯奠定坚实的基础。

在本教材的编写过程中，我们得到了众多院校专家和企业专家的大力支持与宝贵建议，在此表示衷心的感谢。同时，也感谢广大师生的积极反馈与建议，正是你们的支持与鼓励，推动我们不断追求卓越，致力于培养更多优秀的财经商贸类人才。由于编者的水平有限，书中可能存在疏漏与不妥之处，敬请广大读者批评指正，以使本书日臻完善。

编　者

2025 年 6 月

项目一
大数据认知

大数据无疑是当今社会的关注热点和信息技术高地，无论是传统媒体还是新兴媒体，都遍布着有关大数据各个维度的报道，涉及大数据的概念、技术应用、设想和展望等各个方面。本教材开篇将带领读者了解大数据的概念。

 知识导航

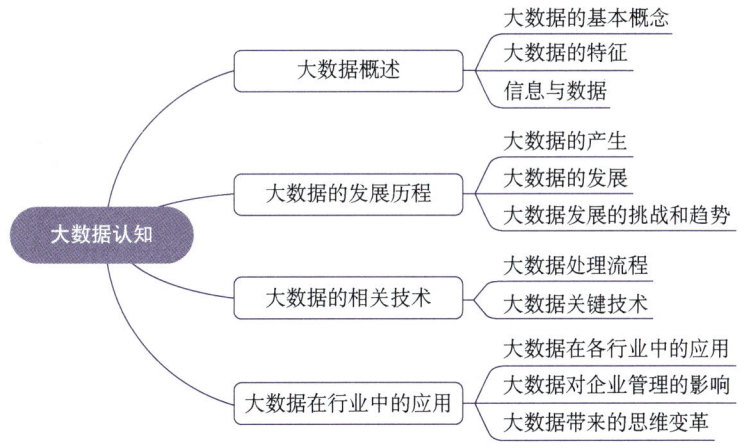

任务一　大数据概述

学习目标

【知识目标】掌握大数据的核心定义、技术特征、发展脉络及其在经济与社会中的应用价值。

【技能目标】能够运用大数据思维解析实际问题,初步了解数据处理工具与分析方法。

【素质目标】培养数据驱动的决策意识,形成对新技术的持续关注与批判性思考习惯。

一、大数据的基本概念

维克托·迈尔-舍恩伯格在《大数据时代:生活、工作与思维的大变革》一书(如图 1-1 所示)中指出,大数据通过数学算法分析海量数据,揭示事件的可能性与相关性,其核心在于从复杂无序的数据中挖掘关联关系。与传统数据相比,大数据更关注动态趋势而非静态因果。

麦肯锡咨询公司作为全球首屈一指的咨询公司,是研究大数据的先驱。麦肯锡咨询公司在《大数据:下一个创新、竞争和生产率的前沿》中将大数据定义为:大数据是超出传统数据库工具处理能力的大型复杂数据集,涉及采集、存储、共享等环节。其中,大数据具有动态性,早期 GB 级数据曾被视为庞大规模,而当前地球科学、基因研究等领域已普遍使用 TB 至 EB 级数据(1 EB＝1 024 PB)。

图 1-1　维克托·迈尔-舍恩伯格所著《大数据时代:生活、工作与思维的大变革》

国际标准化组织对大数据的定义为:大数据是指具备规模性(volume)、多样性(variety)、高速性(velocity)、真实性(veracity)等特征的数据集,其处理需借助分布式计算、并行架构及专用算法以提取价值。我国对大数据的定义是:大数据是指无法通过传统数据处理工具在可接受时间内完成获取、管理和处理的数据集合。

二、大数据的特征

一般认为,大数据主要具有四个方面的典型特征("4V"特征):大量(volume)、多样(variety)、高速(velocity)和价值(value)。

(一) 大量

随着互联网、物联网、移动互联技术的发展,人和事物的所有轨迹都可以被记录下来,数据呈现爆发性增长。据统计,人类在最近两年产生的数据量相当于之前产生的全部数据量。

数字信息已经渗透我们生活和社会的方方面面,我们每天都会产生 5 亿条博文、2 940 亿封电子邮件、650 亿条微信消息和 72 万小时的短视频。而激增的规模[国际数据公司(IDC)报告显示,全球数据量每两年翻倍]对数据的存储与计算提出挑战。根据 IDC 的预测,2025 年全球数据量将达 175 ZB,中国占比提升至 27.8%。

(二) 多样

多样主要体现在数据来源多、数据类型多和数据之间关联性强三个方面。

1. 数据来源多

企业所面对的传统数据主要是交易数据,互联网和物联网的发展带来了如社交网络、传感器等多种来源的数据。数据来自不同的应用系统和不同的设备,决定了大数据形成的多样性。数据大体可以分为三类:一是结构化数据,如财务系统数据、信息管理系统数据、医疗系统数据等,其特点是数据间因果关系强;二是非结构化的数据,如视频、图片、音频等,其特点是数据间没有因果关系;三是半结构化数据,是具有一定格式但缺乏严格模式的数据,如JSON、XML 文件、HTML 文档、邮件、网页等,其特点是数据间的因果关系弱。

2. 数据类型多

大数据时代的数据以非结构化数据为主。在传统企业中,数据都是以表格形式保存的,而大数据中有 70%～85% 的数据是非结构化数据和半结构化数据,包含文本、图像、音频、视频、日志、链接信息等,如图 1-2 所示。

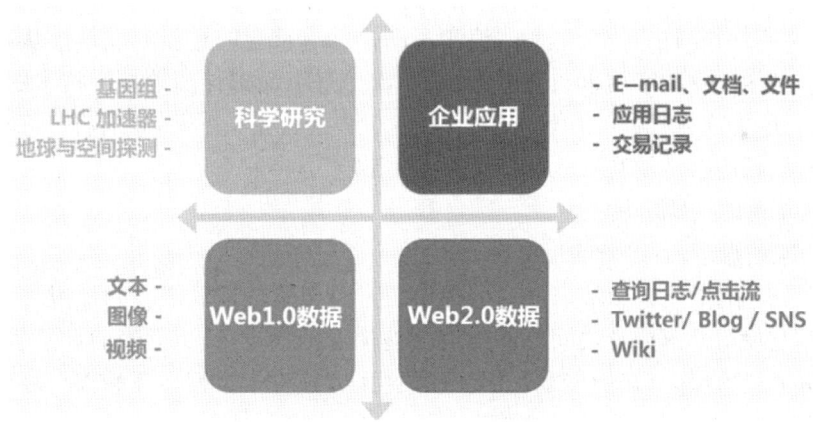

图 1-2 大数据的数据类型

3. 数据之间关联性强

数据之间频繁交互。例如,游客在旅游途中上传的照片和日志,与游客的位置、行程等信息有很强的关联性。

(三) 高速

高速是大数据区别于传统数据最显著的特征。根据统计,预计截至 2025 年年底创建、捕获、复制和消耗的数据总量将达到 175 ZB。

大数据与传统数据的重要区别在两个方面:一方面,大数据的数据规模更大;另一方面,大数据对处理数据的响应速度有更严格的要求。数据的增长速度和处理速度是大数据高速性的重要体现。

既有的技术架构和路线,已经无法高效处理如此海量的数据,而对于相关组织来说,花费巨大的投入所采集的信息无法通过及时处理并有效反馈,那将是得不偿失的。可以说,大数据时代对人们的数据驾驭能力提出了新的挑战。

(四) 价值

尽管我们拥有大量数据,能发挥价值的数据仅是其中非常小的部分。截至2023年,美国社交网站 Facebook 有30亿月活跃用户,网站对这些用户信息进行分析后,广告商可根据结果精准投放广告,对广告商而言,30亿用户的数据价值上万亿美元。据资料报道,截至2023年,运用大数据达成的交易额已达到4.25万亿美元。

由于大数据中有价值的数据所占比例很小,大数据真正的价值体现在从大量不相关的各种类型的数据中,挖掘对未来趋势与模式预测分析有价值的数据,并通过机器学习、人工智能或数据挖掘深度分析数据,将分析结论运用于各个领域可以创造更大的价值。

三、信息与数据

(一) 信息的概念

信息(information)是反映客观事物存在方式或运动状态的符号集合,是通信系统传输与处理的基本对象,涵盖人类社会传播的一切内容。通过对信息的获取与识别,人类能够区分事物属性、认知客观规律,并以此指导实践活动。

(二) 信息的发展历程与信息化浪潮

在人类文明的长河中,信息革命的浪潮不断推动着社会的进步与发展。从最初的声波与肢体语言,到今天的数字技术与互联网,每一次信息革命都伴随着核心技术的突破,深刻地改变了信息的传递方式、存储形态以及人类对世界的认知。下面,我们将详细探讨信息革命的发展历程、核心技术及其对社会产生的深远影响。

1. 信息革命的发展历程

1) 第一次信息革命:语言的形成(原始社会)

在原始社会,人类主要依赖声波与肢体语言进行信息传递。语言的形成是人类社会的一大里程碑,它使得部落成员之间能够更有效地沟通狩猎技巧、生活经验和宗教信仰,促进了部落内部的紧密合作与知识传承。语言的诞生,标志着人类社会开始以符号化的方式进行信息交流与共享,为后续的文明发展奠定了坚实的基础。

2) 第二次信息革命:文字的发明(公元前3000年左右)

随着社会的进步,人类开始探索将信息固化的方法。象形文字、楔形文字等符号系统的发明,实现了信息的跨时空共享。文字不仅记录了历史、法律、宗教等重要信息,还促进了不同文化之间的交流与融合。文字的发明,标志着人类社会进入了一个全新的知识积累与传播阶段,为后来的科学、哲学、艺术等领域的发展提供了可能。

3) 第三次信息革命:印刷术的发明(15世纪)

15世纪,约翰内斯·古腾堡发明的金属活字印刷术(独立于中国北宋毕昇的泥活字印刷术)彻底改变了信息的传播方式。这一技术使得书籍的大规模复制成为可能,极大地降低了书籍的成本,加速了知识的普及,推动了文艺复兴与科学革命的兴起,促进了欧洲识字率的迅速提升,加速了思想的自由流动,为现代科学的诞生提供了重要支撑。

4) 第四次信息革命:电磁波技术的发明(19 世纪末)

19 世纪末,电磁波技术的发明、电报和无线电的广泛应用,实现了信息的远距离实时传输。电磁波技术的突破,不仅极大地缩短了信息传播的时间,还突破了空间的限制,使得全球新闻、商业信息、科学发现等内容能够迅速传播,增强了世界各地之间的联系,为全球化进程奠定了基础。

5) 第五次信息革命:多媒体的产生(20 世纪 50 年代)

20 世纪 50 年代,电视技术的兴起标志着多媒体时代的开始。电视技术不仅将视听信息融为一体,还通过直播、纪录片、广告等形式,将文化、政治、教育等内容广泛传播给大众,极大地丰富了信息的表现形式。

6) 第六次信息革命:数字技术的使用(21 世纪初)

进入 21 世纪,计算机与互联网的迅猛发展将人类社会带入了数字时代。数字技术不仅实现了全球信息的实时共享与交互,还催生了电子商务、社交媒体、在线教育、云计算等新兴行业,深刻改变了人类的生活方式、工作方式和思维方式。数字技术使得信息的获取、存储、处理和分析变得前所未有的便捷,促进了全球化经济的发展,同时也产生个人隐私保护、信息安全等新的挑战。

信息的发展历程如图 1-3 所示。

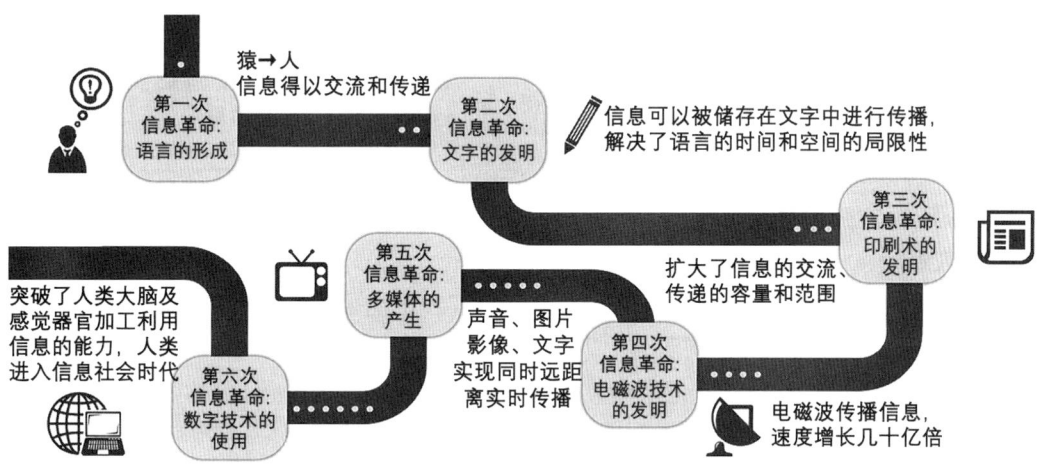

图 1-3 信息的发展历程

2. 三次信息化浪潮

1) 第一次信息化浪潮:个人计算机的普及

1980 年前后,人类社会迎来了第一次信息化浪潮。这一时期的显著标志是个人计算机的广泛普及,极大地推动了信息技术的个人化和普及化,使得信息处理变得更加高效和便捷。Intel、AMD、IBM、苹果、微软、联想、戴尔、惠普等企业在这一时期崭露头角,它们在计算机硬件和软件的开发和生产中发挥了重要作用,为信息技术的快速发展奠定了坚实基础。

2) 第二次信息化浪潮:互联网的兴起

1995 年前后,人类社会迎来了第二次信息化浪潮。这一时期的标志是互联网的兴起,互联网的出现彻底改变了人们获取信息的方式,使得信息传输更加迅速和广泛。同时,互联网也催生了电子商务、在线支付等新兴业态,极大地推动了数字经济的发展。雅虎、谷歌、阿里巴巴、百度、腾讯等企业在这一时期迅速崛起,成为互联网服务和电子商务领域的佼佼者,为信息技术的广泛应用和普及作出了重要贡献。

3) 第三次信息化浪潮:物联网、云计算和大数据的广泛应用

2010 年开始,人类社会迎来了第三次信息化浪潮。这一时期的显著标志是物联网、云计算和大数据技术的广泛应用。这些技术的融合应用,使得信息处理和分析能力得到了质的飞跃。物联网技术实现了物物相连,使得信息获取更加全面和准确;云计算技术提供了强大的数据存储和处理能力,使得信息处理更加高效和便捷;大数据技术能够对海量数据进行深度挖掘与分析,为决策提供有力支持。这些技术的广泛应用,不仅提高了企业的运营效率,还推动了智慧城市、智能制造等新兴领域的发展,为人类社会带来了前所未有的变革。

三次信息化浪潮如表 1-1 所示。

表 1-1　三次信息化浪潮

信息化浪潮	时间范围	标志	解决问题	代表企业
第一次信息化浪潮	1980 年前后	个人计算机	信息处理	Intel、AMD、IBM、苹果、微软、联想、戴尔、惠普等
第二次信息化浪潮	1995 年前后	互联网	信息传输	雅虎、谷歌、阿里巴巴、百度、腾讯等
第三次信息化浪潮	2010 年开始	物联网、云计算和大数据	信息爆炸	中科曙光、紫晶存储、荣联科技、神州信息、浪潮卓数、广联达、亚马逊 AWS、谷歌云、微软 Azure 等

(三) 数据的概念与特征

1. 定义

数据(data)是对客观事物属性、状态及关系的符号化记录,是未经加工的原始素材。数据可以是数字、文本、图像、音频等多种形式,而在计算机内部,所有数据最终都以二进制(0/1)的形式存储。这种符号化记录的方式使得数据成为一种通用语言,能够被计算机和人类共同理解和处理。

2. 特性

(1) 可识别性:数据需要通过特定的规则进行解析才能被理解。例如,时间戳可以标识数据产生的时间,坐标可以定位数据的空间位置。这些规则确保了数据的可读性和可用性。

(2) 多态性:数据可以分为连续型和离散型两种。连续型数据,是随时间连续变化的,如声音和视频;而离散型数据,则是离散的、不连续的,如字符和代码。这种多态性使得数据能够表达更丰富的信息。

3. 分类

(1) 按性质划分,数据可以分为定位数据(如 GPS 坐标)、定性数据(如产品类别)、定量数据(如温度值)和定时数据(如日志时间戳)。这些分类反映了数据所描述事物的不同属性和特征。

（2）按形式划分，数据可以分为数字数据和模拟数据。数字数据通常存储在数据库中，以结构化的方式记录；模拟数据则来自传感器等物理设备，以模拟信号的形式存在。

（3）按结构划分，数据可以分为矢量数据和栅格数据。矢量数据主要用于地理信息领域，能够精确描述空间位置；栅格数据则以像素为单位记录空间信息，如遥感影像。

（四）数据的来源

（1）用户行为：包括 Web 浏览记录、App 日志、社交媒体互动等。这些数据反映了用户的行为习惯和偏好，是企业进行用户画像和精准营销的重要依据。

（2）物理感知：包括传感器监测的温湿度、图像、监控视频等，提供了对物理世界的实时监测和感知。这些数据在智能制造、智慧城市等领域发挥着重要作用。

（3）系统交互：包括企业 ERP、医疗 HIS、金融交易流水等，记录了企业的运营状况、医疗记录、金融交易等信息。这些数据是企业进行数据分析、优化运营的重要资源。

（五）信息与数据的区别

1. 核心差异

数据是非结构化、非指向性的原始符号，如"25 ℃"。

信息是结构化、逻辑关联的语义单元，如"今日平均气温 25 ℃"。可以说，信息是经过加工、整合和解释后的数据，具有明确的语义和指向性。

2. 价值转化链

数据经过加工、整合与解释形成信息；信息再经过分析提炼为知识，最终升华为决策智慧。这一过程构成了数据信息知识智慧金字塔，如图 1-4 所示。这个金字塔模型揭示了数据从原始素材到决策智慧的转化过程，体现了数据的巨大潜力和价值。

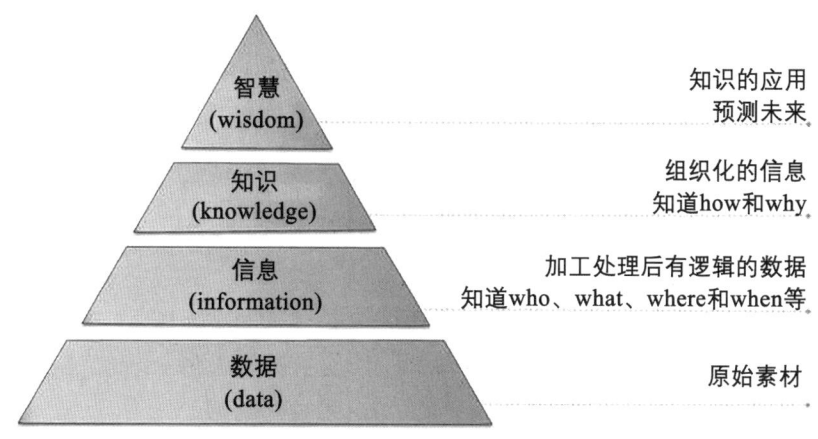

图 1-4　数据信息知识智慧金字塔

3. 战略意义

在数字经济时代，数据已成为核心生产要素，与物质、人力资源并列被称为"21 世纪的石油"。企业通过数据驱动创新，提高市场竞争力和运营效率，如精准营销、个性化推荐等。国家也依托数据主权保障安全与发展，通过数据治理和监管确保数据的合法、合规使用。数据的战略意义不仅体现在经济价值上，还体现在国家安全和社会治理等方面。因此，加强数据管理和保护，推动数据共享和开放，已成为各国政府和企业的共同责任。

 巩固练习

简答题

    1. 什么是大数据?

    2. 大数据思维有哪些?

    3. 简述大数据的主要特征。

任务二　大数据的发展历程

学习目标

【知识目标】了解大数据产生的途径和来源,了解大数据的发展阶段,掌握我国大数据的发展历程。

【技能目标】能够区分大数据的发展阶段,研判大数据的未来趋势。

【素质目标】具有理论联系实际,善于合作和勇于创新的科学精神,关注我国政策,具有较强的社会责任感。

一、大数据的产生

如今,全球处于一个数据爆炸的时代,社交媒体的发展、移动互联网的普及,使得我们每个使用互联网的用户都成为数据的生产者。例如,我们通过微博、微信和 QQ 等社交媒体记录我们的行为、分享我们的心情时都会产生数据;我们网上购物、订外卖和浏览网页也会产生数据,如图 1-5 所示。

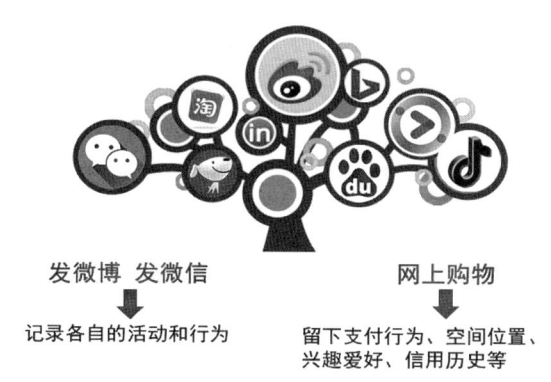

图 1-5　人创造数据

除了人类,机器也是数据的重要来源。随着物联网在环境保护、政府工作、公共安全、智慧城市、智能交通、智能家居、工业监测、食品溯源等各行各业的推广应用,在物联网上每秒钟都会产生海量数据。数据创造推动了大数据的产生。

百度每天需要处理超过 100 PB 的数据;每天超 1 500 万条视频上传到抖音;微信每月有近 13 亿个活跃用户,3.6 亿人每天浏览公众号来获取对外界的认知。由此可见,我们每天产生着大量的数据。并且,随着整个信息世界应用的深入,数据量会变得越来越大,如图 1-6 所示。

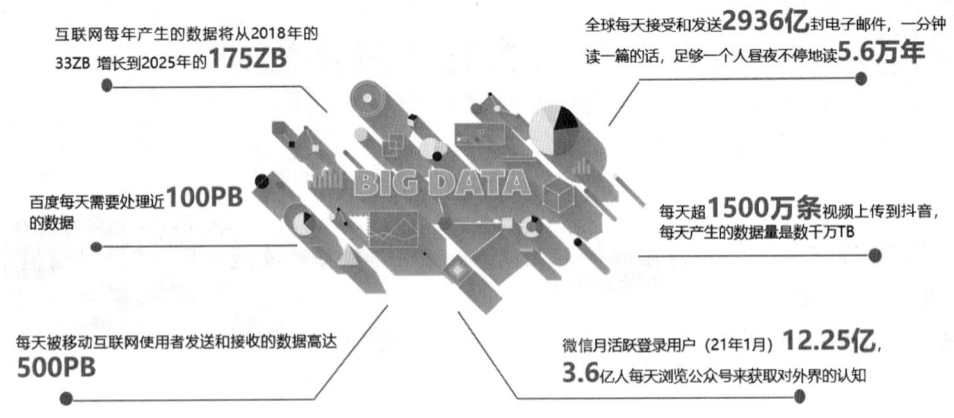

图 1-6　人类每天产生的庞大数据量

二、大数据的发展

(一)国外

1. 萌芽阶段(1980—2008 年)

1980 年,未来学家阿尔文·托夫勒在其著作《第三次浪潮》中首次提出了大数据的概念,并将其比喻为三次浪潮中的华彩乐章。随后,随着社交网络的迅猛增长,技术博客和专业人士也为大数据概念注入了新的活力。

2003—2006 年,大数据发展迎来了突破期。社交网络的兴起导致大量非结构化数据的涌现,传统处理方法难以应对这一挑战。于是,数据处理系统和数据库架构开始被重新审视,一批商业智能工具和知识管理技术应运而生,如数据仓库、专家系统、知识管理系统等。

2008 年,《自然》推出了名为"大数据"的封面专栏,进一步推广了大数据的相关技术和概念。

2. 成长阶段(2009—2012 年)

2010 年 2 月,肯尼斯·库克尔在《经济学人》杂志上发表了长达 14 页的大数据专题报告《数据,无所不在的数据》。

2011 年 6 月,全球领先的知名管理咨询公司麦肯锡发布了题为《大数据:下一个创新、竞争和生产率的前沿》的研究报告,明确指出"大数据已成为当今竞争、创新及生产效率提升的关键基础"。

2012 年,牛津大学教授维克托·迈尔-舍恩伯格的著作《大数据时代:生活、工作与思维的大变革》在国内迅速风靡,有力推动了大数据在国内的广泛应用与发展。在此背景下,大数据市场迅猛增长,互联网数据呈现爆发式扩张,大数据技术也逐渐为大众所熟知和运用。

3. 爆发阶段(2013—2015 年)

大数据迎来了发展的高潮,包括我国在内的世界各国纷纷布局大数据战略。

2013 年,英国政府加大对大数据领域研究的资金支持力度,提出总额达 1.89 亿英镑的资助计划,其中包括直接投资 1 000 万英镑用于建立"开放数据研究所"。同年 8 月,澳大利亚政府信息管理办公室发布《公共服务大数据战略》,明确了大数据战略的 6 条核心原则:数据归属国有资产;隐私保护机制设计;数据完整性与处理程序透明化;技术、资源与数据处理能力共享;加强与工业界和学术界的合作;推动数据开放。

2015 年 3 月,美国联邦总务管理局公民服务与科技创新办公室旗下的 18F 创新小组,联合联邦数字服务中心和白宫科技政策办公室,共同发布了关于政府网站的数字化分析仪表盘,旨在协助公众实时、便捷地了解美国联邦政府网站所提供的社会公共服务。

4. 快速发展阶段(2016 年至今)

大数据应用已深入渗透至各行各业,其价值日益凸显,数据驱动决策及社会智能化水平显著提升,大数据产业正迎来迅猛发展和大规模应用落地。

截至 2024 年年底,全球大数据平台市场规模达到 738 亿美元。至 2033 年,该数字预计将增至 1 684 亿美元,年复合增长率高达 12.5%。此外,以"大数据"为关键词的全球论文发表量预计将突破 9 万篇,而大数据领域相关专利申请量预计将超过 20 万项。

(二)国内

随着我国大数据战略的深入布局与持续推进,国家予以高度重视,并持续优化大数据政策的支撑体系,从而推动大数据产业迅猛发展。

1. 预热阶段(2014 年)

2014 年 3 月,大数据首次被写入《政府工作报告》,标志着国家层面开始重视大数据的价值。

2. 起步阶段(2015 年)

2015 年 8 月,国务院发布了《促进大数据发展行动纲要》,标志着我国从国家层面正式启动大数据的顶层设计,全面推动大数据的发展与应用,旨在进一步提升创业创新活力和社会治理效能。

3. 落地阶段(2016—2017 年)

2017 年 10 月,党的十九大报告明确提出"推动大数据与实体经济深度融合"的战略方针;同年 12 月,中央政治局围绕实施国家大数据战略展开集体学习,进一步巩固和强化了大数据的战略地位。

4. 深化阶段(2018—2020 年)

2019 年 3 月,大数据连续第六年被写入《政府工作报告》。

2020 年 4 月,《中共中央 国务院关于构建更加完善的要素市场化配置体制机制的意见》正式发布,首次将数据明确列为生产要素,有力推动了数据资源的市场化配置。

5. 高速发展阶段(2021 年至今)

2022 年,我国大数据产业规模达到约 1.6 万亿元,同比增长 20.8%,成为推动数字经济发展的重要力量。

2023 年,我国数据生产总量达 32.85 ZB,数据资源开发利用水平显著提升,数据资源质量持续改善,面向大模型训练的数据资源加速增长;大数据产业规模增至 1.74 万亿元,同比增长 10.45%。

三、大数据发展的挑战和趋势

大数据之所以区别于传统数据处理,关键在于其独特的"4V"特征。这四个特征共同描绘了大数据的全貌,也揭示了在大数据时代中,企业和研究者所面临的挑战与机遇。面对这些挑战,企业需要不断更新技术,优化数据处理流程,提升社会效率的巨大潜力。

(一)大数据发展的挑战

1. 业务部门没有清晰的大数据需求

由于企业业务部门不了解大数据,也不了解大数据的应用场景和价值,难以提出大数据的准确需求,而大数据部门又是非营利部门,企业决策层担心投入比较多的成本,使得许多企业在搭建大数据部门时犹豫不决或处于观望尝试的态度,这从根本上影响了企业在大数据方向的发展,也阻碍了企业积累和挖掘自身的数据资产,甚至许多数据没有应用场景而被删除,使得企业数据资产流失。大数据从业者和专家应推动和分享大数据应用场景,帮助更多的业务人员了解大数据的价值。

2. 企业内部数据孤岛严重

企业启用大数据最重要的挑战是数据的碎片化。在很多企业中尤其是大型的企业,数据常常散落在不同部门、不同数据仓库中,这导致企业内部数据无法打通,无法挖掘大数据的价值。企业需要关联和整合不同数据才能更好地发挥理解客户和理解业务的优势,只有将不同部门的数据打通,并且实现技术和工具共享,才能更好地发挥企业大数据的价值。

3. 数据可用性低,数据质量差

一些企业对大数据的预处理阶段很不重视,导致数据处理很不规范,甚至在数据的上报就出现很多不规范、不合理的情况。以上种种原因,导致企业的数据可用性差、数据质量差、数据不准确。而大数据的意义不仅是要收集规模庞大的数据信息,还要对收集到的数据进行预处理,数据分析和数据挖掘人员才有可能从大数据中提取有价值的信息。

4. 数据相关管理技术和架构

技术架构的挑战包含以下几方面:

(1)传统的数据库部署不能处理 TB 级别的数据,快速增长的数据量超出了传统数据库的管理能力,如何构建分布式数据仓库成为很多传统企业的挑战。

(2)很多企业采用传统数据库技术时没有考虑到数据类别的多样性,尤其是对结构化数据、半结构化数据和非结构化数据的兼容。

(3)传统企业的数据库,对数据处理时间要求不高,这些数据的统计结果往往滞后一天或两天才能统计出来。但大数据需要实时处理数据,进行分钟级甚至是秒级计算,传统的数据库架构师缺乏实时数据处理的能力。

(4)海量的数据需要很好的网络架构,需要强大的数据中心来支撑,数据中心的运维工作也将成为挑战,如何在保证数据稳定、支持高并发的同时,减少服务器的低负载情况,成为海量数据中心运维的一个重点工作。

5. 数据安全与隐私问题

随着大数据的发展,数据的来源和应用领域越来越广泛。在互联网上随意浏览网页,就会留下一连串的浏览痕迹;在网络中登录相关网站需要输入个人的重要信息,如用户名、密码、身份证号、手机号、住址、银行卡信息等;随处可见的摄像头和传感器会记录下个人的行为和位置信息等。通过相关的数据分析,数据专家就可以轻易地挖掘出人们的行为习惯和个人重要信息。如果这些信息运用得当,相关领域的企业就可以随时了解客户的需求和习惯,调整相应的产品生产计划,取得更大的经济效益;但如果这些重要的信息被不法分子窃取,随之而来的就是个人信息、财产等安全问题。

(二) 大数据发展的趋势

1. 大数据优化传统行业的企业管理

一种新的技术往往在少数行业应用后取得了好的效果,对其他行业具有强烈的示范效应。目前,大数据在大型互联网企业已经得到较好的应用,尤其是在电信和金融行业,大数据在多种应用场景中取得效果。因此,我们有理由相信,大数据作为一种从数据中创造新价值的工具,将会在许多行业得到应用,带来广泛的社会价值。大数据将帮助企业更好地理解和满足客户的需求和潜在需求,更好地被应用在业务运营智能监控、精细化企业运营、客户生命周期管理、精细化营销、经营分析和战略分析等方面。

2. 大数据促进智慧城市发展

随着技术的发展,大数据在智慧城市将发挥越来越重要的作用。由于人口聚集给城市带来了交通、医疗、建筑等各方面的压力,城市需要更合理地进行资源布局和调配,而智慧城市正是城市治理转型的最优解决方案。智慧城市是通过物与物、物与人、人与人的互联互通能力、全面感知能力和信息利用能力,借助物联网、移动互联网、云计算等新一代信息技术,实现城市高效的政府管理、便捷的民生服务、可持续的产业发展。

3. 大数据将催生一批新的工作岗位和相应的专业

一个新行业的出现,必将在工作职位方面产生新的需求,大数据的出现也将催生一批新的就业岗位。例如,大数据分析师、数据管理专家、大数据算法工程师、数据产品经理等具有丰富经验的数据分析人才将成为稀缺资源,数据驱动型工作将呈现爆炸式的增长。由于有强烈的市场需求,高校也将逐步开设大数据相关专业,以培养相应的专业人才。企业也将和高校紧密合作,推动"大数据平台"和"大数据分析"面向行业产学研创新合作以及系统化知识体系建设和高价值人才培养。

4. 大数据在全方位改善我们的生活

大数据不仅被应用于企业和政府,还被应用于我们的生活。在健康方面,我们可以利用智能手环监测睡眠模式,了解睡眠质量;我们可以利用智能血压计、智能心率仪远程监控身在异地的老人的健康情况,让外出工作者更加放心。在出行方面,我们可以利用智能导航GPS数据了解交通状况,并根据拥堵情况实时调优路线。在居家生活方面,大数据将成为智能家居的核心,智能家电实现了拟人智能,产品通过传感器和控制芯片来捕捉和处理信息,根据住宅空间环境和用户需求自动设置控制,甚至提出优化生活质量的建议。例如,我们的冰箱未来可以每天给出当天的菜谱建议。

 巩固练习

一、填空题

1. 大数据的发展阶段包括_____、_____、_____和_____四个阶段。

2. 1980年,_____在《第三次浪潮》中,首次提出大数据的概念,并将其喻为

"_____"。

3. 从_____年开始,无论国内还是国外都非常重视大数据。

4. 2013 年被称为我国的_____,大型互联网企业争相推出创新型大数据应用。

二、简答题

1. 简述大数据产生的途径和来源。

2. 简述大数据发展的四个阶段及标志性事件。

3. 简述中国大数据发展的主要阶段及标志性事件。

任务三 大数据的相关技术

学习目标

【知识目标】了解大数据底层逻辑架构。

【技能目标】掌握大数据从数据采集到数据展现的技术处理的流程与方法。

【素质目标】培养对大数据技术的学习兴趣,提升个人的数据知识素养。

一、大数据处理流程

从大数据的特征和产生领域来看,大数据的来源相当广泛,由此产生的数据类型和应用处理方法千变万化。但总的来说,大数据处理的基本流程是一致的。从计算机领域收集的相关文献中可以总结出,大数据处理的基本流程可划分为数据采集、数据处理与集成、数据分析和数据解释 4 个阶段。

经数据源获取的数据,由于其数据结构不同(包括结构型、半结构型和非结构型数据),需用特殊方法进行数据处理和集成,将其转变为统一标准的数据格式,方便以后使用合适的数据分析方法对这些数据进行处理分析,并利用可视化等技术将分析的结果展现给用户。大数据处理的基本流程,如图 1-7 所示。

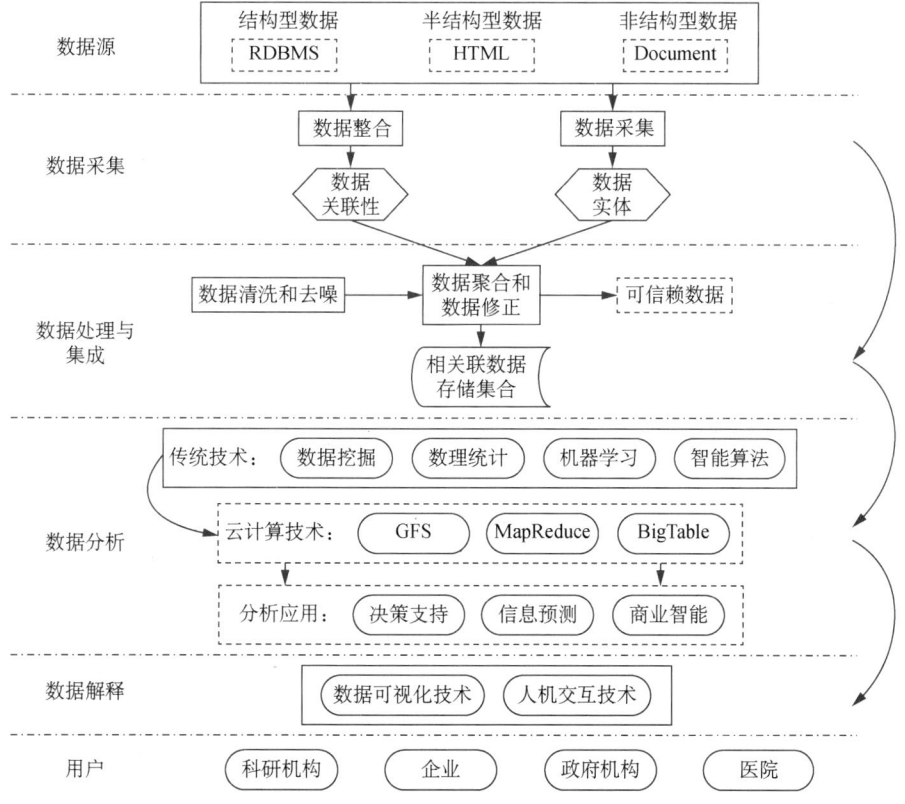

图 1-7 大数据处理的基本流程

(一) 数据采集

大数据的"大"意指数量多、种类复杂。因此,通过各种方法获取数据信息便显得格外重要。而数据采集的来源也多种多样,如通过网络爬虫获取数据、物联网设备获取数据等,如图 1-8 所示。数据采集是大数据处理流程中最基础的一步,目前常用的数据采集手段有传感器、射频识别(RFID)技术、数据检索分类工具(如百度和谷歌等搜索引擎)以及条形码技术等。此外,由于移动设备如智能手机和平板电脑的迅速普及,大量移动软件被开发应用,社交网络逐渐庞大,这也提高了信息的流通速度和采集精度。

图 1-8　数据采集来源

(二) 数据处理与集成

数据的处理与集成主要是对已经采集到的数据进行适当的处理、清洗去噪以及集成存储。大数据多样性的特征决定了经过各种渠道获取的数据种类和结构都非常复杂,为数据分析处理带来了极大的困难。通过数据处理与集成步骤,将这些结构复杂的数据转换为单一的或是便于处理的结构,为以后的数据分析打下良好的基础。这些数据里并不是所有的信息都是必需的,而是会掺杂很多噪音和干扰项,因此还需对这些数据进行"去噪"和清洗,以保证数据的质量和可靠性。常用的方法是先在数据处理的过程中设计一些数据过滤器,通过聚类或关联分析的规则方法将无用或错误的离群数据挑出来过滤掉,防止其对最终数据结果产生不利影响。然后,将这些整理好的数据进行集成和存储,这是很重要的一步。若单纯随意放置,则会对以后的数据取用造成影响,很容易导致数据访问性方面的问题。现在一般的解决方法是针对特定种类的数据建立专门的数据库,将这些不同种类的数据信息分门别类放置,从而有效地减少数据查询和访问的时间,提高数据提取速度。

(三) 数据分析

数据分析是整个大数据处理流程里最核心的部分,因为在数据分析的过程中,能发现数据的价值。经过上一步骤对数据的处理与集成后,所得的数据便成为数据分析的原始数据。接下来,根据所需数据的应用需求对数据进行进一步的处理和分析。传统的数据处理分析方法有数据挖掘、机器学习、智能算法、统计分析等,而这些方法已经不能满足大数据时代数据分析的需求。在数据分析技术方面,谷歌公司无疑是最先进的。谷歌作为互联网大数据应用最为广泛的公司,率先提出了"云计算"的概念。其内部各种数据的应用都是依托谷歌自主研发的一系列云计算技术,如分布式文件系统 GFS、分布式数据库 BigTable、批处理技术 MapReduce,以及开源实现平台 Hadoop 等。这些技术平台的产生,为大数据处理、分析提供了很好的手段。

(四) 数据解释

广大的数据信息用户最关心的不是数据的分析处理过程,而是对大数据分析结果的解释与展示。因此,在一个完善的数据分析流程中,数据结果的解释步骤至关重要。若数据分析的结果不能得到恰当的显示,则会对数据用户产生困扰,甚至会误导用户。传统的数据显示方式是通过文本形式下载输出或用户个人电脑显示处理结果。但随着数据量的加大,数据分析结果往往愈发复杂,传统的数据显示方式已经不足以满足数据分析结果输出的需求。因此,为了提升数据解释与展示能力,目前大部分企业都引入了"数据可视化技术"作为解释大数据最有力的方式。可视化的结果分析方式可以形象地向用户展示数据分析结果,更方便用户对结果的理解和接受。常见的可视化技术有基于集合的可视化技术、基于图表的技术、基于图像的技术、面向像素的技术和分布式技术等。

二、大数据关键技术

(一)云计算

云计算是一种大规模的分布式模型,通过网络将抽象的、可伸缩的、便于管理的数据能源、服务、存储方式等传递给终端用户。目前,云计算服务包含 3 个层次,分别为基础设施即服务(IaaS)、平台即服务(PaaS)和软件即服务(SaaS),如图 1-9 所示。国内的"阿里云"与云谷公司的 XenSystem,以及在国外已经非常成熟的 Intel 和 IBM 都是"云计算"的忠实开发者和使用者。

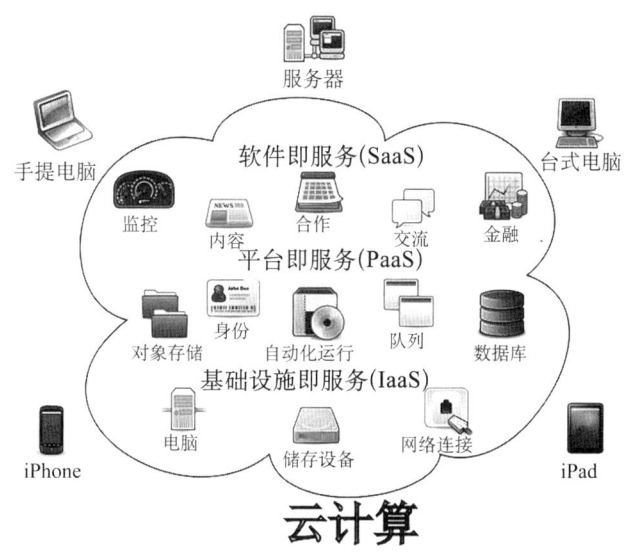

图 1-9 云计算服务

云计算是大数据分析处理技术的核心原理,也是大数据分析应用的基础平台。谷歌内部的各种大数据处理技术和应用平台都基于云计算,其中最典型的就是以分布式文件系统 GFS、批处理技术 MapReduce、分布式数据库 BigTable 为代表的大数据处理技术,以及在此基础上产生的开源数据处理平台 Hadoop。

(二)MapReduce

MapReduce 技术作为一种典型的数据批处理技术,被广泛应用于数据挖掘、数据分析、机器学习等领域。同时,MapReduce 因其并行式数据处理的方式,已经成为大数据处理的关键技术。

MapReduce 的数据分析流程如图 1-10 所示。可以看出,MapReduce 系统主要由两个部分组成:Map 和 Reduce。MapReduce 的核心思想在于"分而治之"。也就是说,先将数据源分为若干部分,每个部分对应一个初始键值对,并分别给不同的 Map 任务区处理。这时的 Map 对初始键值对进行处理,产生一系列中间结果 Key/Value 键值对。MapReduce 的中间过程 Shuffle 将所有具有相同 Key 值的 Value 值组成一个集合传递给 Reduce 环节;Reduce 接收这些中间结果,并将相同的 Value 值合并,最终形成较小 Value 值的集合。

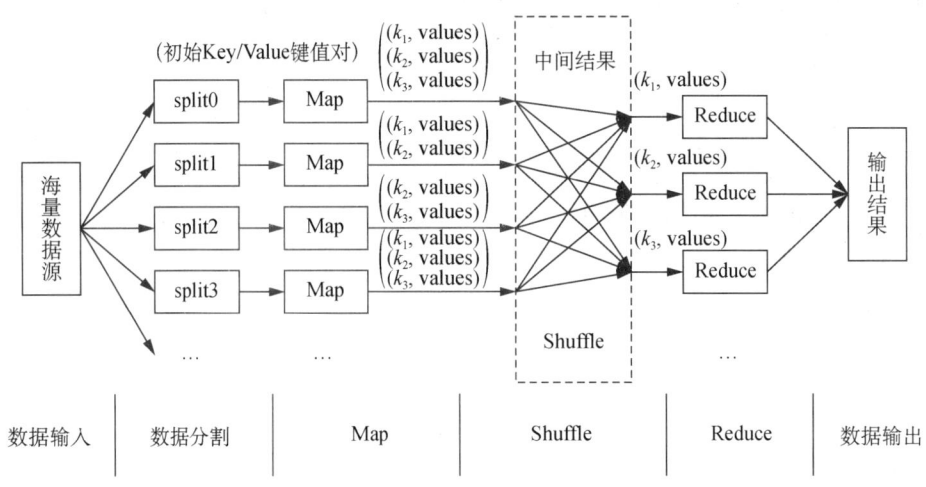

图 1-10　MapReduce 的数据分析流程

MapReduce 系统地提出简化了数据的计算过程,避免了数据传输过程中大量的通信开销,使得 MapReduce 可以运用到多种实际问题的解决方案里,公布之后获得了极大的关注,在各个领域均有广泛的应用。

(三)大数据可视化

可视化技术作为解释大数据最有效的手段之一,它对分析结果的形象化处理和显示,在很多领域得到了迅速而广泛的应用。数据可视化(data visualization)技术是指运用计算机图形学和图像处理技术,将数据转换为图形或图像后在屏幕上显示,并进行交互处理的理论、方法和技术。由于图形化的方式比文字更容易被用户理解和接受,数据可视化便借助人脑的视觉思维能力,将抽象的数据表现成为可见的图形或图像,帮助人们发现数据中隐藏的内在规律。

如今,针对可视分析的研究和应用逐步发展,已经覆盖科学数据、社交网络数据、电力等多个行业。面对海量数据的涌现,如何将其恰当、清楚地展现给用户是大数据时代的一个重要挑战。学术科研界与工业界都在持续致力于大数据可视化的研究,已经有很多经典的成功应用案例。

1. 标签云

标签云(tag cloud)的本质就是一种"标签",用不同的标签标示不同的对象。标签的排序一般按照字典的顺序排列,并根据其热门程度确定字体的颜色和大小,出现频率越高的词语,其字体就越大,反之越小,这就方便用户按照字典顺序或是该标签的热门程度来寻找信息。标签云如图 1-11 所示。

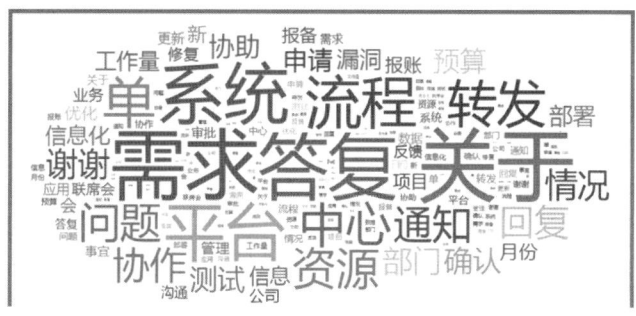

图 1-11　标签云

2. 热图

热图(heatmap)以特殊高亮的形式显示访客热衷的页面区域和访客所在的地理区域,热图三维可视化的俯瞰效果如图 1-12 所示。热图是指用热谱图展示用户在网站上的行为,或描述某些不易理解和表达的数据,如人口的密度、频率、温度等。热图中,浏览量大、点击量大的地方呈红色,浏览量小、点击量少的地方呈无色或蓝色。

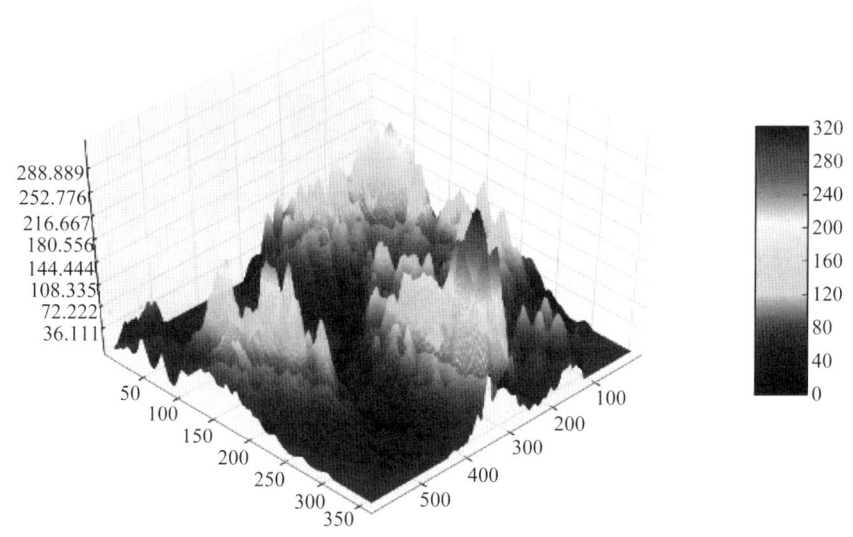

图 1-12　热图三维可视化的俯瞰效果

3. 聚类图

将物理或抽象对象的集合分成由类似的对象组成的多个类的过程被称为聚类,由聚类生成的簇是一组数据对象的集合,其中这些对象与同一个簇中的对象彼此相似,与其他簇中的对象相异。聚类图(cluster map)是根据聚类对象间的相似程度绘制成的聚类结果谱系图,如图 1-13 所示。聚类与分类的不同在于聚类所要求划分的类是未知的。在聚类挖掘技术中,不预先设定数据归类类目,完全根据数据本身性质将数据聚合成不同类别。在商务中,聚类能帮助市场分析人员从客户基本库中发现不同的客户群,并通过购买模式来刻画不同的客户群的特征。在生物学中,聚类能用于推导植物和动物的分类,对基因进行分类,获得对种群中固有结构的认识。

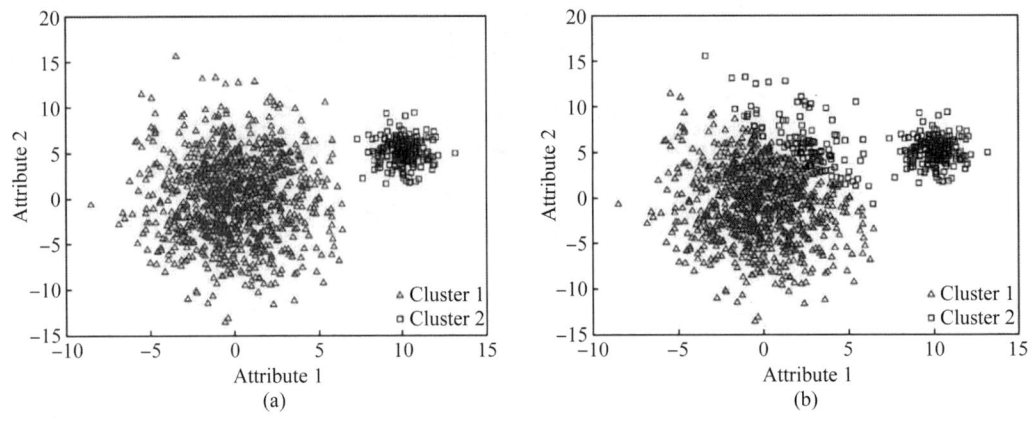

图 1-13　聚类图

 巩固练习

一、填空题

1. 大数据处理的一般流程基本可划分为＿＿＿＿＿、＿＿＿＿＿、＿＿＿＿＿、＿＿＿＿＿ 4 个阶段。

2. 在大数据处理的过程中,最核心的部分是＿＿＿＿＿阶段。

3. MapReduce 的核心思想在于＿＿＿＿＿,它表示把一个大规模的数据集切分成很多小的单独的数据集,然后放在多个机器上同时处理。

4. 大数据是一种价值密度＿＿＿＿,而商业价值＿＿＿＿的数据集合。

5. 在聚类挖掘技术中,不预先设定＿＿＿＿＿,完全根据数据本身性质将数据聚合成不同类别。

二、简答题

1. 简述大数据处理在不同阶段的具体任务。

2. 查找资料,了解目前大数据可视化的其他方法。

任务四　大数据在行业中的应用

学习目标

【知识目标】掌握大数据技术在不同行业中的典型应用模式及其技术原理,理解其对管理决策的变革性影响。

【技能目标】能够基于行业场景设计大数据解决方案,并评估其可行性。

【素质目标】培养数据伦理意识,关注技术应用中的隐私与公平性问题。

一、大数据在各行业中的应用

大数据无处不在,应用于各个领域,包括金融、汽车、零售、餐饮、电信、能源、政务、医疗、体育、娱乐等。大数据在各个领域的应用情况,如表1-2所示。

表1-2　大数据在各个领域的应用情况

领　域	大数据的应用
制造业	利用工业大数据提升制造业水平,包括产品故障诊断与预测、分析工艺流程,改进生产工艺,优化生产过程能耗、工业供应链分析与优化、生产计划与排程
金融行业	大数据在高频交易、社交情绪分析和信贷风险分析三大金融创新领域发挥重要作用
汽车行业	利用大数据和物联网技术的无人驾驶汽车,在不远的未来将走入我们的日常生活
互联网行业	借助大数据技术,可以分析客户行为,进行商品推荐和有针对性的广告投放
餐饮行业	利用大数据实现餐饮O2O模式,彻底改变传统餐饮经营方式
电信行业	利用大数据技术实现客户离网分析,及时掌握客户离网倾向,出台客户挽留措施
能源行业	随着智能电网的发展,电力公司可以掌握海量的用户用电信息,利用大数据技术分析用户用电模式,可以改进电网运行,合理地设计电力需求响应系统,确保电网运行安全
物流行业	利用大数据优化物流网络,提高物流效率,降低物流成本
城市管理	利用大数据实现智能交通、环保监测、城市规划和智能安防
生物医学	大数据可以帮助我们实现流行病预测、智慧医疗、健康管理,同时还可以帮助我们解读DNA,了解更多的生命奥秘
体育和娱乐	大数据可以帮助我们训练球队,决定投拍哪种题材的影视作品,以及预测比赛结果
安全领域	政府可以利用大数据技术构建起强大的国家安全法治体系,企业可以利用大数据抵御网络攻击,警察可以借助大数据来预防犯罪
个人生活	大数据可以应用于个人生活,利用与每个人相关联的"个人大数据",分析个人生活行为习惯,为其提供更加周到的个性化服务

(一)大数据在制造业的应用实例

哈雷是一家享誉全球的摩托车制造商,在其位于美国宾夕法尼亚州约克市的智能工厂中,哈雷成功部署了工业物联网(IIoT)平台,实现了制造数据的实时采集与分析。这些数据涵盖了喷漆室的温湿度、风扇转速等关键工艺参数。通过边缘计算设备与制造执行系统(MES)的紧密联动,该系统能够自动调节设备参数,确保工艺稳定性,将误差容忍度控制在±2%以内。

这一流程优化举措带来了显著的成效。通过对时序数据的深入分析,哈雷团队发现后挡泥板安装工序耗时占比高达23%,成为产线效率的关键瓶颈。为此,2021年哈雷引入了协作机器人(Cobot),这一创新举措使得单台摩托车的装配时间从86秒缩短至72秒,产能因此提升了18%。这一成就不仅体现在哈雷《2022年可持续发展报告》中,更成为制造业数字化转型的典范。

(二)大数据在公共卫生领域的应用实例

在公共卫生领域,Meta(原Facebook)与剑桥大学开展合作,利用匿名化位置数据构建了一个高效的疫情传播预测模型。该模型日均处理高达150亿条GPS记录,通过分析用户的移动轨迹与聚集热点,实时生成区域感染风险指数。这一创新不仅提升了预测的准确性,还为公共卫生政策的制定提供了科学依据。

特别是在2021年英国第二波疫情期间,该模型的预测准确率达到了89%,较传统流行病学方法提升了32%。这一突破性的成果,不仅展现了大数据与人工智能在公共卫生危机应对中的巨大潜力,也为全球疫情防控提供了宝贵的经验。

(三)大数据在能源行业的应用实例

雪佛龙作为全球领先的能源巨头,通过集成5.3万台工业终端与AI驱动的流程挖掘工具,实现了炼油、销售及运输全链路的数字化优化。这一举措不仅显著提升了运营效率,还带来了可观的成本节约与碳排放减少。

根据雪佛龙《2023年低碳转型白皮书》,2020—2023年,该系统累计为雪铁龙节约运营成本2.3亿美元,碳排放减少了15%。这一成就不仅体现了雪佛龙在数字化转型方面的领先地位,也为其他能源企业提供了可借鉴的范例。

(四)大数据在可再生能源领域的应用实例

在可再生能源领域,维斯塔斯作为全球领先的风力发电设备制造商,采用IBM混合云平台,对PB级的气象数据与地理空间数据进行了深入分析。这些数据涵盖了风速、湍流强度等气象信息,以及通过LiDAR地形扫描获得的地理空间信息。通过蒙特卡洛模拟等先进算法,维斯塔斯优化了风机的布局,从而提升了发电效率。

根据维斯塔斯《2023年风电技术年报》,在2022年的丹麦北海风场项目中,这一优化策略使得发电效率提升了12%,客户的用电成本降低了8%。这一成果不仅彰显了大数据与人工智能在可再生能源领域的应用价值,也为全球能源转型提供了有力支持。

(五)大数据在物流行业的应用实例

在物流行业,UPS基于4.8万辆物流车的车载传感器数据与实时交通流数据,开发了ORION路径优化系统。该系统通过动态规划配送路线,有效减少了无效里程,提升了物流效率。

根据UPS《2023年ESG报告》,该系统在全球物流网络中减少了1.2亿英里的无效里程,相当于节约了 950 万加仑的柴油,碳排放降低了 14%。这一成就不仅体现了 UPS 在物流数字化转型方面的领先地位,也为全球物流行业的可持续发展树立了标杆。

(六)大数据在公共安全领域的应用实例

在公共安全领域,洛杉矶警察局采用了时空聚类算法(ST-DBSCAN)分析历史犯罪数据,生成了犯罪热点热力图。这一创新举措不仅提升了犯罪预测的准确性,还为警力的合理部署提供了科学依据。

根据洛杉矶市《2023 年公共安全年报》,在 2022 年的试点区域中,抢劫案的发生率下降了 22%,警力的响应速度提升了 40%。这一成果不仅展现了大数据与人工智能在公共安全领域的巨大潜力,也为其他城市提供了可借鉴的公共安全管理模式。

(七)大数据在娱乐行业的应用实例

在娱乐行业,迪士尼基于用户行为数据与内容语义标签,使用深度矩阵分解(DMF)算法实现了精准推荐。这一创新举措不仅提升了用户的观看体验,还带来了显著的商业价值。

根据迪士尼《2023 年流媒体业务年报》,该推荐系统的点击率提升了 37%,用户流失率降低了 21%。这一成就不仅彰显了大数据与人工智能在娱乐行业的应用价值,也为其他流媒体平台提供了可借鉴的个性化推荐策略。

二、大数据对企业管理的影响

随着信息技术和网络技术的飞速发展,大数据时代已经全面到来。在这一时代背景下,大数据已成为企业决策和管理的重要工具,对企业管理决策产生了深远的影响。以下将从决策主体、决策权配置以及决策技术三个方面,详细探讨大数据对企业管理的影响。

(一)对决策主体的影响

从根本上来讲,企业管理决策是由决策主体提出的。在大数据时代,决策主体的职能和角色发生了显著的变化。

1. 决策主体职能的转变

在过去,企业管理决策主体主要凭借自身知识水平、经验、能力乃至主观判断来作出管理决策。然而,在大数据时代,这种决策方式已经难以满足企业发展的需要。大数据技术的出现,要求决策主体不仅要直接参与管理决策的制定,还要深入参与决策数据的分析。通过精准的数据分析,决策主体能够获取更加全面、客观的信息,从而为企业员工提供有效的决策信息。这种转变使得决策主体在企业管理中的作用更加重要,同时也对其数据分析能力提出了更高的要求。

2. 数据分析师地位的上升

在过去,大多数企业并未设立数据分析师这一职位,数据分析工作往往由其他岗位人员兼职完成。然而,在大数据时代,数据分析师的作用越发重要。他们通过分布式处理、统计分析等技术手段,完成整个业务操作的整合和信息的有效传递。数据分析师的专业能力和技术水平,对企业管理决策的制定起着至关重要的作用。因此,越来越多的企业开始重视数据分析师的培养和引进,以提升企业的数据分析能力。

3. 决策主体思维的转变

在过去,决策主体在制定决策的过程中,更多地受主观因素的影响,倾向于凭借经验和直觉进行判断。然而,在大数据时代,这种决策方式已经难以适应市场环境的变化。大数据技术的应用,使得决策主体能够获取更加全面、客观的信息,从而更加理性地分析市场环境和企业内部状况。因此,决策主体在制定决策的过程中,更加注重数据的分析和挖掘,倾向于采用科学方法完成数据背后关系的分析。

(二)对决策权配置的影响

在企业制定管理决策时,决策权的配置形式对决策效果具有重要影响。在大数据时代,决策权的配置形式发生了显著的变化。

1. 集中式决策与分散式决策

在过去,企业往往采用集中式决策模式,即决策权被集中于企业较高的管理层。这种决策模式有利于企业统一指挥和协调,但在面对复杂多变的市场环境时,往往难以作出及时、准确的决策。而在大数据时代,市场环境越发难以预测,企业需要更加灵活地应对市场变化。因此,分散式决策模式逐渐受到企业的青睐。在分散式决策模式下,决策权被分散到企业相对低的管理层,即各部门管理者拥有一定的自主权。这种决策模式有利于企业更好地掌握市场信息,提高决策效率和准确性。

2. 决策权分散化的推动

大数据时代的到来,进一步推动了决策权的分散化发展。通过大数据技术,企业能够获取更全面、及时的市场信息,从而更准确地评估个人因素和市场环境。这使得企业能够更好地协调权力内容和知识内容,实现更科学的决策制定。同时,大数据技术的应用也使得员工能够更方便地获取企业决策信息和权力,从而更积极地参与企业管理决策。这种决策权分散化的趋势,不仅提高了企业的决策效率和准确性,还增强了企业的创新能力和市场竞争力。

(三)对决策技术的影响

在企业管理决策制定的过程中,决策技术起着至关重要的作用。在大数据时代,传统的决策技术已经难以满足企业发展的需要,新的决策技术应运而生。

1. 知识获取方式的转变

在过去,企业主要通过获取实体知识来进行决策。这些实体知识往往来源于企业内部和外部的数据库、文献等资源。然而,在大数据时代,企业不仅需要获取实体知识,更要获取海量的虚拟知识。这些虚拟知识往往来源于互联网、社交媒体等渠道,具有实时性、动态性和广泛性等特点。因此,企业需要采用新的技术手段来获取和管理这些知识。例如,通过数据挖掘、自然语言处理等技术手段,企业可以从海量数据中提取有价值的信息和知识,为决策提供支持。

2. 数据处理和分析能力的提升

在大数据时代,企业需要处理和分析的数据量急剧增加。传统的数据处理和分析技术已经难以满足这种需求。因此,企业需要采用新的技术手段来提升数据处理和分析能力。例如,通过分布式计算、云计算等技术手段,企业能够实现对海量数据的快速处理和分析。同时,企业还需要建立完善的数据管理体系和流程规范,确保数据的准确性和可靠性。通过这些技术手段的应用和管理规范的建立,企业可以更好地利用大数据来支持决策制定。

3. 数据信息共享和全员参与

在大数据时代,数据信息共享和全员参与成为企业管理决策制定的重要趋势。通过建立管理决策体系和数据资源平台,企业可以实现数据信息共享和全员参与决策制定。这不仅可以提高决策效率和准确性,还可以增强员工的归属感和责任感。同时,通过全员参与决策制定,企业可以充分利用员工的智慧和经验来优化决策方案,提高企业的创新能力和市场竞争力。

三、大数据带来的思维变革

近年来,大数据技术的快速发展深刻地改变了人们的生活、工作和思维方式,人们对大数据的认识发生了深刻的转变。

(一)全样而非抽样

在统计学中,抽样调查是一种常用的数据收集方法,其基本原则是通过选取一部分样本来推断总体特征,而抽样误差则随着样本量的增大而逐渐降低。在大数据时代,随着数据收集、存储、分析技术的突破性发展,人们可以更加方便、快捷、动态地获取研究对象的所有数据,而不再因诸多限制条件而采用样本研究方法。相应地,人们对数据的思维方式也应该从样本思维转向总体思维。大数据思维倡导利用全量数据进行分析,这不仅能够极大地减少甚至消除抽样偏差,还能揭示更多隐藏在细节中的信息,帮助人们更加全面立体、系统地把握全局。

然而,全样数据的运用也并非没有局限,谷歌流感趋势(GFT)就是一个反面教材。谷歌流感趋势曾试图通过分析搜索关键词来预测流感发病率,但过度依赖搜索数据而忽视了其他关键变量,导致其2013年的预测误差高达140%。这一案例警示我们即便是全样数据,也需要结合深厚的领域知识和合理的模型设计,才能发挥其最大价值。

(二)效率而非精确

在小数据时代,由于收集的样本信息量比较少,必须确保记录下来的数据尽量结构化、精确化,注重精确思维。然而,在大数据时代,得益于大数据技术的突破,大量非结构化、异构化的数据能够得到储存和分析,这一方面提升了人们从数据中获取信息的能力,另一方面也对传统的精确思维形成了挑战。在大数据时代,人们对数据的思维方式从精确思维转向容错思维,即当拥有海量即时数据时,绝对的精准不再是主要目标,适当容许一定程度的错误与混杂,反而可以在宏观层面拥有更好的洞察力。

谷歌的PageRank算法是这一理念的杰出代表。PageRank算法在计算网页排名时,允许存在一定的误差,但这并未影响其为用户提供高度相关的搜索结果。据统计,PageRank算法的应用使得谷歌搜索引擎的整体结果相关性提升了约80%。在工业物联网领域,西门子通过聚合分析含有噪声的风机传感器数据,成功预测了设备故障,尽管单个数据可能不准确,但聚合后的预测准确率高达92%,有效降低了维护成本和停机时间。

(三)相关而非因果

在对小数据进行分析时,人们往往执着于现象背后的因果关系,试图通过有限样本数据来剖析其中的内在机理,然而有限的样本数无法反映事物之间普遍的相关关系。在大数据时代,人们可以通过大数据技术挖掘事物之间隐蔽的相关关系,获得更多的认知与洞见以捕捉现在和预测未来,而建立在相关关系分析基础上的预测正是大数据的核心议题。在大数据时代,人们对数据的思维方式从因果思维转向相关思维,努力颠覆千百年来人类形成的传统思维模式和固有偏见,更好地分享大数据带来的深刻洞见。

零售业中的"啤酒与尿布"案例是这一转变的经典诠释。沃尔玛通过关联分析发现,啤酒和尿布经常一起被购买,于是优化货架布局,将两者相邻摆放,结果啤酒和尿布的销售额均增长了15%。在医疗领域,IBM Watson 通过分析 2 600 万篇医学文献,发现了非小细胞肺癌药物组合的新关联,为个性化治疗提供了科学依据。这些案例表明,相关性分析在大数据背景下能够揭示传统方法难以捕捉的信息,为决策支持开辟了新的路径。

 巩固练习

简答题
1. 举例说明大数据技术在某一行业的具体应用。
2. 结合实际谈谈大数据的社会价值。

 项目总结

项目一
知识扩展

随着信息时代的深入发展,大数据作为一种新兴的信息资源,正以前所未有的速度改变着我们的生活、工作乃至整个社会的运作方式。在完成本项目的学习后,我们不仅对大数据有了初步的认识,更对其内涵、发展历程、技术挑战及应用前景有了更为深刻的理解。以下是对本项目内容的全面总结与反思,旨在为我们的学习之路提供更坚实的基石。

大数据,这一术语自诞生以来,便以其独特的魅力吸引了全球范围的广泛关注。它不仅仅意味着数据量的巨大,更在于其数据的多样性、处理速度的高效性以及数据背后隐藏的巨大价值。数据的多样性体现在数据来源的广泛性,即无论是社交媒体上的用户评论,还是物联网设备收集的环境数据,都成为大数据的重要组成部分。而高速处理则是大数据技术的核心之一,它使得我们能够在极短的时间内处理和分析海量数据,从而迅速作出决策。至于数据价值,更是大数据的精髓所在。通过挖掘和分析,我们能够发现数据中的规律和趋势,为决策提供科学依据。

回顾大数据的发展历程,我们不难发现,从最初的数据存储难题,到数据处理技术的突破,再到数据分析方法的不断创新,每一步都凝聚着无数科学家的智慧和汗水。从 Hadoop 的诞生,到 Spark 的崛起,再到人工智能与大数据的深度融合,大数据技术的每一次进步都推动了社会经济的快速发展。这些发展历程不仅让我们看到了大数据技术的巨大潜力,也提醒我们要时刻保持对新技术的敏感度和学习热情,不断拓宽自己的知识边界。

在大数据的认知之旅中,我们不可避免地要面对一系列技术挑战,如数据的采集、存储、处理和分析的每一个环节都充满了技术难题。例如,如何高效地存储和访问海量数据,如何快速处理和分析复杂的数据结构,以及如何确保数据的安全性和隐私保护等。这些挑战不仅考验着我们的技术能力,更考验着我们的创新思维和解决问题的能力。然而,正是这些挑战推动了大数据技术的不断进步和创新。

大数据的广泛应用,已经深刻改变了众多行业的面貌。从金融行业的风险管理,到医疗领域的疾病预测,再到零售行业的精准营销,大数据正在成为推动行业转型升级的重要力量。同时,我们也应该看到,大数据的应用还面临着诸多挑战和争议,如数据隐私保护、数据伦理问题等。因此,在未来的学习和实践中,我们不仅要掌握大数据技术,更要学会如何负责任地使用数据,确保大数据技术的健康发展。

通过对本项目的学习,我们需要掌握大数据的基本概念、发展历程和技术挑战,更重要的是,要形成对大数据的深刻认知和浓厚兴趣。大数据不仅是一种技术,更是一种思维方式。它教会我们如何从海量的数据中提取有价值的信息,如何运用数据驱动的方法解决问题。在未来的学习中,我们将继续深化对大数据技术的理解和掌握,同时关注大数据的应用实践和伦理问题,为成为具有创新精神和实践能力的复合型人才打下坚实的基础。

总之,大数据的认知之旅才刚刚开始,我们期待着在未来的学习和实践中,不断发现新的知识和技术,为大数据的广泛应用贡献自己的力量。

项目二
数据库基础

　　财务人员每天都要接触大量的数据,这些杂乱无章的数据只有经过整理才能变成有用的信息,从而帮助管理者更好地作出决策。这就需要数据库技术来协同处理。

　　如果没有数据库的支持,财务人员需要每天手工整理这些杂乱的数据,其效率是非常低的。而数据库的运用,使财务人员处理数据的工作变得更加轻松,更有效率。

 知识导航

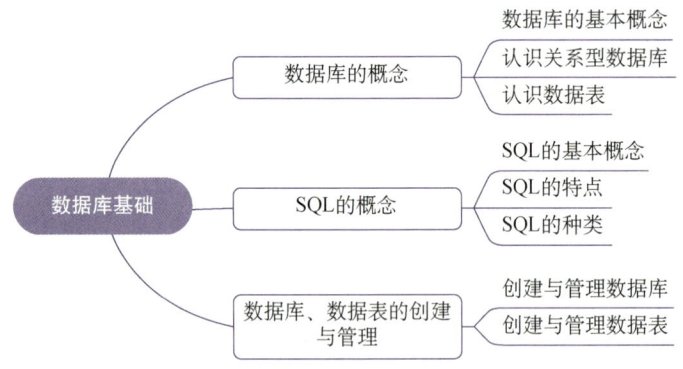

任务一　数据库的概念

学习目标

【知识目标】掌握数据库的概念,掌握数据库与数据表、列、行、主键及它们之间的关系,了解数据库的分类,了解关系型数据库的原理和常见的关系型数据库。

【技能目标】能够准确识别数据库中数据表的主键。

【素质目标】培养善于发现问题、热爱生活和重视数据安全的意识,引导学生的创新思维和探索精神。

一、数据库的基本概念

大家都有过下面这样的类似经历吧。

(1) 收到曾经为自己诊治过的牙医推送的"距上次检查已有半年,请您再来做个牙齿健康检查"信息。

(2) 在生日的前一个月,收到曾入住过的酒店推送的"生日当月入住优惠"信息。

(3) 网购后,收到推送的"推荐商品列表"信息。

这可能是因为牙医、酒店或网上商城的经营者掌握了顾客上一次的就诊日期、生日和购买记录等信息,并且拥有能够从大量汇总信息中快速获取所需信息(如住址或爱好)的设备(计算机系统)。如果利用人工完成同样的工作,真不知道要花费多长时间。另外,如今大部分地区的图书馆都配备了计算机,实现了图书的自动查询,使用该系统,可以通过检索书名或出版年份快速查找出希望借阅的图书所在的位置,以及是否已经借出等信息。正是因为拥有了可以保存图书名称、出版年份、保管位置和外借情况等信息,并且有可以按需查询的设备,才使这一切成为可能。像这样将大量数据存储起来,通过计算机系统进行管理,就可以随时迅速获取想要的信息。

可以看出,数据库(database)是按照一定规则存放数据的仓库,它的存储空间很大,可以存放大量的数据,用户可以对其中的数据进行新增、更新、删除和查询等操作。而用来管理数据库的计算机系统,称为数据库管理系统(database management system,DBMS)。

系统的使用者通常无法直接接触到数据库,因此在使用系统的时候往往意识不到数据库的存在。其实,大到银行账户的管理,小到手机的电话簿,可以说社会的所有系统中都有数据库的身影,如图 2-1 所示。

二、认识关系型数据库

数据库通常分为关系型数据库、层次型数据库和网络型数据库三种,不同的数据库是按不同的数据结构来联系和组织的。在当今的互联网中,最常见的数据库模型主要有两种,即关系型数据库和非关系型数据库。关系型数据库的"关系型"可以理解为"表格"的概念,一个关系型数据库由一个或多个数据表组成。

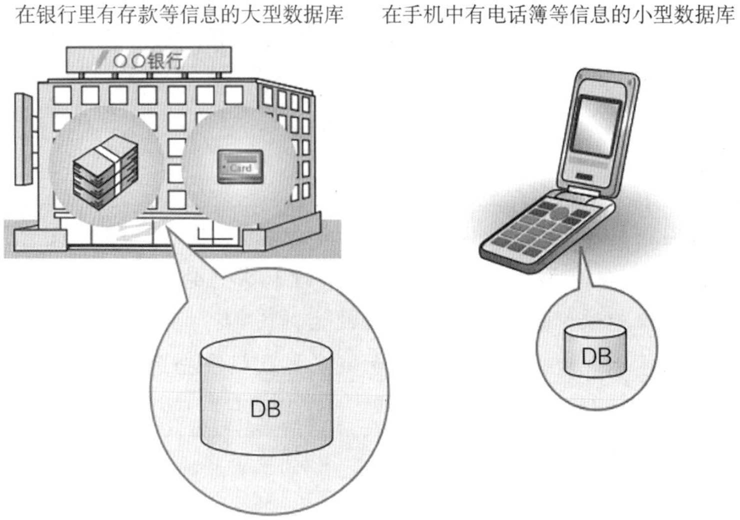

在银行里有存款等信息的大型数据库　　在手机中有电话簿等信息的小型数据库

图 2-1　无处不在的数据库

简单地说,关系型数据库是由多张能互相连接的二维行列表格组成的数据库。常用的关系型数据库产品有 Oracle 和 MySQL,本教材选取 MySQL 数据库进行介绍和学习。MySQL 数据库采用关系模型作为数据的组织方式,数据的逻辑结构是一张二维表,数据表是存放数据的基本单元。我们使用的关系型数据库管理系统(RDBMS)可以管理多个数据库,如图 2-2 所示。一般开发人员会针对每一个应用创建一个数据库,一个数据库中可以包含多张表,以保存程序中实体的数据。

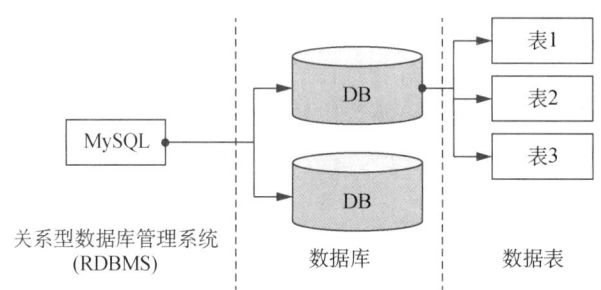

图 2-2　**MySQL 数据库管理系统的内部结构**

三、认识数据表

数据表常简称为表,是数据库中用于组织和存储数据的主要容器。作为关系型数据库的核心组成部分,数据表承担着存储和管理结构化数据的重要职责,是数据库中存放各类数据的基本单元。数据表的设计和操作直接关系到数据库的整体性能、可扩展性以及后续的维护性。因此,在进行数据库设计时,数据表的操作是不可或缺的核心环节。一个合理、高效的数据表设计,能够显著提升数据库的运行效率,为数据的存储、查询和管理提供有力支撑,确保数据库系统的稳定性和可持续性。

对于小规模数据,如果数据关系简单,可以使用 Excel 工作表进行数据管理。对于大规模数据,建议使用数据库(如 MySQL、Oracle)进行数据存储和管理,以保证数据的安全性和处理效率。MySQL 数据库中的数据表如图 2-3 所示,与常用的 Excel 工作表相比既有联系也有区别。

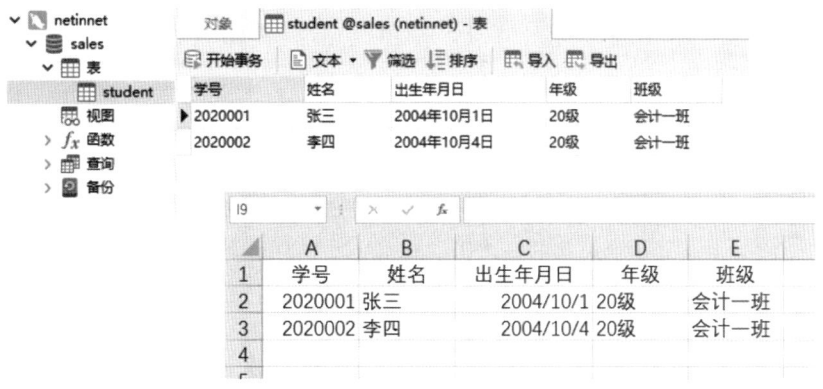

图 2-3　数据库数据表(上图)与 Excel 工作表(下图)的对比

MySQL 数据库中的数据表由行和列组成,每一列代表一个字段,每一行代表一条记录。

(一) 列

列(column)是数据表中的一个字段,所有表都是由一个或多个列组成的。数据表中每个列都有相应的数据类型,数据类型(data types)定义了列可以存储的数据种类。例如,如果列中存储的是文字,则相应的数据类型应该为字符串类型(varchar),如图 2-4 中的"姓名";如果列中存储的是数字,则相应的数据类型应该为数值类型(int),如图 2-4 中的"语文成绩"。除了数据类型,还存在一些约束条件。约束条件是在数据类型之外添加一种额外的限制。例如,某列数据不允许有空值就要使用非空值约束(not null),某列数据不能重复就要使用不可重复约束(unique)。

图 2-4　数据表中的列——字段

（二）行

数据表中的行（row）称为记录，如图 2-5 所示，表中的数据是按行存储的，所保存的每个记录存储在自己的行内。

图 2-5 数据表中的行——记录

（三）主键

主键（primary key）是一列（或一组列），其值能够唯一标识表中的每一个实体，从而标识表中每一行，表中每一行都应该有一列（或几列）可以唯一标识自己。例如，学生信息表可以使用学号作为主键（图 2-6），顾客信息表可以使用顾客编号作为主键，而订单信息表可以使用订单编号作为主键。

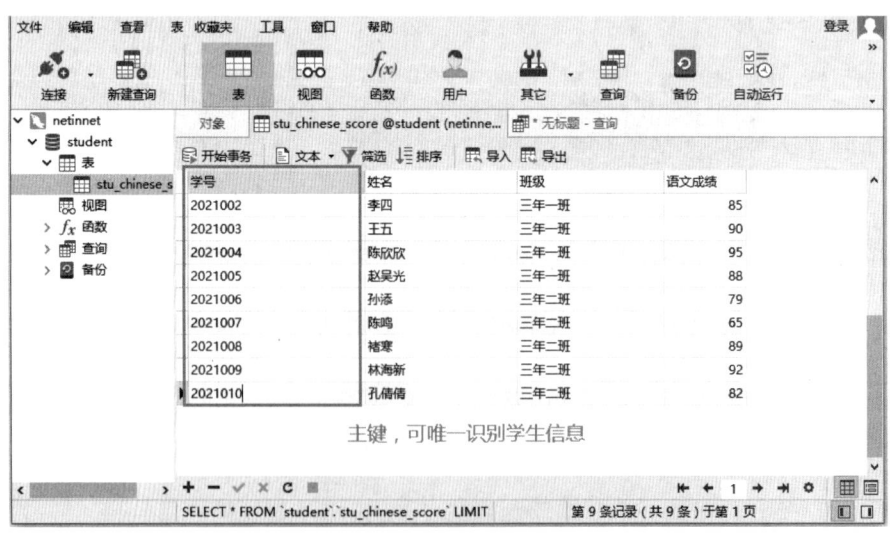

图 2-6 学生信息表中的主键——学号

数据表中的任何列都可以作为主键,只要它满足以下条件:

(1) 任意两行都不具有相同的主键值。

(2) 每一行都必须具有一个主键值(主键列不允许 NULL 值)。

(3) 主键列中的值不允许修改或更新。

(4) 主键值不能重用(如果某行从表中删除,它的主键不能赋给以后的新行)。

 巩固练习

一、填空题

1. 数据库(database)是按照一定规则存放_____的_____,用户可以对其中的数据进行_____、更新、_____和_____等操作。

2. 用来管理数据库的计算机系统,称为_____。

3. 关系型数据库是由_____构成的,数据表是由_____构成的。

4. 数据库中每个列都有相应的_____,来标识存放数据的类型。

5. 主键能够唯一标识数据表中的_____,从而标识表中每一行。

二、简答题

1. 观察身边的事物,列举你身边的数据库。

2. 列举生活中可以作为主键列的例子。

任务二　SQL 的概念

学习目标

【知识目标】了解 SQL 数据库语言及其优点，熟悉 SQL 代码的三大种类。

【技能目标】掌握 SQL 语言中数据定义、数据操纵、数据控制所包含的指令以及用法。

【素质目标】培养对数据库知识概念学习的分类意识，提升系统思维逻辑能力。

一、SQL 的基本概念

结构化查询语言（structured query language，SQL）是一种特殊目的的编程语言，是一种数据库查询和程序设计语言，用于存取数据以及查询、更新和管理关系数据库系统。

结构化查询语言是高级的非过程化编程语言，允许用户在高层数据结构上工作。它既不要求用户指定对数据的存放方法，也不需要用户了解具体的数据存放方式，所以具有完全不同底层结构的不同数据库系统，都可以使用相同的结构化查询语言作为数据输入与管理的接口。结构化查询语言代码可以嵌套，这使它具有极大的灵活性和强大的功能。

二、SQL 的特点

（一）风格统一

SQL 可以独立完成数据库生命周期中的全部活动，包括定义关系模式、录入数据、建立数据库、查询、更新、维护、数据库重构、数据库安全性控制等一系列操作。这为数据库应用系统开发提供了良好的环境。在数据库投入运行后，还可根据需要随时逐步修改模式，且不影响数据库的运行，从而使系统具有良好的可扩充性。

（二）高度非过程化

非关系数据模型的数据操纵语言是面向过程的语言。使用这种语言完成用户请求时，必须指定存取路径。而用 SQL 进行数据操作，用户只需提出"做什么"，不必指明"怎么做"。因此，用户无须了解存取路径，存取路径的选择以及 SQL 代码的操作过程由系统自动完成。这不但大大减轻了用户负担，而且有利于提高数据独立性。

（三）面向集合的操作方式

SQL 采用集合操作方式，查找结果可以是元组的集合，一次插入、删除、更新操作的对象也可以是元组的集合。

（四）以同一种语法结构提供两种使用方式

SQL 既是自含式语言，又是嵌入式语言。作为自含式语言，它能够独立地用于联机交互的使用方式，用户可以在终端键盘上直接输入 SQL 命令对数据库进行操作。作为嵌入式语言，SQL 代码能够嵌入到高级语言（如 C、C++、JAVA）程序中，供程序员设计程序时使用。在两种不同的使用方式下，SQL 的语法结构基本上是一致的。这种以同一种语法结构提供两种不同的使用方式，为用户提供了极大的灵活性与方便性。

（五）语言简洁,易学易用

SQL 功能极强,但由于设计巧妙,语言十分简洁。完成数据定义、数据操纵、数据控制的核心功能,只需使用 9 个动词：CREATE、ALTER、DROP、SELECT、INSERT、UPDATE、DELETE、GRANT、REVOKE。SQL 语言语法简单,接近英语口语,因此容易学习,也容易使用。

三、SQL 的种类

SQL 是用关键字、表名、列名等组合而成的一段代码,用来描述操作的内容。关键字是指那些含义或使用方法已事先定义好的英语单词,包含"对表进行查询"或者"参考这个表"等各种意义。利用 SQL 可以在数据库中对数据进行定义、操作和控制,如可以用 SQL 语言创建名为"stu_chinese_score"的数据表结构,如图 2-7 所示。根据对 RDBMS 赋予指令的种类,SQL 代码可以分为数据定义语言、数据操纵语言和数据控制语言三类。

图 2-7　数据库中的表结构示例

（一）数据定义语言

数据定义语言（data definition language，DDL）主要用于创建或者删除存储数据中的数据库以及数据库中的表等对象,包含以下几种指令。

1. CREATE：创建数据库和表等对象

【例 2-1】　用 SQL 代码创建数据库。

语法结构：

```
CREATE DATABASE[IF NOT EXISTS] <数据库名>;
```

语法说明：代码中"[ ]"内为可选项,"<>"内为自定义名称,后续文本中也将遵循此约定进行标注。代码中的大写单词为命令动词,输入命令时,不能更改命令动词含义,但 MySQL 命令解释器对大小写不敏感,即"CREATE"和"create"在 MySQL 命令解释器中是同一含义。代码中带下划线的斜体汉字为变量,输入命令前,一定要用具体的实义词替代,如"*数据库名*"需要用新建的用户数据库名如"PetStore""YGGL"等来取代。

代码如下：

```
CREATE DATABASE SALES;
```

运行结果，如图 2-8 所示。

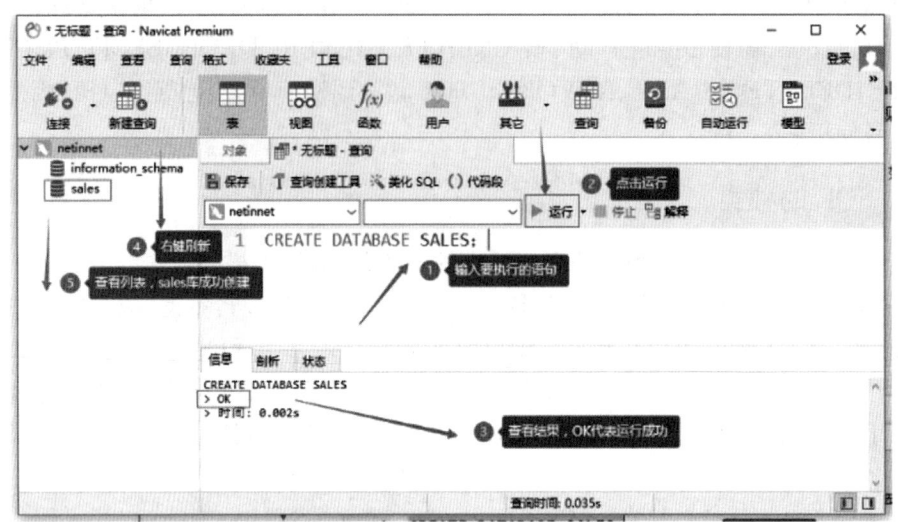

图 2-8 [例 2-1]运行结果

2. DROP：删除数据库和表等对象

【例 2-2】 用 SQL 代码删除数据库。

语法结构：

DROP DATABASE[IF EXISTS] <数据库名>；

代码如下：

```
DROP DATABASE SALES;
```

3. ALTER：修改数据库和表等对象的结构

【例 2-3】 用 SQL 代码修改数据表结构。

语法结构：

ALTER TABLE <表名> DROP <列名>；

代码如下：

```
ALTER TABLE stu_chinese_score DROP chinese_score;
```

(二)数据操纵语言

数据操纵语言(data manipulation language，DML)一般用于查询或者变更表中的记录，包含以下几种指令。

1. SELECT：查询表中的数据

【例 2-4】 用 SQL 代码查询表中数据。

语法结构：

SELECT * FROM <表名>；

代码如下：

```
SELECT * FROM stu_chinese_score;
```

2. INSERT:向表中插入新数据

【例2-5】 用SQL代码向表中插入数据。

语法结构:

INSERT INTO <表名> VALUES(值1,值2,…);

代码如下:

```
INSERT INTO stu_chinese_score VALUES(姓名,学号);
```

3. UPDATE:更新表中的数据

【例2-6】 用SQL代码更新表中数据(数据见图2-7)。

语法结构:

UPDATE <表名> SET <列名1=列值1>,<列名2=列值2>.WHERE <列名3=列值3>;

代码如下:

```
UPDATE stu_chinese_score SET 姓名="张三",班级="会计一班" WHERE 学号="123";
```

4. DELETE:删除表中的数据

【例2-7】 用SQL代码删除表中数据。

语法结构:

DELETE FROM <表名> WHERE <列名1=列值1>;

代码如下:

```
DELETE FROM stu_chinese_score WHERE 姓名="张三";
```

(三) 数据控制语言

数据控制语言(data control language,DCL)一般用于确认或者取消对数据库中的数据进行的变更,还可以对RDBMS用户是否有权限操作数据库中的对象(数据库表等)进行设定,包含以下几种指令:

(1) COMMIT:确认对数据库中的数据进行变更。

(2) ROLLBACK:取消对数据库中的数据进行变更。

(3) GRANT:赋予用户操作权限。

(4) REVOKE:取消用户操作权限。

 巩固练习

一、填空题

1. SQL是指_____。

2. SQL语言的种类有_____ 、_____、_____。

3. 如果想修改数据表的数据可以使用_____指令。

4. 如果想修改数据库和表等对象的结构可以使用＿＿＿＿＿＿＿＿＿＿＿指令。

5. DCL 的全称是＿＿＿＿＿＿＿＿＿＿。

二、简答题

1. 简述数据控制语言、数据操纵语言和数据定义语言的区别。

2. 简述 SQL 可以实现的操作。

3. 分析 DELETE 和 DROP 的不同之处。

任务三 数据库、数据表的创建与管理

学习目标

【知识目标】掌握创建与管理数据库、数据表的 SQL 语法,掌握常用的数据类型。

【技能目标】能够使用 SQL 代码创建与管理数据库和数据表。

【素质目标】具备良好的学习能力和动手实操能力,具有严谨细致的科学态度。

一、创建与管理数据库

数据库可以看作是一个存储数据对象的容器,数据对象包括表、视图、触发器、存储过程等。其中,数据库是最基本的数据对象,用于存放数据。当然,开发人员必须先创建数据库,再创建数据库的数据对象。

(一)创建数据库

使用 CREATE DATABASE 或 CREATE SCHEMA 命令创建数据库。

语法结构:

CREATE{DATABASEI|SCHEMA}:[IF NOT EXISTSI] <数据库名>;

语法说明:

在文件系统中,MySQL 的数据存储区将以目录方式表示 MySQL 数据库。因此,命令中的数据库名必须符合操作系统文件命名规则。值得注意的是,代码在 MySQL 中是不区分大小写的。

IF NOT EXISTS 用于在建数据库前进行判断,只有在该数据库目前尚不存在时才执行 CREATE DATABASE 操作。用该选项可以避免重复创建数据库。

DEFAULT 用于指定默认值。

CHARACTER SET 用于指定数据库字符集(Charset),其后的字符集名要用 MySQL 支持的具体的字符集名称代替,如 gb2312。

COLLATE 用于指定字符集的校对规则,其后的校对规则名要用 MySQL 支持的具体的校对规则名称代替,如 gb2312 chinese ci。根据 CREATE DATABASE 的语法格式,在不使用代码中"[ ]"内可选项的情况下,创建数据库的语法结构可以简化为:

CREATE DATABASE<数据库名>;

【例 2-8】 创建一个名为 Financial 的数据库。

代码如下:

```
CREATE DATABASE Financial;
```

(二)管理数据库

1. 打开数据库

创建数据库后,使用 USE 命令可指定当前数据库。

语法结构:

USE<数据库名>;

该代码也可以用来从一个数据库跳转到另一个数据库。在使用 CREATE DATABASE 代码创建数据库之后,该数据库不会自动成为当前数据库,需要用 USE 代码来指定。

2. 修改数据库

数据库创建后,若要修改数据库的参数,可使用 ALTER DATABASE 命令。

语法结构:

ALTER{DATABASE ISCHEMA} <数据库名>;

语法说明:

ALTER DATABASE 一般用于更改数据库的全局特性,这些特性储存在数据库目录中的 adbopt 文件中。用户必须有数据库修改权限才可以使用 ALTER DATABASE 命令。修改数据库的选项与创建数据库相同,这里不再重复说明。若代码中数据库名称被忽略,则修改当前(默认)数据库。

3. 删除数据库

删除已经创建的数据库可使用 DROP DATABASE 命令。

语法结构:

DROP DATABASE[IF EXISTS]<数据库名>;

语法说明:

使用 IF EXISTS 子句可以避免在删除不存在的数据库时出现 MySQL 错误信息。

 注意

DROP DATABASE 命令必须小心使用,因为它将永久删除指定的整个数据库信息,包括数据库中的所有表和表中的列。

4. 显示数据库命令

若要显示服务器中已经建立的数据库,可使用 SHOW DATABASES 命令。

语法结构:

SHOW DATABASES;

二、创建与管理数据表

(一)数据类型

数据类型是指定义列中存放的值的种类。数据表中的每一列都有名称和数据类型,SQL 开发人员必须在创建 SQL 表时决定表中的每个列将要存储的数据的类型。数据类型是一个标签,是便于 SQL 开发人员了解每个列数据的存储类型的指南,标识了如何使用 SQL 与存储的数据进行交互。表 2-1 列出了关系型数据库中通用的数据类型。

表 2-1 关系型数据库通用的数据类型

数据类型	描述
CHARACTER(n)	字符为字符串,固定长度为 n
VARCHAR(n)	字符为字符串,可变长度,最大长度为 n
BINARY(n)	二进制串,固定长度为 n
BOOLEAN	存储 TRUE 或 FALSE
VARBINARY(n)	二进制串,可变长度,最大长度为 n
INTEGER(p)	整数值(没有小数点),精度为 p
SMALLINT	整数值(没有小数点),精度为 5
INTEGER	整数值(没有小数点),精度为 10
BIGINT	整数值(没有小数点),精度为 19
DECIMAL(p,s)	精确数值,精度为 p,小数点后位数为 s。例如,decimal(5,2)是一个小数点前有 5 位数,小数点后有 2 位数的数字
NUMERIC(p,s)	精确数值,精度为 p,小数点后位数为 s(与 DECIMAL 相同)
FLOAT(p)	近似数值,尾数精度为 p,一个采用以 10 为基数的指数计数法的浮点数。该类型的 size 参数由一个指定最小精度的单一数字组成
REAL	近似数值,尾数精度为 7
FLOAT	近似数值,尾数精度为 16
DOUBLE PRECISION	近似数值,尾数精度为 16
DATE	存储年、月、日的值
TIME	存储小时、分、秒的值
TIMESTAMP	存储年、月、日、小时、分、秒的值
INTERVAL	由整数字段组成,代表一段时间,取决于区间的类型
ARRAY	元素的固定长度的有序集合
MULTISET	元素的可变长度的无序集合
XML	存储 XML 数据

(二) SQL 常见约束

当我们在数据库中创建数据表时,经常会给各列增加一些约束条件,约束条件是在数据类型之外添加一种额外的限制。例如,某列数据不允许有空值,那么就要使用非空值约束;某列数据不能重复,那么就要使用不可重复约束。

(1) PRIMARY KEY:主键,物理上存储的顺序,非空且不重复,一张表中通常会设置主键,并且只能有一个主键。

(2) NOT NULL:非空值约束,该列必须有值。

(3) UNIQUE:不可重复约束。

(4) DEFAULT:设置默认值。

（5）FOREIGN KEY：关联外键。

（6）UNSIGNED：无符号类型，该列不允许有负数。

（7）ZEROFILL：零填充属性，当实际数字位数小于定义长度时，自动在左侧补零。例如，INT(3)类型存储数值 5 时，将显示为 005。

（8）AUTO_INCREMENT：自增属性，每次插入新记录时，该字段值将自动基于上一条记录递增 1。此属性需满足以下条件：仅适用于整数类型字段；通常用于主键设置；可自定义起始值和步长（例如，从 1 000 开始，每次递增 2）。

（9）COMMENT：添加注释。

（三）创建数据表

数据表是由多列、多行组成的表格。数据表包括表结构部分和记录部分，是相关数据的集合。

【例 2-9】 创建一个商品表，包含商品名称、商品价格字段。

代码如下：

```
create table amount_table (
goods_id varchar(10),
    goods_name  bigint(20)  not null,
    goods_price  decimal(10,2)  not null default 0,
    PRIMARY KEY (goods_id)
);
```

运行结果，如图 2-9 所示。

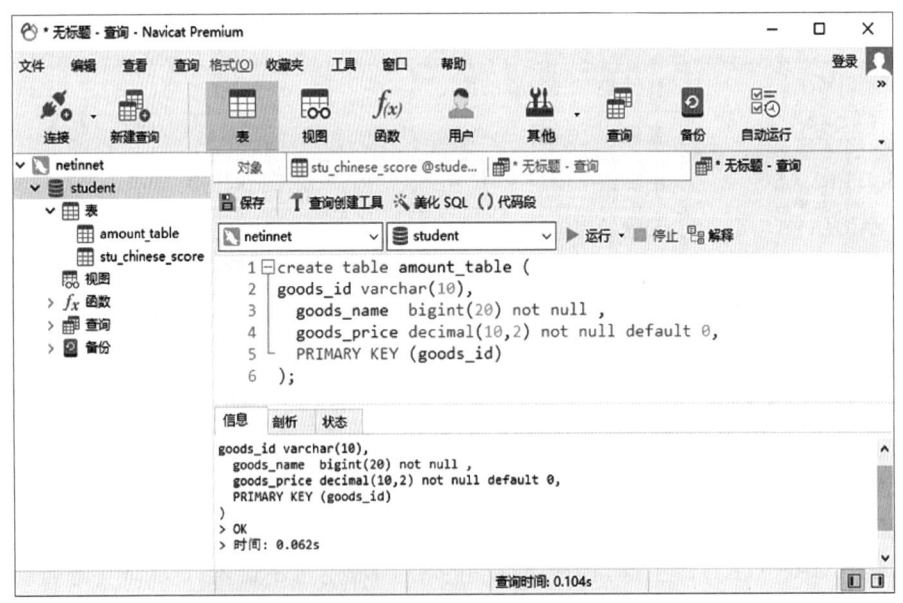

图 2-9　［例 2-9］运行结果

将 SQL 代码录入编辑框中，点击【运行】执行代码，在下方【信息】栏中可以看到代码执行信息，【OK】代表代码执行成功。对左侧列表进行刷新，展开【表】可以看到创建的

"amount_table"数据表。

(四) 管理数据表

1. 修改字段

语法结构：

ALTER TABLE ＜表名＞MODIFY＜字段名＞＜数据类型＞[属性];

或：

ALTER TABLE ＜表名＞CHANGE＜旧字段名＞＜新字段名＞＜数据类型＞[属性];

【例 2-10】 承[例 2-9]，修改商品表的字段类型，将商品名称类型改为 varchar。

代码如下：

```
ALTER TABLE amount_table MODIFY COLUMN goods_name varchar(20);
```

运行结果，如图 2-10 所示。

图 2-10　[例 2-10]运行结果

2. 查看表结构

语法结构：

DESC ＜表名＞;

【例 2-11】 承[例 2-10]，查看商品表的表结构，查看商品名称类型是否已改为 varchar。

代码如下：

```
DESC amount_table;
```

运行结果，如图 2-11 所示。

代码执行成功后，可以在【结果】栏中查看最新的表结构，可以看到商品名称"goods_name"字段数据类型已经修改为"varchar(20)"。

图 2-11　［例 2-11］运行结果

3. 修改表名

语法结构：

ALTER TABLE ＜旧表名＞ RENAME TO ＜新表名＞；

或：

RENAME TABLE ＜旧表名＞ TO ＜新表名＞；

【例 2-12】　修改总金额表（amount_table）的表名为商品表（product_table）。

代码如下：

```
RENAME TABLE amount_table TO product_table；
```

运行结果，如图 2-12 所示。

图 2-12　［例 2-12］运行结果

代码执行成功后，刷新左侧列表，展开【表】可以看到原表名"amount_table"已经修改为"product_table"。

4. 添加字段

语法结构：

ALTER TABLE ＜表名＞ ADD COLUMN ＜字段名＞ ＜数据类型＞［属性］;

【例2-13】 修改商品表，添加产地字段。

代码如下：

```
ALTER TABLE product_table
ADD COLUMN goods_area varchar(50)  not null;
```

运行结果，如图2-13所示。

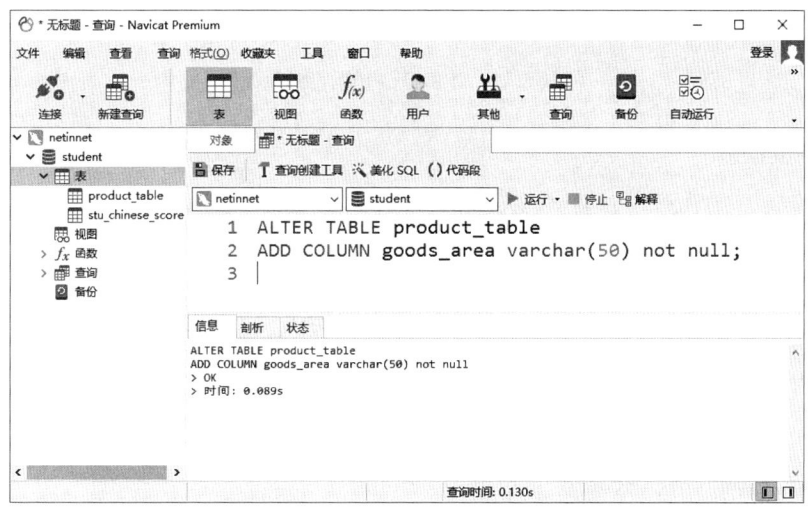

图2-13 ［例2-13］运行结果

代码执行成功后，可以使用代码"DESC product_table;"查看当前表结构，查看新增的字段"goods_area"。

5. 删除字段

语法结构：

ALTER TABLE ＜表名＞ DROP ＜字段名＞;

【例2-14】 修改商品表，删除产地字段。

代码如下：

```
ALTER TABLE product_table
DROP COLUMN goods_area;
```

运行结果，如图2-14所示。

代码执行成功后，可以使用代码"DESC product_table;"查看当前表结构，查看字段"goods_area"已被删除。

图 2-14 [例 2-14]运行结果

6. 删除数据表

语法结构：

DROP TABLE[IF EXISTS] <表名>；

语法说明：

[IF EXISTS]为可选内容，用于判断数据库是否存在。

【例 2-15】 删除创建的商品表。

代码一：

```
DROP TABLE product_table;
```

运行结果，如图 2-15 所示。

图 2-15 [例 2-15]运行结果 1

代码二：

```
DROP TABLE IF EXISTS product_table;
```

运行结果，如图 2-16 所示。

图 2-16 ［例 2-15］运行结果 2

代码执行成功后，刷新左侧列表，展开【表】可以看到表名为"product_table"的表已被删除。

 巩固练习

一、填空题

1. 创建、修改和删除数据库的命令分别是_____ DATABASE 和_____
   DATABASE。
2. 数据表创建的关键字是_____ 。
3. 非空约束是_____。
4. 更新数据表的表字段的关键字是_____。

二、实操题

分别创建项目表、供应商表、零件表和供应表，如表 2-2 至表 2-5 所示。

表 2-2 项目表

列名	数据结构	长度	完整性约束	键值	说明
Jno	char	6	NOT NULL	主键	项目编号
Jname	varchar	20			项目名称
Jcity	varchar	10			项目城市

表 2-3　供应商表

列名	数据结构	长度	完整性约束	键值	说明
Sno	char	6	NOT NULL	主键	供应商编号
Sname	varchar	20			供应商名称
Scity	varchar	10			供应商城市

表 2-4　零件表

列名	数据结构	长度	完整性约束	键值	说明
Pno	char	6	NOT NULL	主键	零件编号
Pname	varchar	10			零件名称
PXH	varchar	10			零件型号
Color	char	2			零件颜色
weight	tinyint				零件重量

表 2-5　供应表

列名	数据结构	长度	完整性约束	键值	说明
Sno	char	6	NOT NULL	主键	供应商编号
Pno	char	6	NOT NULL		零件编号
Jno	char	6	NOT NULL		项目编号
Qty	tinyint				

项目二
知识扩展

项目总结

  数据库作为存储和管理数据的核心工具,在现代信息系统中扮演着至关重要的角色。它不仅仅是数据的简单集合,更是一个结构化的数据存储系统,帮助我们高效地存储、检索、更新和删除数据。在数据库系统中,数据被组织成表格、视图、索引等多种形式,以便我们能够根据需要快速访问和处理数据。此外,数据库还提供了数据完整性、安全性和并发控制等关键功能,确保数据的准确性和一致性。

  在完成对本项目的深入探索后,我们不仅构建了数据库与 SQL 知识的初步框架,还掌握了数据库的创建与管理、SQL 语句编写与执行等核心技能。以下是对本项目内容的详尽总结与反思,旨在巩固所学知识,并为后续学习奠定坚实的基础。

  数据库不仅是一个简单的数据存储容器,还是一个高度组织化的数据管理系统,能够高效、安全地存储大量数据,并支持复杂的数据查询、更新和删除操作。数据库通过提供数据完整性、安全性、并发控制等关键功能,确保了数据的准确性、一致性和可靠性。

  结构化查询语言(structured query language,SQL)是数据库操作的标准语言,具有强大的数据定义、操作、控制和事务处理能力。通过 SQL,我们可以轻松地创建、修改和删除数据库及其对象(如表、视图、索引等),同时能够高效地插入、更新和删除数据。SQL 的语法简洁明了、功能强大,是数据库管理和数据分析不可或缺的工具。

　　本项目的重点是数据库和数据表的创建。我们学习了如何使用 SQL 语句来定义数据库的结构,包括数据库的创建、数据表的定义等。在创建数据表时,我们深入了解了表的结构定义(如列名、数据类型、约束条件等)以及表的创建语法。通过实践,我们掌握了如何在数据库中创建符合业务需求的表结构,为后续的数据存储、查询和处理奠定了坚实的基础。

　　在创建数据库和数据表的过程中,我们学习了数据库设计的基本原则,如数据完整性、数据冗余最小化、数据一致性等。这些原则对于确保数据库的高效运行和数据的准确性至关重要。同时,我们了解了如何通过索引、分区等优化策略来提高数据库的查询性能。

　　然而,我们也应该意识到,数据库技术是一个不断发展的领域,新的技术和工具不断涌现。因此,在未来的学习中,我们需要持续关注数据库技术的最新发展,不断学习和掌握新的技术和工具。此外,我们还应该注重数据库实践能力的培养。通过参与实际的数据库项目,我们可以更深入地了解数据库的应用场景和需求,从而不断提升自己的数据库设计和管理能力。

项目三
数据库基本操作

数据库操作是对数据库上的数据进行的一系列操作,包括插入数据、更新或删除数据、查询数据等,在 SQL 代码分类中对应数据操纵语言。在实际使用过程中,有 90% 的 SQL 代码属于 DML,本项目以 DML 为中心展开学习。

 知识导航

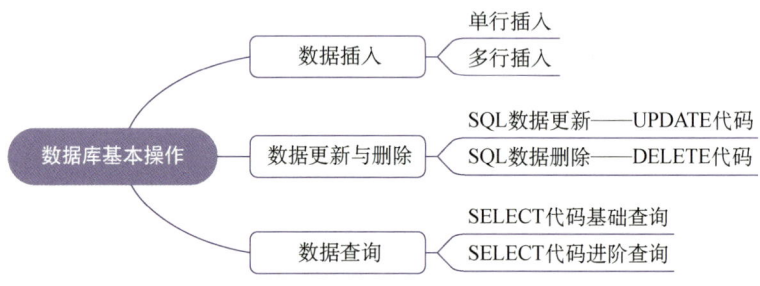

任务一　数 据 插 入

学习目标

【知识目标】掌握在数据表中用指定列的顺序和不指定列的顺序两种方式下,使用 INSERT 代码进行单行插入和多行插入的语法结构。

【技能目标】能够在不同业务场景下使用 INSERT 代码在数据表中用指定列的顺序 和不指定列的顺序两种方式进行单行插入和多行插入,并调试。

【素质目标】具有强烈的事业心和严谨的工作作风,考虑和解决问题时思路鲜明、条 理清晰,严格遵循逻辑规律,提升思维灵活性。

在 MySQL 中,通过 INSERT 代码向数据表中所有字段插入数据,每个字段与其值是 严格一一对应的。也就是说,每个值、值的顺序、值的类型必须与对应的字段相匹配。但 是,各字段也无须与其在表中定义的顺序一致,它们只要与 VALUES 中值的顺序一致 即可。

在学习了创建数据表之后,我们将学习如何在创建好的数据表中插入数据。

一、单行插入

1. 方式一:不指定列的顺序进行单行插入

此种情况下,无须指定要插入数据的列名,只提供被插入的值即可。

语法结构:

INSERT INTO ＜表名＞

VALUES (字段值 1,字段值 2,字段值 3…);

注意

一对括号对应数据表中的一行数据,即一条记录;字段值的数量必须与数据表的 字段数量相同。

【例 3-1】　在学生语文成绩表中插入一行数据。

代码如下:

```
INSERT INTO stu_chinese_score
VALUES(2021011,"张三","三年一班",80);
```

代码录入页面,如图 3-1 所示。

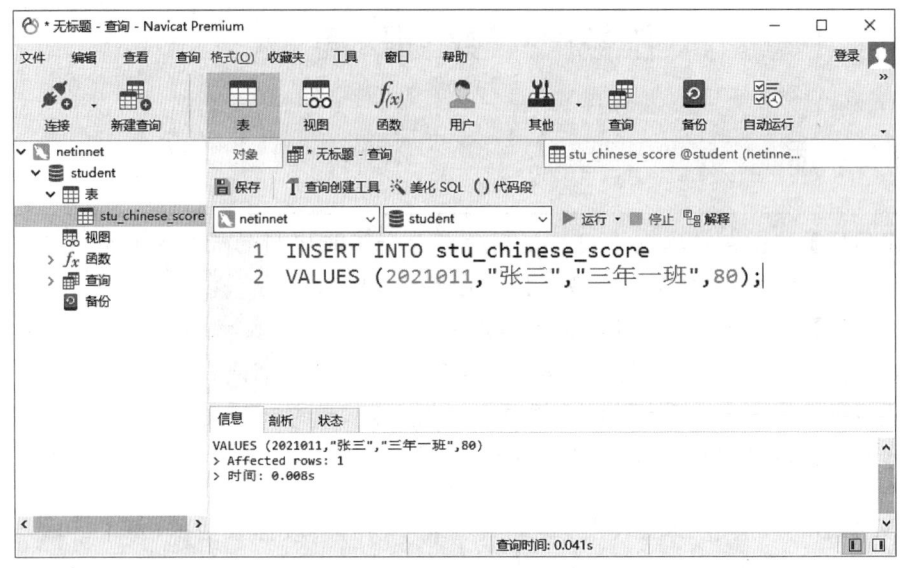

图 3-1 [例 3-1]代码录入页面

运行结果,如图 3-2 所示。

图 3-2 [例 3-1]运行结果

2. 方式二:指定列的顺序进行单行插入

此种情况下,需要指定列名及被插入的值。

语法结构:

INSERT INTO <表名>(字段名 1,字段名 2,字段名 3…)

VALUES (字段值 1,字段值 2,字段值 3);

【例 3-2】 指定列的顺序,在学生语文成绩表中插入一行数据。

代码如下:

```
INSERT INTO stu_chinese_score(stu_no,stu_name,class_name,chinese_score)
VALUES(2021013,"李浩","三年一班",80);
```

代码录入页面,如图 3-3 所示。

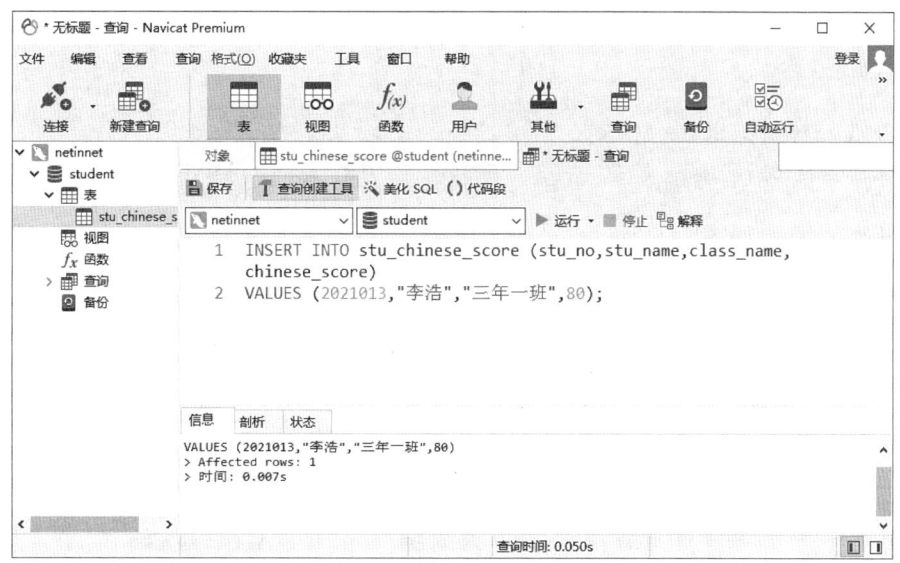

图 3-3 ［例 3-2］代码录入页面

运行结果，如图 3-4 所示。

图 3-4 ［例 3-2］运行结果

二、多行插入

1. 方式一：不指定列的顺序进行多行插入

此种情况与不指定列的顺序进行单行插入类似，无须指定要插入数据的列名，只需提供被插入的值即可。

语法结构：

INSERT INTO ＜表名＞

VALUES（字段值 1，字段值 2，字段值 3…），（字段值 1，字段值 2，字段值 3…）…

 **注意**

因一对括号对应数据表中的一行数据，插入多少行数据就有多少对括号。

【例 3-3】 在学生语文成绩表中插入两行数据。

代码如下：

```
INSERT INTO stu_chinese_score
VALUES(2021017,"库洛","三年一班",80),(2021018,"路飞","三年二班",77);
```

代码录入页面，如图 3-5 所示。

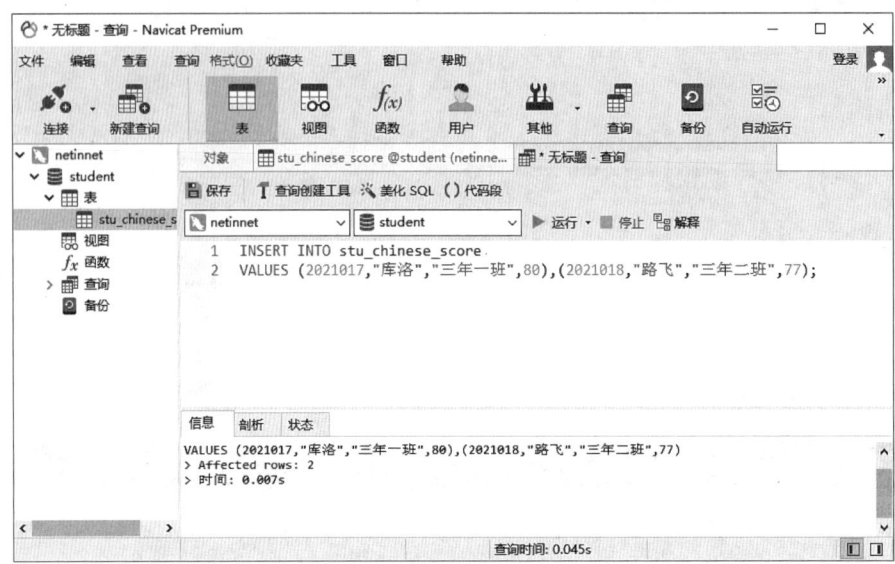

图 3-5　［例 3-3］代码录入页面

运行结果，如图 3-6 所示。

stu_chinese_score			
stu_no	stu_name	stu_class	stu_chinese_score
2021017	库洛	三年一班	80
2021018	路飞	三年二班	77

取消　确定

图 3-6　［例 3-3］运行结果

2. 方式二：指定列的顺序进行多行插入

此种情况与指定列的顺序进行多行插入类似，需要指定列名及被插入的值。

语法结构：

INSERT INTO ＜表名＞（字段名 1，字段名 2，字段名 3…）

VALUES（字段值 1,字段值 2,字段值 3…）,（字段值 1,字段值 2,字段值 3…）…

【例 3-4】 指定列的顺序,在学生语文成绩表中插入两行数据。

代码如下:

```
INSERT INTO stu_chinese_score(stu_no,stu_name,class_name,chinese_score)
VALUES(2021014,"李白","三年一班",90),(2021015,"杜甫","三年一班",80);
```

代码录入页面,如图 3-7 所示。

图 3-7 ［例 3-4］代码录入页面

运行结果,如图 3-8 所示。

stu_no	stu_name	stu_class	stu_chinese_score
2021014	李白	三年一班	90
2021015	杜甫	三年一班	80

图 3-8 ［例 3-4］运行结果

 巩固练习

一、填空题

1. 数据插入使用的关键字是_____和_____。

2. 张会计想一次插入多条库存商品的信息,每条记录需要用_____符号隔开。

二、实操题

某公司的资产折旧表如表 3-1 所示。已知表名为"fixed_assets_depreciation",各列的字段名(按顺序)为:assets_no,assets_name,classification,amount,unit,user_department,buy_time,original_value,depreciation_value,impairment,used_status,limit_years,rest_rate。

表 3-1 资产折旧表

金额单位:元

资产编号	资产名称	类别	数量	单位	使用部门	购置日期	原值	期初累计折旧	减值准备	使用状态	预计使用年限(年)	预计残值率
1010001	办公楼	房屋建筑物	1	栋	行政部	2018-08-12	5 000 000	448 611.11	null	正在使用	30	5%
1010002	展厅	房屋建筑物	1	栋	生产部	2019-01-10	2 000 000	153 055.56	null	改建	30	5%
1020001	成型机	生产设备	1	台	生产部	2018-09-20	680 000	177 650.00	50 000	正在使用	10	5%
1020002	变压器	生产设备	1	台	生产部	2018-10-04	2 000 000	50 666.67	null	闲置	10	5%
1020003	烧管机	生产设备	1	台	生产部	2019-02-28	330 000	73 150.00	null	正在使用	10	5%
1020004	验布机	生产设备	1	台	生产部	2018-11-03	34 000	8 344.17	null	正在使用	10	5%

请完成以下各题:

1. 根据上述已知条件创建资产折旧表"fixed_assets_depreciation"。

2. 在该表中,不指定列的顺序,插入资产编号为"1010001"的单行数据。

3. 在该表中,指定列的顺序,插入资产编号为"1010002"的单行数据。

4. 在该表中,不指定列的顺序,同时插入资产编号为"1020001"和"1020002"的两行数据。

5. 在该表中,指定列的顺序,同时插入资产编号为"1020003"和"1020004"的两行数据。

任务二　数据更新与删除

学习目标

【知识目标】了解 SQL 数据库语言中数据更新操作和数据删除操作。

【技能目标】掌握数据表和满足某些条件数据的更新、删除方法。

【素质目标】培养对数据库中数据处理流程和方法的梳理能力,提升逻辑思维和辩证思维。

一、SQL 数据更新——UPDATE 代码

在上一个任务中我们使用 INSERT 代码向表中插入数据,但当插入的数据出现错误,如将学生成绩录错,这时并不需要删除数据再重新插入,使用 UPDATE 代码就可以修改表中的数据。和 INSERT 代码、DELETE 代码一样,UPDATE 代码也属于 DML 数据操纵代码。

(一)UPDATE 基础代码(全表更新)

语法结构:

UPDATE ＜表名＞

SET ＜列名 1＞=＜字段值 1＞,＜列名 2＞=＜字段值 2＞…

> 💡 注意
>
> 此代码没有使用 where 条件指定数据,全表数据都会进行更新。

【例 3-5】 将表 3-2 语文成绩表中"stu_chinese_score"列所有学生的语文成绩修改为 90 分。

表 3-2　语文成绩表

stu_no	stu_name	stu_class	stu_chinese_score
0001	李明	一班	95
0002	王莉	二班	92
0003	赵燕	三班	87

代码如下:

```
UPDATE stu_chinese_score
SET stu_chinese_score = 90;
```

运行结果,如图 3-9 所示。

stu_chinese_score

stu_no	stu_name	stu_class	stu_chinese_score
0001	李明	一班	90
0002	王莉	二班	90
0003	赵燕	三班	90

图 3-9 ［例 3-5］运行结果

(二) 指定条件的 UPDATE 代码(搜索型 UPDATE)

语法结构：

UPDATE ＜表名＞

SET ＜列名 1＞=＜字段值 1＞,＜列名 2＞=＜字段值 2＞…

WHERE ＜列名 3＞=＜字段值 3＞;

> **注意**
>
> 此代码根据 where 条件指定数据,条件符合的数据都会进行更新。

【例 3-6】 将赵燕的语文成绩修改为 98 分。

代码如下：

```
UPDATE stu_chinese_score
SET stu_chinese_score = 98
WHERE stu_name = "赵燕";
```

运行结果,如图 3-10 所示。

stu_chinese_score

stu_no	stu_name	stu_class	stu_chinese_score
0001	李明	一班	90
0002	王莉	二班	90
0003	赵燕	三班	98

图 3-10 ［例 3-6］运行结果

二、SQL 数据删除——DELETE 代码

DELETE 代码用于删除表中的行。

(一) 指定删除对象的 DELETE 代码(搜索型 DELETE)

语法结构：

DELETE FROM ＜表名＞

WHERE ＜列名＞ = ＜字段值＞；

> **注意**
>
> 此代码根据 where 条件指定数据,条件符合的数据行都会被删除。

【例 3-7】 将李明的语文成绩所在行删除。

代码如下：

```
DELETE FROM stu_chinese_score
WHERE stu_name = "李明";
```

运行结果,如图 3-11 所示。

stu_chinese_score

stu_no	stu_name	stu_class	stu_chinese_score
0002	王莉	二班	90
0003	赵燕	三班	98

图 3-11 ［例 3-7］运行结果

(二) DELETE 代码的基本语法(全表删除)

语法结构：

DELETE FROM ＜表名＞；

> **注意**
>
> 此代码没有使用 where 条件指定数据,所以全部数据都会被删除。如果代码中未输入 FROM,而是写作 DELETE ＜表名＞,或是输入多余的列名,都会出错,无法正常执行。

【例 3-8】 将语文成绩表里所有数据删除。

代码如下：

```
DELETE FROM stu_chinese_score;
```

运行结果,如图 3-12 所示。

stu_no	stu_name	stu_class	stu_chinese_score
暂无数据			

图 3-12 [例 3-8]运行结果

 巩固练习

一、填空题

1. 更新记录使用的关键词是＿＿＿＿＿＿＿和＿＿＿＿＿＿＿。

2. 如果想删除表名为"chinese"中所有记录,代码是＿＿＿＿＿＿＿＿＿＿＿＿。

3. 如果想修改表名为"chinese"的语文成绩表中张三同学的成绩为 92 分,代码应为 ＿＿＿＿＿chinese＿＿＿＿＿score＝92＿＿＿＿＿name＝张三。

4. 张老师想删除姓名为"李四"、学号为"2021002"的学生成绩(学号为成绩表主键),代码是＿＿＿＿＿＿＿＿＿＿＿＿＿＿＿＿＿＿＿＿＿＿＿＿＿＿＿。

二、简答题

举例说明 UPDATE 和 DELETE 中 where 条件的作用效果。

三、实操题

数学成绩表如表 3-3 所示。写出进行操作所用到的代码。

表 3-3 数学成绩表

stu_no(主键)	stu_name	stu_math_score	stu_class
0001	张雯雯	99	一班
0002	赵晶	92	一班
0003	韩梅梅	88	二班
0004	李雷	93	二班

请完成以下各题:

1. 修改数学成绩表中学号为"0001"的学生成绩为 95 分。

2. 删除数学成绩表中学号为"0003"的学生数据。

任务三 数 据 查 询

学习目标

【知识目标】掌握 SQL 的数据查询代码的类型、语法。

【技能目标】能够使用 SQL 代码按照目标要求进行数据查询。

【素质目标】SQL 查询是一个细致入微且需要耐心的工作,需要仔细检查代码的正确性和结果的准确性,具备细心和耐心的工作品质。

一、SELECT 代码基础查询

(一) 数据库查询概念

SQL 代码是由简单的英语单词构成的,这些单词称为关键字,每个 SQL 代码都是由一个或多个关键字构成的。

从表中选取数据时需要使用 SELECT 代码,通过 SELECT 代码查询并选取必要数据的过程称为匹配查询或查询(query)。

使用 SELECT 代码检索表数据,必须至少给出两条信息——选择什么和从什么地方选择。

(二) SELECT 列查询

语法结构:

SELECT <列名>……

FROM <表名>

语法说明:

SELECT 代码包含了 SELECT 和 FROM 两个子句(clause),子句是 SQL 代码的组成要素,是以 SELECT 或者 FROM 等作为起始的短语。SELECT 子句列举了希望从表中查询的列的名称,而 FROM 子句则指定了选取数据的表的名称。

(三) 查询表中所有的列

查询全部列时,可以使用代表所有列的星号(*)进行查询。

语法结构:

SELECT *

FROM <表名>

【例 3-9】 查询 student_score 表中全部列的代码。

代码如下:

```
SELECT *
FROM student_score
```

运行结果,如图 3-13 所示。

图 3-13 ［例 3-9］运行结果

得到的结果和代码清单中 SELECT 代码的结果相同。

【例 3-10】 查询 student_score 表中学生的学号、姓名、班级、成绩。

代码如下：

```
SELECT stu_no,stu_name,class_name,score
FROM student_score
```

运行结果，如图 3-14 所示。

图 3-14 ［例 3-10］运行结果

（四）为列设定别名

可以看到，SELECT 代码在拼接地址字段方面的功能运行良好。那么新计算列的名字是什么呢？实际上它没有名字，它只是一个值。

如果在 SQL 查询工具中直接查看结果并无障碍，但未命名的列因为其缺乏可引用的标识符无法被客户端应用程序调用。

语法结构：

SELECT ＜列名＞　as　＜别名＞

FROM ＜表名＞

【例 3-11】　查询 student_score 表中学生的学号、姓名、班级、成绩，并设置别名。

代码如下：

```
SELECT stu_no as 学号,stu_name as 姓名,class_name as 班级姓名,score as 成绩
FROM student_score
```

运行结果，如图 3-15 所示。

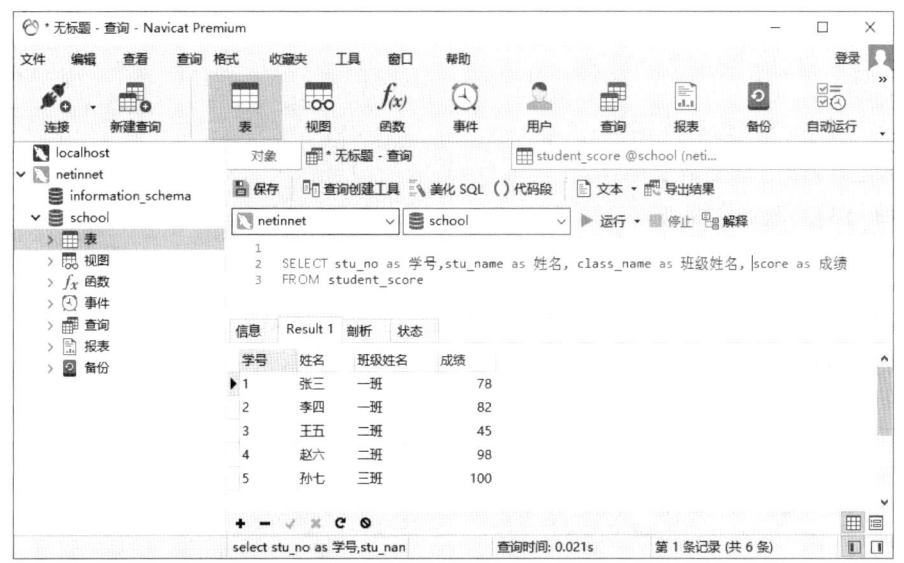

图 3-15　[例 3-11]运行结果

通过执行结果可以更直观地理解查询逻辑，而使用别名能使 SELECT 语句的返回结果更具可读性。

（五）常数的查询

SELECT 子句不仅可以查询列名，还可以查询常数。

【例 3-12】　查询数据。

代码如下：

```
SELECT 66 as num,'2021-02-02'as date,stu_name,class_name
FROM student_score
```

运行结果,如图 3-16 所示。

图 3-16 [例 3-12]运行结果

二、SELECT 代码进阶查询

(一) 对查询列进行算术运算

算术运算,作为基础数学操作,包含加(＋)、减(－)、乘(＊)、除(/)四种基本运算符。

【例 3-13】 教师需将原有 100 分制成绩转换为 80 分制。

代码如下:

```
SELECT stu_no,stu_name,class_name,(score * 0.8) as new_score
FROM student_score
```

运行结果,如图 3-17 所示。

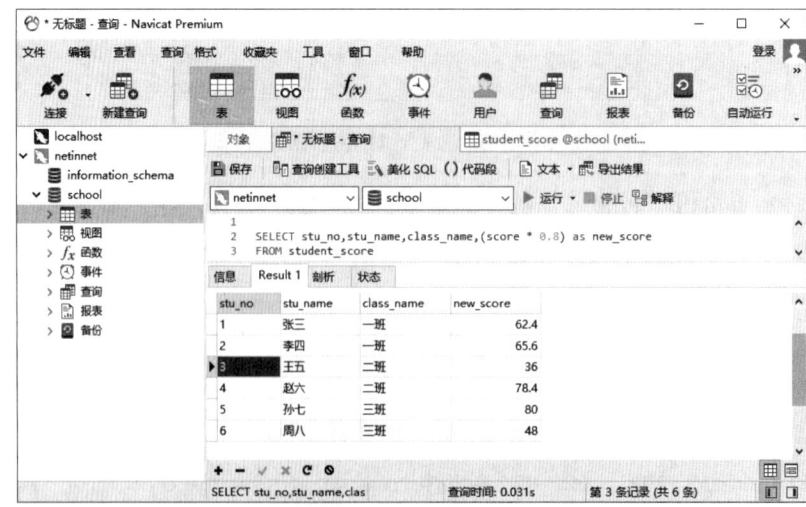

图 3-17 [例 3-13]运行结果

（二）使用 WHERE 进行条件查询

SELECT 代码可以通过 WHERE 子句来指定查询数据的条件，即在 WHERE 子句中可以指定"某一列的值和这个字符串相等"或者"某一列的值大于这个数字"等条件，执行含有条件的 SELECT 代码，就可以查询出只符合该条件的数据了。

语法结构：

SELECT ＜列名＞……

FROM ＜表名＞

WHERE ＜条件表达式＞

【例 3-14】　从 student_score 表中选取班级名称（class_name）为一班的记录。

代码如下：

```
SELECT *
FROM student_score
WHERE class_name = '一班'
```

运行结果，如图 3-18 所示。

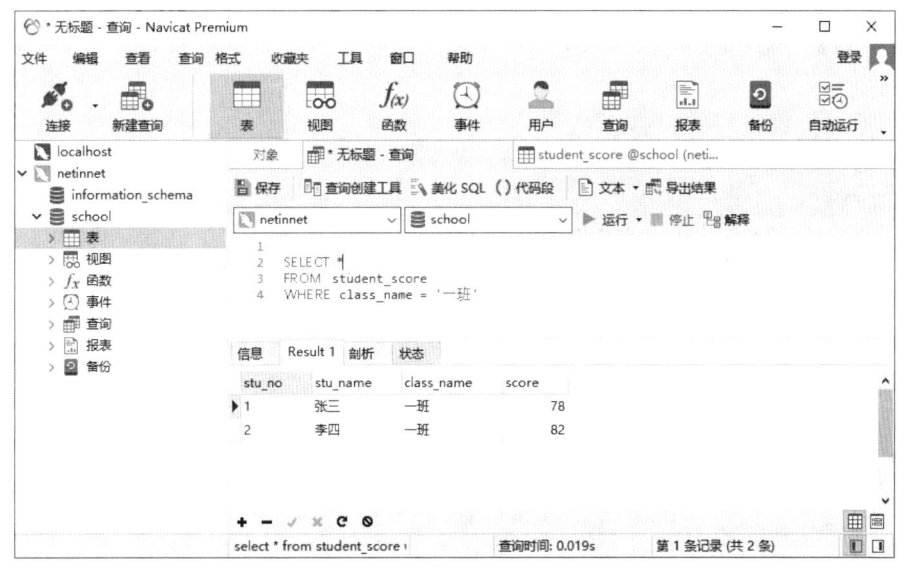

图 3-18　［例 3-14］运行结果

（三）WHERE 运算符

在［例 3-12］中，像"＝"号这样用来比较列或值的符号称为比较运算符，即 WHERE 运算符。

在 WHERE 子句中，通过使用比较运算符可以组合出各种各样的条件表达式。比较运算符如表 3-4 所示。

表 3-4　比较运算符

符号	名称
=	相等
<>	不相等
>=	大于等于
>	大于
<=	小于等于
<	小于

(四) AND 运算符和 OR 运算符

目前为止,我们看到的每条 SQL 代码中都只有一个查询条件。但在实际使用中,往往都是同时指定多个查询条件对数据进行查询的。

在 WHERE 子句中使用 AND 运算符或者 OR 运算符,可以对多个查询条件进行组合。

AND 运算符在其两侧的查询条件都成立时整个查询条件才成立,其意思相当于"并且"。

OR 运算符在其两侧的查询条件有一个成立时整个查询条件都成立,其意思相当于"或者"。

【例 3-15】　从 student_score 表中选取班级名称为"二班"并且成绩大于等于 60 分的记录。代码如下:

```
SELECT *
FROM student_score
WHERE class_name = '二班' and score> = 60
```

运行结果,如图 3-19 所示。

图 3-19　[例 3-15]运行结果

（五）谓词

"＝""＜"">"等比较运算符的正式名称是比较谓词。

谓词是需要满足特定条件的函数,该条件就是返回值是真值。对函数来说,返回值有可能是数字、字符串、日期等,但是谓词的返回值全都是真值(TRUE/FALSE/UNKNOWN)。这也是谓词和函数的最大区别。常用的谓词如下。

1. LIKE:模糊查询

截至目前,我们使用字符串作为查询条件的例子中使用的都是"＝"。使用"＝"时,只有在字符串完全一致时才为真。

与之相反,LIKE 谓词更加模糊一些,当需要进行字符串的部分一致查询时需要使用该谓词。部分一致大体可以分为前方一致、中间一致和后方一致三种类型。

【例 3-16】 从 student_score 表中选取班级名称中带"二"的学生信息。

代码如下:

```
SELECT    *
FROM student_score
WHERE class_name LIKE '二 %'
```

运行结果,如图 3-20 所示。

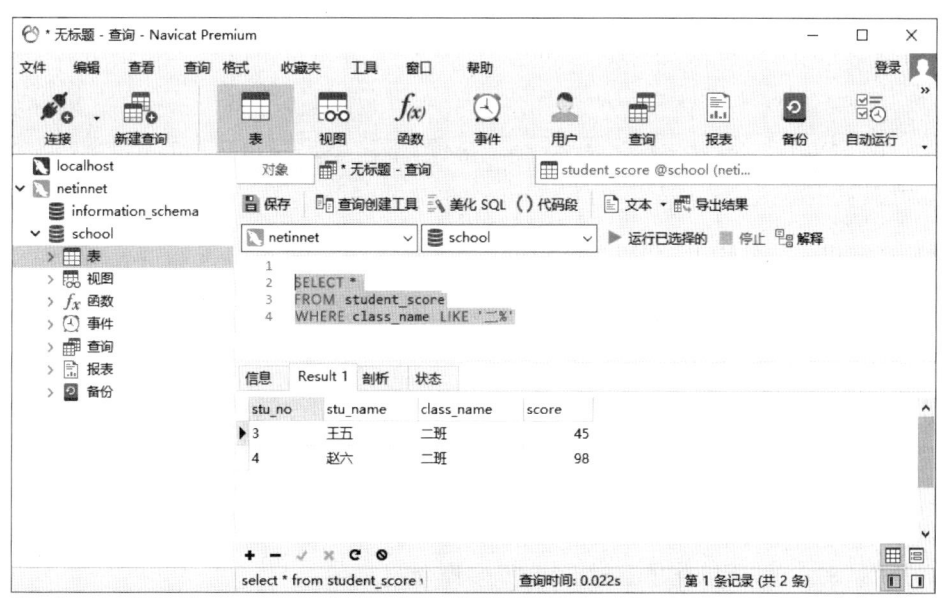

图 3-20　[例 3-16]运行结果

"％"是模糊字符,表示"二"后面的字符可以是所有其他字符;'％％'表示前后可以有其他字符。

如果只有一个字符的,可以用"_"来表示占位一个字符。

代码如下:

```
SELECT    *
FROM    student_score
WHERE    class_name  LIKE'_班级
```

2. BETWEEN:范围查询

【例 3-17】 从 student_score 表中选取 60~80 分的学生成绩。

代码如下:

```
SELECT    *
FROM    student_score
WHERE    score   BETWEEN  60   AND   80
```

3. IS NULL、IS NOT NULL:判断是否为空值

【例 3-18】 判断 student_score 表中是否存在空值。

代码如下:

```
SELECT    *
FROM    student_score
WHERE    score   IS   NULL
```

4. IN:检查某字段的值是否在指定值列表中

【例 3-19】 选取出成绩(student_score)为 60 分、70 分、80 分的学生。

代码如下:

```
SELECT    *
FROM    student_score
WHERE    score = 60 or score = 70 or score = 80
```

我们还可以直接使用 IN 代码进行查询。

代码如下:

```
SELECT    *
FROM    student_score
WHERE    score  in (60,70,80)
```

5. EXIST:检测子查询是否返回结果

EXIST 的使用方法与其他谓词都不相同。实际上,EXIST 的大部分功能都可以用 IN (或 NOT IN)来实现,所以这里不对 EXIST 多作介绍。

💡 **小提示**

为了保证查询的准确性和效率,我们需要多一些细心和耐心。在编写和执行 SQL 查询代码时,可以逐行和逐段地检查代码,对照数据库结构和查询需求,确保每一步操作和条件的正确性。同时,对于复杂的查询,可以采用拆分和验证的方法,逐步进行测试和调试,确保查询结果的准确性和预期一致。

 巩固练习

填空题

1. 查询一个表中所有列的数据:SELECT_____FROM <表名>。

2. 查询一个表中满足某个条件的记录:SELECT * FROM <表名> _____条件。

3. 查询一个表中满足多个条件的记录:SELECT * FROM <表名> _____条件 1 _____条件 2。

4. 查询一个表中满足条件的记录并按照某个列进行排序:SELECT * FROM <表名> _____条件,ORDER BY <列名>_____。

5. 统计一个表中满足条件的记录数量:SELECT COUNT(*)FROM <表名> _____条件。

6. 查询一个表中某个列的最大值和最小值:SELECT MAX <列名>,_____FROM <表名>。

7. 查询一个表中某个列的总和和平均值:SELECT SUM <列名>,_____FROM <表名>。

8. 对一个表中某个列的值进行分组并统计数量:SELECT <列名>,COUNT(*)FROM <表名>_____<列名>。

 项目总结

数据库的基本操作包括插入数据、更新数据、删除数据和查询数据等。

(1)插入数据:使用 INSERT INTO 代码向表中插入数据,可以指定要插入的表名和字段值。

(2)更新数据:使用 UPDATE 代码修改表中的数据,可以指定要更新的字段和更新条件。

(3)删除数据:使用 DELETE 代码删除表中的数据,可以指定要删除的数据条件。

(4)查询数据:使用 SELECT 代码从表中检索数据,可以指定要查询的字段、查询条件和排序方式。

除了以上基本操作,数据库还提供了其他高级操作,如创建索引以提高查询性能、创建视图以简化复杂查询、创建触发器以在数据更新时执行特定操作等。

需要注意的是,在进行数据库操作时,需要掌握好数据库查询语言(如 SQL)的语法和规则,并遵循数据库的设计原则和安全措施,确保数据的完整性、安全性和一致性。

此外,不同的数据库管理系统可能具有不同的特点和语法,具体的操作步骤和命令可能会略有差异。因此,在实际操作中应根据使用的数据库管理系统的文档和指南进行操作。

项目三
知识扩展

项目四
Python 入门

Python 编程语言由荷兰国家数学与计算机科学研究所(CWI)研究员吉多·范罗苏姆于 1991 年发布，其设计初衷是替代 ABC 语言在教学领域的应用。Python 提供的高效的高级数据结构，以及解释型语言的本质，使它成为跨平台脚本编写与快速应用开发的首选语言，随着版本的不断更新和语言新功能的添加，现已发展成为支持大型项目开发的通用编程语言。

 知识导航

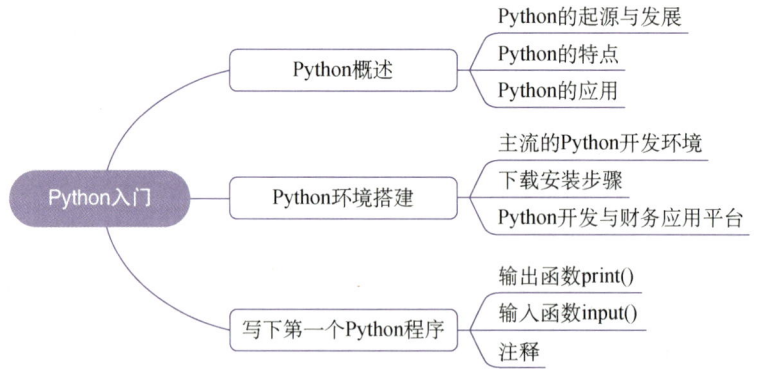

任务一 Python 概述

学习目标

【知识目标】了解 Python 的起源，Python 在财务领域的发展、特点和环境搭建。

【技能目标】能够使用 Python 云学习平台，写下第一行代码"Hello, Python!"。

【素质目标】紧跟时代发展的脚步，培养拼搏进取的精神；具备创新意识和独立解决问题的能力，能够在不断变化的环境中应对挑战。

Python 是一种解释型、面向对象、动态数据类型的高级编程语言，具有良好的可移植性和可扩展性。Python 具有丰富的标准库和第三方库，可用于开发 Web 应用、数据分析、人工智能、机器学习、科学计算、网络爬虫等各种领域的应用。

一、Python 的起源与发展

Python 的创造者是吉多·范罗苏姆，"Python"取自英国 20 世纪 70 年代首播的电视喜剧 *Monty Python's Flying Circus*。

Python 在过去的几十年里经历了许多变化和发展，现在已成为最受欢迎的编程语言之一，以下是 Python 的发展历程：

1989 年：吉多·范罗苏姆开始设计 Python，用于编写系统管理工具。

1991 年：Python 0.9.0 版发布，支持函数、模块和异常处理。

1994 年：Python 1.0 版发布，支持类和函数式工具。

2000 年：Python 2.0 版发布，引入新式类和垃圾回收器。

2008 年：Python 3.0 版发布，进行不兼容更改以改进语言的一致性和可读性。

2010 年：Python 2.7 版发布，成为 Python 2.X 系列的最后一个版本。

2015 年：Python 3.5 版发布，引入异步编程原语和矩阵乘法运算符。

2018 年：Python 3.7 版发布，增加些语言特性，包括数据类和上下文变量。

2020 年：Python 3.9 版发布，引入运算符、类型注解、高精度计算等新特性。Python 2.X 停止维护和支持。

2021 年：Python 3.10 版发布，类型检查改进、类型别名更改，引入结构化模式匹配，允许使用关键字进行更灵活的条件分支。

2022 年：Python 3.11 版发布，支持 TOML 标准库，异常回溯增强，以帮助用户更快地解释错误消息。

2023 年：Python 3.12 版发布，放宽 f-string 语法限制，增强错误信息可视化，优化缓冲区协议。

Python 历年来市场份额变化曲线，如图 4-1 所示，显示了其从相对冷门到逐渐普及并成为主流编程语言的趋势，这反映了 Python 在数据处理、机器学习、Web 开发等领域的广泛应用及其强大的社区支持和不断优化的语言特性。

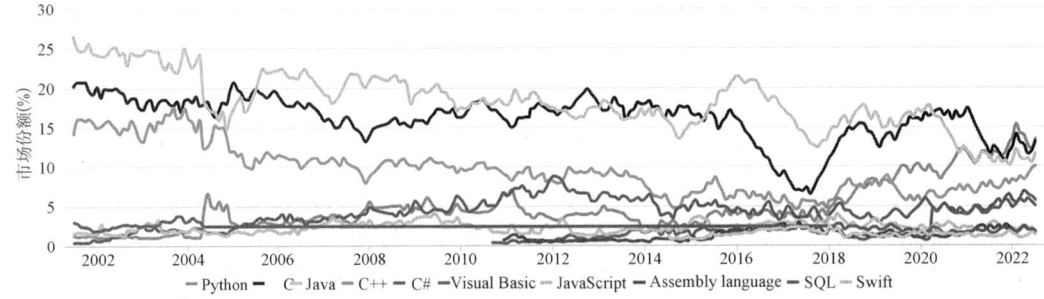

图 4-1 Python 历年来市场份额变化曲线

二、Python 的特点

(一) 优点

Python 语言之所以应用如此广泛,正是因为其具有简单、易学,丰富的库,解释性,面向未来、高层,免费开源、可移植以及可扩展、可嵌入等多个优点,如图 4-2 所示。这些优点使得 Python 成为许多开发者的首选编程语言,并在数据分析、机器学习、网络爬虫等领域得到广泛应用。

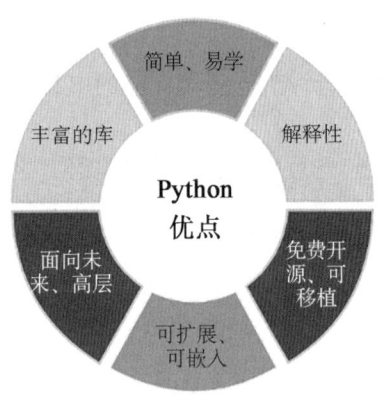

图 4-2 Python 的优点

1. 简单、易学

和传统的 C、C++、JAVA 等语言相比,Python 对代码格式的要求没有那么严格,使得用户在编写代码时不用在细枝末节上花费太多精力。举两个典型的例子:

(1) Python 不要求在每行代码的最后写上分号。

(2) 定义变量时不需要指明类型,甚至可以给同一个变量赋值不同类型的数据。

Python 是一种代表极简主义的编程语言,阅读一段排版优美的 Python 代码,就像在阅读一个英文段落,非常贴近人类语言,因此人们常说,Python 是一种具有伪代码特点的编程语言。

> 💡 **小提示**
>
> 伪代码(pseudo code)是一种算法描述语言,它介于自然语言和编程语言之间。编写伪代码的目的是使被描述的算法可以更容易地以任何一种编程语言实现,如 C、C++、JAVA 等。因此,伪代码必须结构清晰、代码简单、可读性好,并且类似于自然语言。

2. 丰富的库

Python 拥有丰富的库,这也是其受欢迎的重要原因之一。Python 标准库包含了大量的模块和函数,可以支持常见的编程任务。此外,Python 还拥有庞大的第三方库,如 NumPy、

Pandas、Scikit-learn 等,这些库覆盖了从数据分析、机器学习到网络爬虫等各个领域,开发者可以通过简单的安装命令来引入和使用这些库,极大地提高了开发效率。

值得注意的是,这些类库的底层并非全部采用 Python 语言,其中大量核心模块实际是基于 C、C++ 开发的。这是因为当涉及关键性能敏感代码时,使用 C、C++ 编写并编译为 Python 可调用的扩展模块,能够显著提升执行效率。

3. 解释性

Python 的解释性也是其一大优点。解释型语言一般都是跨平台的,常见的平台如 Windows、MacOS、Linux 和 Web。相比于需要编译的编程语言,Python 代码可以直接在各平台运行,这方便了代码的调试和维护。当代码出现问题时,开发者可以通过异常信息定位问题,进行修改和调试。此外,Python 的解释性还使得代码更易于理解和修改,提高了代码的可维护性。

4. 面向未来、高层

Python 支持面向对象的编程范式,可以方便地实现封装、继承和多态等特性。同时,作为高层语言,Python 能够简化复杂的编程任务,使开发者用更少的代码实现更复杂的功能。这不仅提高了开发效率,还使得代码更加简洁易懂。

5. 免费开源、可移植

开源,即开放源代码,即所有用户都可以看到源代码。Python 的开源体现在两方面:一方面,程序员使用 Python 编写的代码是开源的,比如,开发一个 BBS 系统(即网络论坛)并允许用户下载,那么用户可以下载该系统的所有源代码,并且可以随意修改;另一方面,Python 解释器和模块是开源的,官方希望所有 Python 用户都参与进来,一起改进 Python 的性能、弥补 Python 的漏洞。

值得注意的是,开源并不等于免费,开源软件和免费软件是两个概念,只不过大多数的开源软件也是免费软件。Python 正是这样一种语言,它既开源又免费。用户使用 Python 进行开发,不需要支付任何费用,也不用担心版权问题,即使作为商业用途,Python 也是免费的。

6. 可扩展、可嵌入

Python 可以与 C 语言等底层语言进行接口调用,实现性能敏感部分的速度优化。当遇到需要高性能优化的场景时,开发者可以通过调用 C 语言库来提高程序的运行效率。同时,Python 也可以嵌入到大型应用程序中,作为应用程序的脚本语言,方便地进行配置和管理。

(二)缺点

1. 运行速度慢

Python 作为解释型语言,其运行速度较慢的问题难以避免。这主要由以下原因所致:

(1)解释执行:Python 在运行过程中需逐行翻译源代码,相较于编译型语言,其效率自然较低。

(2)高级语言的代价:Python 屏蔽了底层细节(如内存管理),虽然提升了开发效率,但也导致运行时的资源消耗增加。

与其他编程语言相比,Python 的运行速度几乎处于最慢之列,远不及 C、C++,甚至比 JAVA 还要慢。然而,在实际应用中,这一缺陷的影响往往较为有限:

（1）硬件性能的提升：随着计算机硬件的迅速升级，通过使用更高配置的服务器，可以有效弥补软件层面的性能不足。

（2）场景容忍度：用户在打开网页时，大部分时间消耗在网络传输上，而非服务器端程序的执行；对于实时性要求不高的任务（如数据分析、脚本自动化），Python在开发效率上的优势远大于其速度上的劣势。

2. 代码加密困难

与编译型语言不同，源代码会被编译为可执行程序（过程相当于对源代码进行加密），而Python是直接运行源代码的，因此对源代码进行加密是比较困难的。

三、Python的应用

Python在不同领域有着广泛的应用。

（一）科学计算领域

科学计算是Python作为开发语言中发展的一个亮点领域，Python被广泛应用于物理、生物化学、环境等领域的科学研究。其中，NumPy是核心基础，提供了高性能的多维数组对象及相关操作，是许多其他科学计算库的基础；SciPy建立在NumPy之上，增加了优化、线性代数、积分、插值等高级数学和工程功能；Pandas则专注于数据处理和分析，提供了易于使用的数据结构和数据分析工具；Matplotlib是科学绘图库，能够生成高质量的二维图表和简单三维图表；SymPy专注于符号计算，适用于数学公式的推导和化简。这些库共同构成了Python科学计算生态系统，使得Python成为数据科学家、工程师和数学家们的首选编程语言。此外，Python在科学计算三维可视化方面也展现出了强大的能力，这得益于其丰富的科学计算库和三维可视化工具，如图4-3所示。

图4-3　Python科学计算三维可视化

（二）Web开发领域

在Web开发领域中，Python被广泛应用于Web后端开发，如Django、Flask、Tornado等框架均为Python开发的Web框架。Python开发的Web框架如图4-4所示。此外，在网络爬虫开发领域，Python同样有着不小的发展，如Scrapy等优秀的开源爬虫框架。

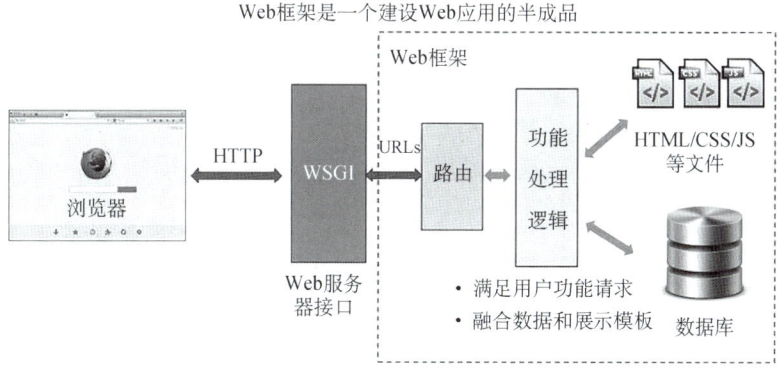

图 4-4　Python 开发的 Web 框架

（三）机器学习和人工智能领域

Python 在科学计算领域表现出来的惊人性能以及模块化编程风格，使得 Python 成为当下机器学习和人工智能领域常用的编程语言之一。SciPy 等科学计算库，Numpy 等图像处理库，TensorFlow、PyTorch 等深度学习框架均为 Python 实现，如图 4-5 所示。

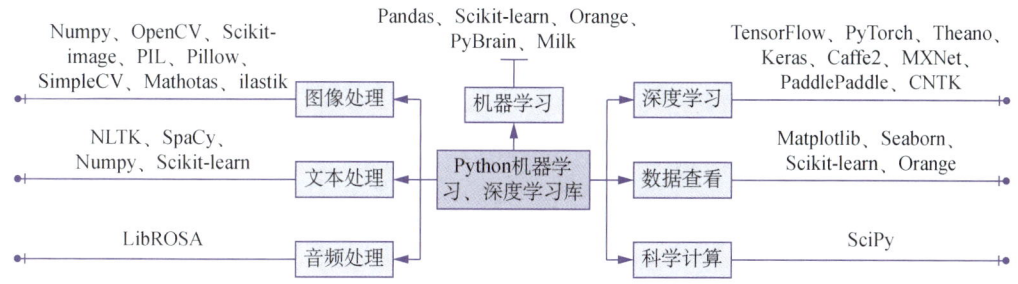

图 4-5　Python 常用机器学习及深度学习库

（四）其他领域

除以上三个领域之外，Python 还广泛应用于其他领域，如游戏开发、Web 开发、自动化脚本、服务器软件等，如图 4-6 所示。Python 在国际化、网络爬虫、数据处理等方面也被广泛应用，如谷歌和 Nasa 都使用 Python 来处理大量的海量数据。

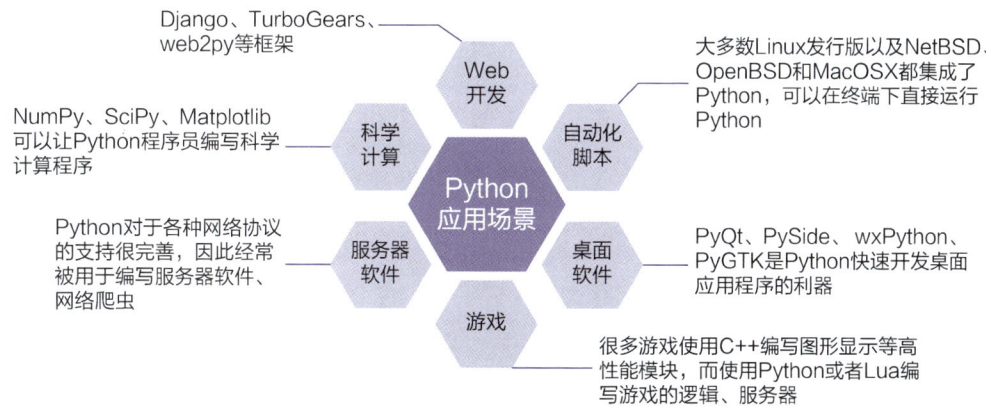

图 4-6　Python 其他应用领域

 巩固练习

一、单选题

1. Python 之父是（　　　　）。
   A. 詹姆斯·高斯林 B. 吉多·范罗苏姆
   C. 丹尼斯·里奇 D. 本贾尼·斯特劳斯特卢普

2. Python 诞生于（　　　　）年。
   A. 2000 B. 1991 C. 1989 D. 2008

3. 在处理数量庞大的数据时应优先使用（　　　　）。
   A. Excel B. Word C. Python D. Txt

二、简答题

1. 简述 Python 的应用领域。
2. 简述 Python 的优缺点。

任务二 Python 环境搭建

学习目标

【知识目标】了解目前流行的 Python 开发环境和软件,熟悉本教材所嵌入的平台开发环境。

【技能目标】掌握安装 Python 软件的流程和方法,掌握基础的平台操作步骤。

【素质目标】培养对主流软件的兴趣,查阅资料主动探索安装方法,提升动手能力。

一、主流的 Python 开发环境

(一) Anaconda

Anaconda 是一款 Python 数据科学平台,安装后默认预装了 Python、IPython、集成开发环境 SPYDER 以及众多科学计算模块。Anaconda 不仅包含了 CONDA 软件包管理器和 Python,还包含了超过 250 个科学计算包及其依赖项,如 NumPy、Pandas、TensorFlow、SciPy 等,如图 4-7 所示。

图 4-7 Anaconda 所包含的科学计算包

(二) PyCharm

PyCharm 是一种 Python 集成开发环境(integrated development environment,IDE),配有一整套可以帮助用户在使用 Python 语言开发时提高其效率的工具,如调试、语法高亮、项目管理、代码跳转、智能提示、自动完成、单元测试、版本控制,可以帮助用户更快更轻松地完成编码工作。此外,PyCharm 提供了一些高级功能,用于支持 Django 框架下的专业 Web 开发。PyCharm 官网下载界面如图 4-8 所示。

(三) Eclipse

Eclipse 是著名的跨平台的自由集成开发环境,最初主要用于 JAVA 语言开发,通过安装不同的插件 Eclipse 以支持不同的计算机语言,如 C++ 和 Python 等开发工具。Eclipse 本

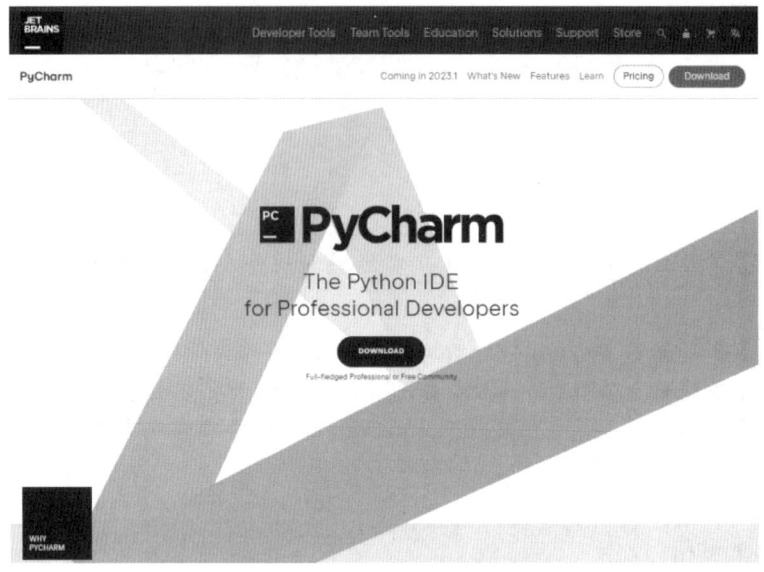

图 4-8　PyCharm 官网下载界面

身只是一个框架平台，但是众多插件的支持使得 Eclipse 拥有其他功能相对固定的 IDE 软件较难具有的灵活性。Eclipse 官网下载界面如图 4-9 所示。

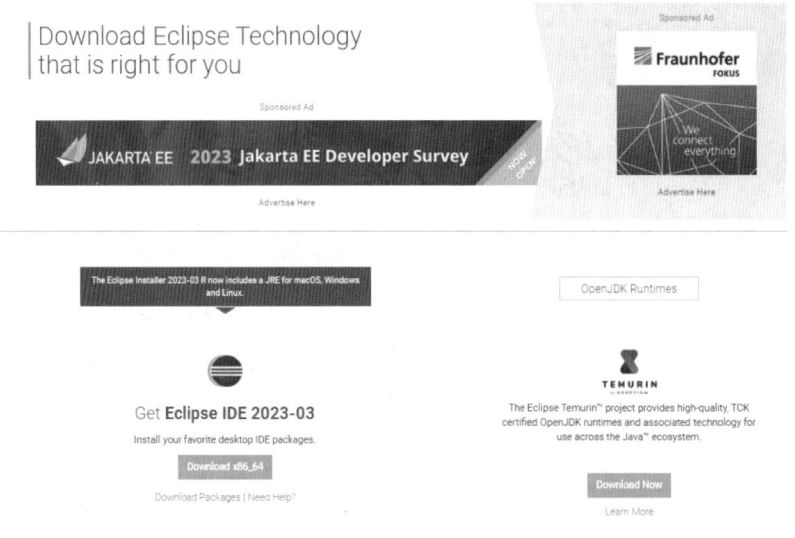

图 4-9　Eclipse 官网下载界面

（四）Jupyter Notebook

Jupyter Notebook 是一个 Web 应用程序，用于创建和共享程序文档，支持实时代码、数学方程、可视化和 Markdown，包括数据清理和转换、数值模拟、统计建模、机器学习等。它是科学计算和数据专业人士最喜欢的 Python 编辑器之一，支持的操作系统有 Windows、Linux 和 MacOS。Jupyter Notebook 用户使用界面，如图 4-10 所示。

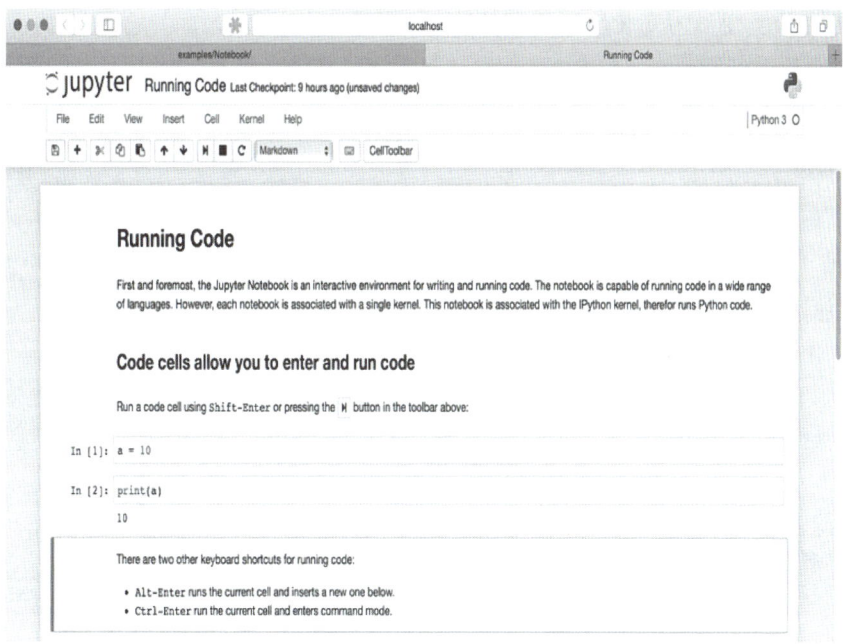

图 4-10　Jupyter Notebook 用户使用界面

二、下载安装步骤

(一) 下载安装 Python

(1) 在官网下载 Python(http://www.python.org),如图 4-11 所示。

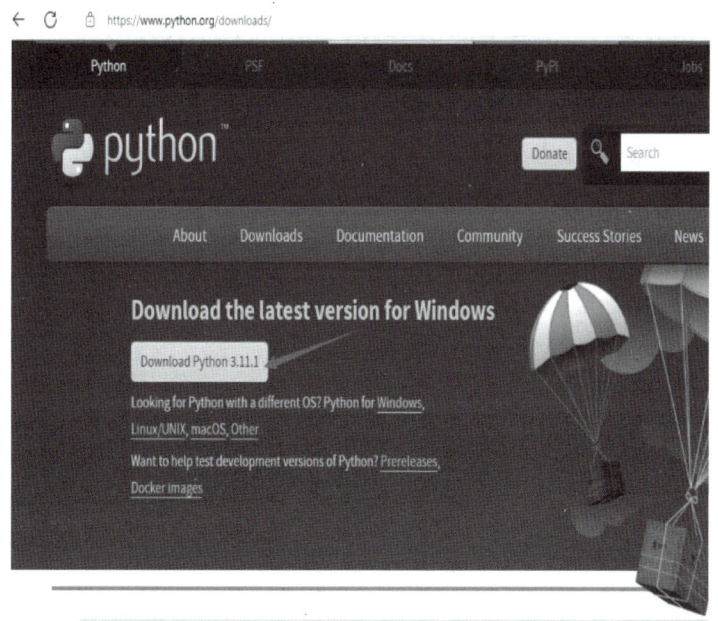

图 4-11　Python 官网下载界面

（2）更改环境变量为安装包所保存的路径，如图 4-12 所示。

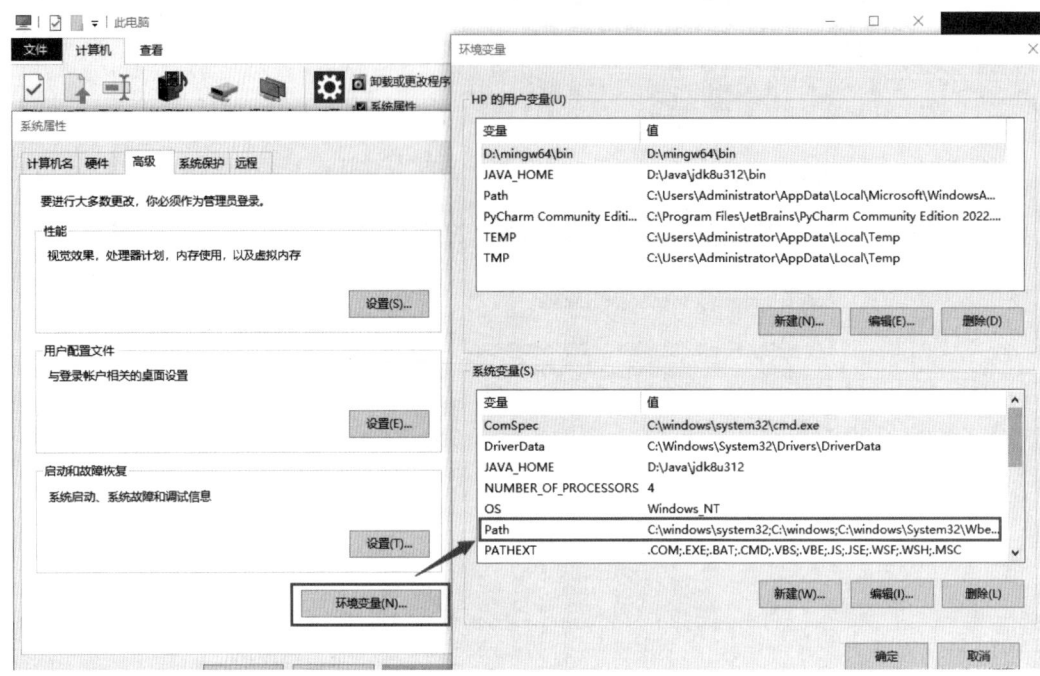

图 4-12　电脑环境变量 Path 配置

（3）双击安装包进行安装，安装界面如图 4-13 所示。

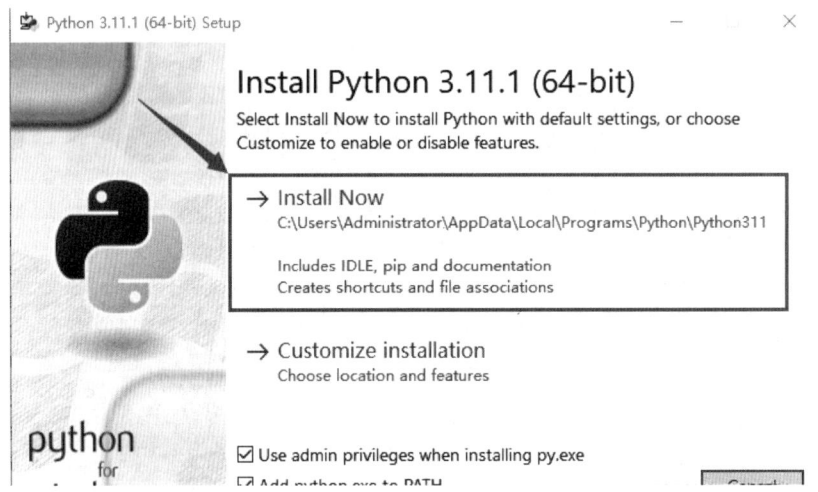

图 4-13　安装包安装界面

（二）下载安装 PyCharm

（1）在官网下载 PyCharm（https：//www. jetbrains. com/pycharm/download/＃section＝windows），如图 4-14 所示。

（2）双击安装包进行安装，安装界面如图 4-15 所示。

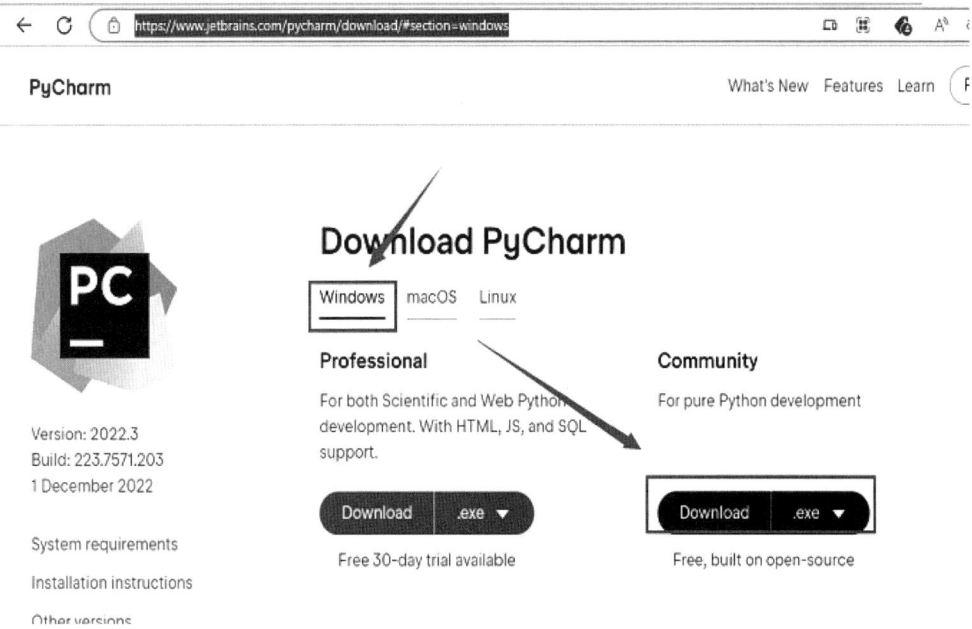

图 4-14 PyCharm 官网下载界面

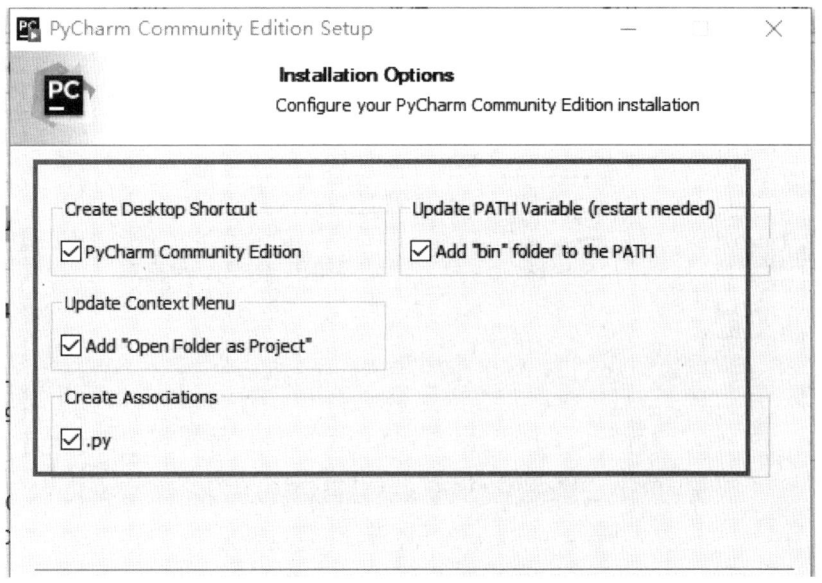

图 4-15 安装包安装界面

（三）在 PyCharm 上配置 Python

（1）打开 PyCharm 并新建项目文件，新建项目界面如图 4-16 所示。

（2）修改项目位置和 Python 版本并确认创建，如图 4-17 所示。

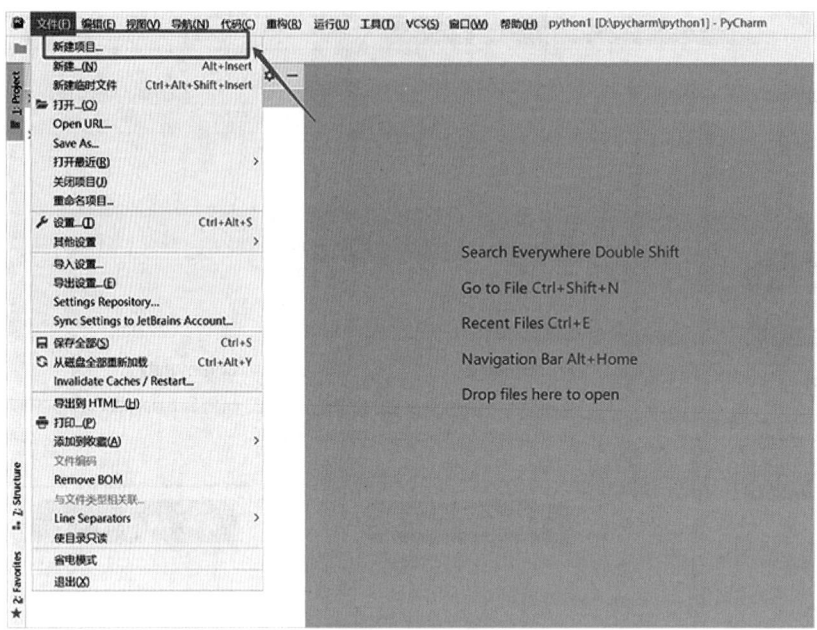

图 4-16　PyCharm 新建项目界面

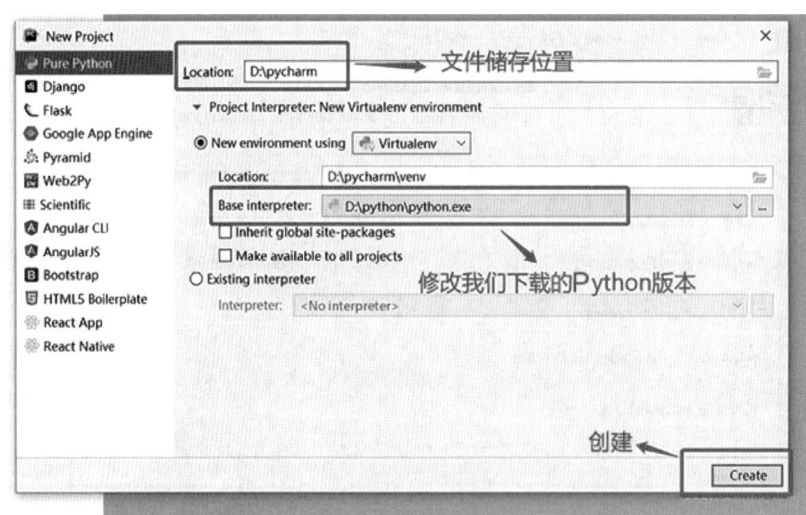

图 4-17　修改项目位置和 Python 版本

（3）执行【新增项目】—【新建】—【Python File】，如图 4-18 所示。

（4）为文件命名，点击【Python File】，创建第一个 Python 文件，如图 4-19 所示。

（5）输入代码，点击【运行】运行项目，或者点击右上角【▶】图标也可以运行，如图 4-20 所示。

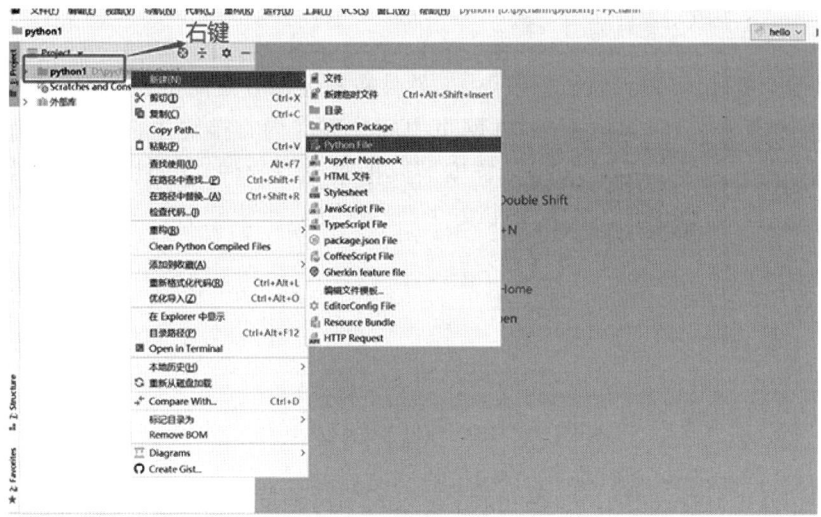

图 4-18　新建 Python File

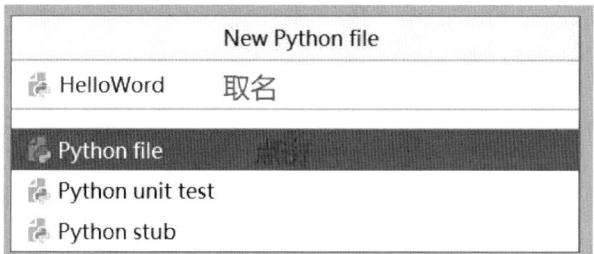

图 4-19　创建 Python 文件

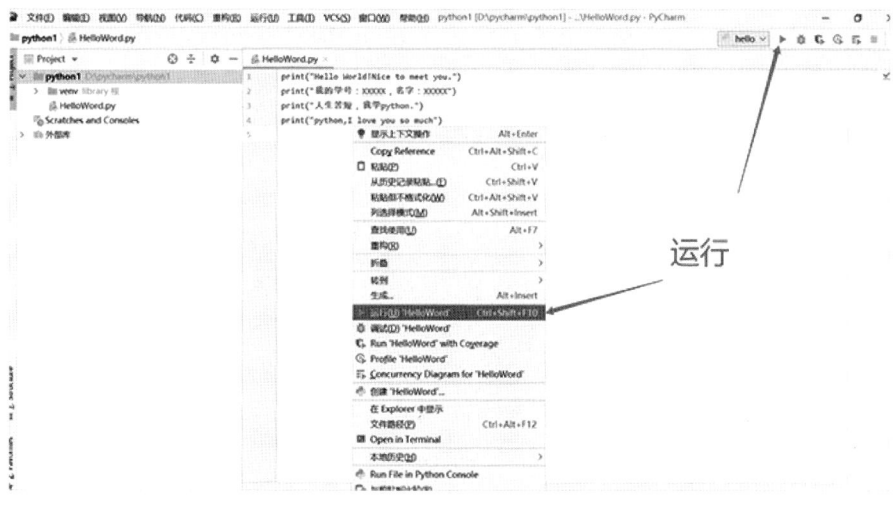

图 4-20　输入代码并运行

三、Python 开发与实验平台

本教材配套的实验平台是由厦门网中网软件有限公司开发的网中网财务大数据基础综合教学平台，内嵌 Jupyter Notebook，在网页中的代码区内直接输入 Python 代码，点击【执行】按钮，便可在下方显示运行结果，无需安装其他第三方软件，方便快捷，代码编写区域如图 4-21 所示。同时，该平台还具有上传文件、下载代码、重置实验、保存实验和提交实验结果功能。

图 4-21　网中网财务大数据基础综合教学平台代码编写区域

 巩固练习

简答题

1. 查阅资料搜集目前主流的 Python 开发环境。
2. 任意选择一款软件，在电脑上安装配置 Python 环境。

任务三　写下第一个 Python 程序

 学习目标

【**知识目标**】掌握 print()、input()函数和注释使用方法。

【**技能目标**】能够使用 Python 编写输入输出程序。

【**素质目标**】培养学生的执行力和耐心,学习 Python 需要不断练习和实践,通过持续地学习和编程实践,才能掌握 Python 的技能。

一、输出函数 print()

Python 通过 print()函数实现输出功能,使用时需注意以下几点:

(1) Python 中所有符号(如括号、引号)必须采用英文半角格式。

(2) 当输出内容为数字、字母、下划线、汉字等组成的一串字符(称为字符串)时,需在括号内字符串两侧添加引号。单引号和双引号在 Python 中功能完全相同,但默认推荐使用单引号;若字符串需跨行或包含引号,可使用三引号。

(3) 数值直接写入括号内,无需添加引号。

语法结构:

print("这是财务人员的第一个 Python 程序!")

【**例 4-1**】　请输出"固定资产的原值是:1000 元"这句话。

代码如下:

```
print("固定资产的原值是:",1000,"元")
```

运行结果:

```
固定资产的原值是:1000 元
```

> 💡 **注意**
>
> print()函数也可以输出多个文本,多个文本之间使用逗号隔开。

二、输入函数 input()

input()函数是一个用于接收用户输入的 Python 内置函数,允许程序在运行时暂停,并等待用户输入文本,当用户输入完毕并按回车键后,input()函数则返回所输入的文本字符串。

语法结构:

```
variable = input("prompt")
```

语法说明：

prompt 是一个字符串，用于向用户提供输入的提示信息。这个提示信息将显示在用户输入前的一行。当用户输入完毕后，input（）函数将输入的内容作为字符串赋值给变量"variable"。

【例 4-2】 请输入固定资产的原值，并输出结果。

代码如下：

```
values = input("请输入固定资产的原值:")
print("固定资产的原值是:",values)
```

运行结果：

```
请输入固定资产的原值:      10000
固定资产的原值是:1000
```

三、注释

注释即说明性的代码，用于辅助理解或记忆。

（1）用"#"号作为开头可以使一行代码成为注释。

代码如下：

```
# 这是我写的第一个 Python 程序(单独写一行)
print("这是财务人员的第一个 Python 程序!")
print("这是财务人员的第一个 Python 程序!") # 写在代码后
```

运行结果：

```
这是财务人员的第一个 Python 程序!
这是财务人员的第一个 Python 程序!
```

（2）三个单引号或者双引号可以使引号内的代码块成为注释。

代码如下：

```
"""
这是我写的第一个 Python 程序
你觉得怎么样?
"""
print("这是财务人员的第一个 Python 程序!")
```

运行结果：

```
这是财务人员的第一个 Python 程序!
```

 巩固练习

填空题

1. Python 中使用_____函数输入。
2. Python 中输出多文本,使用_____符号隔开。
3. 能够引出注释的符号有_____、_____、_____。

 项目总结

项目四
知识扩展

在当今快速发展的技术领域中,Python 作为一种功能强大且易于学习的编程语言,受到了广泛的关注和应用。无论是数据分析、人工智能、Web 开发,还是自动化脚本编写,Python 都展现了其无与伦比的灵活性和实用性。本项目旨在为零基础学生提供一个全面而系统的 Python 入门指导,涵盖 Python 概述、环境搭建、编写第一个程序三个核心部分。

Python 是一种解释型、面向对象、动态数据类型的高级程序设计语言。其设计哲学强调代码的可读性和简洁的语法(使用空格缩进划分代码块,而非大括号或关键字),这使得 Python 成为初学者的理想选择。Python 支持多种编程范式,包括面向对象、命令式、函数式和过程式编程,为开发者提供了丰富的编程工具和库。

Python 的应用范围极为广泛,从 Web 开发(如 Django、Flask 框架)到数据分析(Pandas、NumPy 库)、机器学习(Scikit-learn、TensorFlow 库)、网络爬虫(BeautifulSoup、Scrapy 库)、自动化测试、游戏开发等,几乎覆盖了所有技术领域。同时,Python 还是科学计算和学术研究中的首选语言之一。

目前,Python 有两个主要版本:Python 2 和 Python 3。由于 Python 2 已不再支持功能更新,且许多现代库和框架仅兼容 Python 3,推荐初学者直接学习并使用 Python 3。

在正式开始编程之前,需要在计算机上安装 Python。Python 官方网站提供了适用于不同操作系统的安装包,用户可根据自己的系统类型下载并安装。

在 Python 中,只需一行代码即可实现:

```
print("Hello,World!")
```

其中,print()是 Python 中的一个内置函数,用于输出信息到控制台。

"Hello,World!"是一个字符串,表示要打印的文本内容。

在 Python 中,字符串使用单引号或双引号引用。

完成"Hello,World!"的输出后,可以进一步尝试修改字符串内容,或添加更多打印语句,以熟悉 Python 的基本语法和输出机制。此外,还可以尝试使用变量存储字符串,通过变量间接打印内容。

通过本项目的学习,我们应建立对 Python 编程的基本认识,掌握环境搭建的方法,并能独立编写简单的 Python 程序。这不仅是编程旅程的第一步,更是开启无限可能的钥匙。未来,随着对 Python 学习和实践的深入,我们将探索更多领域,解决更复杂的问题,享受编程带来的乐趣与成就。

项目五
Python 基础语法

语法是编程语言的基础。通过本项目的学习，可以了解 Python 的基本语法，变量的命名规则，赋值的方法，数值、运算符、字符串、列表和字典不同数据类型的定义与操作，它们可以帮助用户快速编写高效程序。

 知识导航

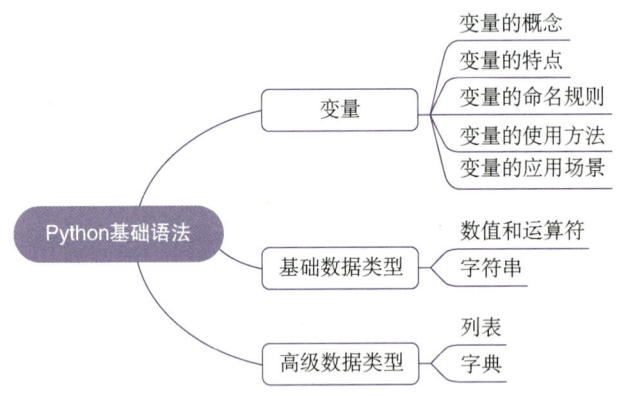

任务一　变　　量

学习目标

【知识目标】掌握变量的概念、特点、命名规则和使用方法,变量与赋值的语法结构;了解变量的应用场景。

【技能目标】能够在不同的业务场景下识别、定义、修改和引用相应的变量并赋值。

【素质目标】注重思维习惯,具有逻辑思维能力;建立正确的认识论观点,具有透过现象看本质的能力;认同并维护我国的数字强国战略。

编程是一个对逻辑和精确性要求极高的领域。在编写 Python 代码时,变量在编程中起到了至关重要的作用。本任务将介绍变量的概念、特点、命名规则和使用方法,探讨变量的重要性,并介绍变量在编程中的应用。

一、变量的概念

变量按字面的意思理解就是会变化的量。在 Python 中,变量是一种用于存储值的名称。学习如何使用变量对于编程初学者来说至关重要,因为它们是构建程序逻辑的基础。

二、变量的特点

(一) 灵活性

变量可以使程序更加灵活。通过给变量赋值,可以在程序中使用这些值来进行计算、比较和操作。例如,我们可以定义一个变量用来表示用户输入的数字,使用这个变量进行数学运算,而无需每次都重新输入。

(二) 可维护性

变量可以提高代码的可维护性。相比于直接使用数值或字符串,通过使用有意义的变量名,我们可以使代码更易于理解和修改。当我们需要修改某个值时,只需修改变量的赋值,而无需在整个代码中寻找并替换这个值。

(三) 作用域

变量的作用域是指变量在程序中可见的范围,理解变量的作用域对于编程非常重要。通过正确使用变量的作用域,我们可以控制变量的生命周期和可访问性,避免出现错误。例如,在一个函数中定义的变量只能在该函数内部访问,这可以避免变量被其他部分的代码误用。

三、变量的命名规则

Python 规定变量应遵循以下四条命名原则:

(1) 对大小写敏感,如 Andy 与 andy 是两个不同的变量。

(2) 第一个字符必须是字母表中的字母或者下划线。

（3）只能包含字母、数字和下划线。

（4）不能使用某些特殊单词。Python 中的特殊单词如表 5-1 所示。

表 5-1　Python 中的特殊单词

算术	引入	异常	控制	操作与状态	返回退出	定义
and	import	except	while	del	return	lambda
or	as	try	if	assert	yield	class
in	from	finally	else	True	continue	def
is		raise	elif	False	pass	global
not		with	for	None	break	

其中，有两条命名潜规则：

（1）见名知意：表达具体意义且易于理解，能够快速地传达该变量的用途。

（2）驼峰命名法：一种命名约定，通常用于编程和标识符命名。这种命名使得标识符看起来类似于骆驼的驼峰形状。

① 小驼峰命名法：当有多个单词构成变量名时，除第一个单词外，其他单词首字母大写，且不包含空格或其他分隔符。例如，myFirstPythonClass，如图 5-1 所示。

图 5-1　小驼峰命名法示例

② 大驼峰命名法：当有多个单词构成变量名时，每个单词首字母均大写，同样不包含空格或其他分隔符。例如，MyFirstPythonClass。

四、变量的使用方法

（一）变量的赋值

一般使用赋值符号"="给变量赋值。

语法结构：

变量 ＝ 数据

例如，将数据类型为整型的 100 赋值给变量"money"，如图 5-2 所示。

图 5-2　变量赋值示例

此处的数据不等于数字,而是泛指大数据范畴下的"数据",如整数、小数、字符串、列表、字典和算式等;变量的位置和数据的位置不可交换。

变量的赋值规则如下:

(1) 等号右边有运算时,计算出结果后再赋值给变量。

(2) 变量可以被多次赋值,并且每一次赋值会覆盖原来的值。

(3) 变量不需要声明类型,赋值后由值确定其类型。

【例5-1】 输出总分。

代码如下:

```
score = 100
score = 30 + 69
print(score)
```

运行结果:

```
99
```

(二)变量的数据类型

在 Python 中,变量的数据类型可以是数值、运算符、字符串、列表、元组、字典等各种类型的数据。Python 会根据赋值的数据自动推断变量的数据类型。例如,当我们将一个整数赋值给一个变量时,Python 会自动将变量的数据类型设为 int 整型;当我们将一个字符串赋值给一个变量时,Python 会自动将变量的数据类型设为 str 字符串类型。

【例5-2】 查看变量的数据类型。

代码如下:

```
# 变量赋值时,类型由值决定
a = 10 # 整数
b = 10.5 # 浮点数
c = "Hello,World!" # 字符串
d = True # 布尔值
e = [1,2,3] # 列表
f = {"key":"value"} # 字典
# 可通过内置的 type()函数来查看变量的类型
print(type(a)) # 输出变量 a 的数据类型
print(type(b)) # 输出变量 b 的数据类型
print(type(c)) # 输出变量 c 的数据类型
print(type(d)) # 输出变量 d 的数据类型
print(type(e)) # 输出变量 e 的数据类型
print(type(f)) # 输出变量 f 的数据类型
```

运行结果：

```
<clas'int'>
<class'float'>
<class'str'>
<class'bool'>
<class'list'>
<class'dict'>
```

其中，int 为整型，float 为浮点型，str 为字符串，bool 为布尔型，list 为列表，dict 为字典。

（三）变量的引用

在 Python 中，变量可以用来引用存储在内存中的数据。

【例 5-3】 用变量引用整数和字符串。

代码如下：

```
x = 10
name = "李四"
print(x)
print("大家好，我的名字：",name)
```

运行结果：

```
10
大家好，我的名字：李四
```

（四）变量的修改

在 Python 中，我们可以通过变量名来修改变量的值。

【例 5-4】 将变量 i 的值从 10 变为 20。

代码如下：

```
i = 10
i = 20
print(i)
```

运行结果：

```
20
```

五、变量的应用场景

1. 数据存储和管理

Python 中的变量是最基本的数据存储和管理单位之一，我们可以借助变量来存储和管理各种类型的数据，如数值、字符串、列表、字典等。

2. 数据计算和处理

在 Python 中,变量可以用来存储计算结果和处理过程中的中间值,我们可以借助变量来实现各种计算和处理操作,如加、减、乘、除、求和、求平均值等。

3. 数据可视化和交互

在 Python 中,变量可以用来存储和管理可视化和交互过程中的数据,我们可以借助变量来实现各种可视化和交互操作,如绘制图表、显示数据、响应用户输入等。

 巩固练习

一、填空题

1. 已知 money＝100,money＝55＋44,money 的值为 _____。

2. 变量 chinesescore 用小驼峰命名法表示为 _____,用大驼峰命名法表示为 _____。

3. 已知小李的身高是 168.50 厘米,用变量与赋值可以表示为 _____。

二、多选题

1. 根据命名原则,以下定义变量合法的有( )。
   A. and1＝1＋0   B. 1and＝2
   C. _and＝2＋1   D. and＝4

2. 下列变量中,满足潜规则见名知意的有( )。
   A. abc   B. _123   C. total   D. stu_name

3. 下列变量中,满足命名潜规则中驼峰命名法的有( )。
   A. chinesescore   B. mathScore
   C. totalscore   D. EnglishScore

4. 下列单词中,不属于 Python 中特殊单词的有( )。
   A. and   B. num   C. Python   D. high

任务二　基础数据类型

学习目标

【知识目标】了解数值和各种运算符的分类以及字符串的概念。
【技能目标】掌握各类运算符使用时的优先级和字符串常规操作的使用方法。
【素质目标】培养对知识的分类、辨识能力和辩证思维。

一、数值和运算符

(一)数值

Python 中常见的数值类型主要分为三种：整型(int)、浮点型(float)和布尔值(bool)，三种数据类型示例如图 5-3 所示。

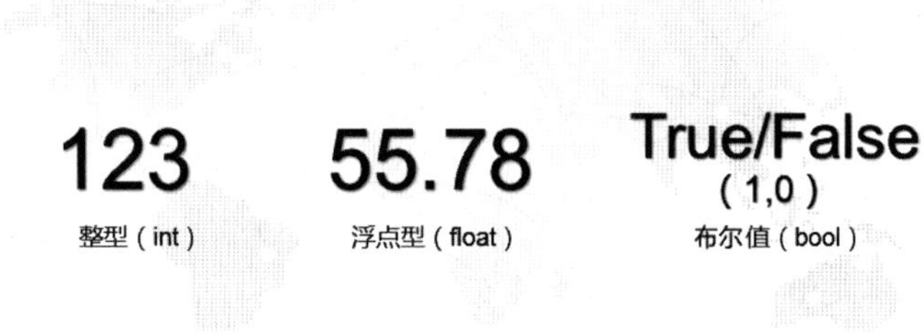

123
整型(int)

55.78
浮点型(float)

True/False
(1,0)
布尔值(bool)

图 5-3　三种数据类型示例

整型(int)是指整数类型的值，可以表示正数、复数和零。

浮点型(float)是指带有小数类型的值，输入时必须包含一位小数点，否则会被 Python 当作整数处理。

布尔值(bool)只有 True 和 False 两个值，True＝1，False＝0，可以理解为布尔值是特殊的整型。输入数值时一定要注意字母的大小写，否则解释器会报错。通常布尔值可以用来判断表达式的真假，表达式为真时，返回的结果为 True；表达式为假时，返回的结果为 False。

【例 5-5】　用 type()函数查看数据类型。

代码如下：

```
print(type(123))
print(type(55.78))
print(type(2>1))
```

运行结果：

```
<class'int'>
<class'float'>
<class'bool'>
```

（二）运算符

Python支持数值的各种运算，并提供一系列的运算符。常用的运算符包括算术运算符、赋值运算符、比较运算符、逻辑运算符等。

1. 算术运算符

算术运算符帮助我们完成各种算术运算，具体如表5-2所示。

表5-2　Python算术运算符

运算符	描述	实例(假设a＝9,b＝4)
＋	加	a＋b,输出结果为13
－	减	a－b,输出结果为5
＊	乘	a＊b,输出结果为36
/	除	a/b,输出结果为2.25
//	商取整(向下取整)	a//b,输出结果为2
％	取模(返回余数)	a％b,输出结果为1
＊＊	幂	a＊＊b,相当于ab,输出结果为6561

【例5-6】　算术运算。

代码如下：

```
a,b＝8,5
print("a＋b的值为",a＋b)
print("a－b的值为",a－b)
print("a＊b的值为",a＊b)
print("a/b的值为",a/b)
print("a//b的值为",a//b)
print("a％b的值为",a％b)
print("a＊＊b的值为",a＊＊b)
```

运行结果：

```
a＋b的值为13
a－b的值为3
a＊b的值为40
a/b的值为1.6
a//b的值为1
a％b的值为3
a＊＊b的值为32768
```

2. 赋值运算符

赋值运算符可以将"＝"右边的值或运算表达式的值赋给左边的变量,具体如表 5-3 所示。

表 5-3　Python 赋值运算符

运算符	描述	实例
＋＝	加法赋值运算符	a＋＝b 等效于 a＝a＋b
－＝	减法赋值运算符	a－＝b 等效于 a＝a－b
＊＝	乘法赋值运算符	a＊＝b 等效于 a＝a＊b
/＝	除法赋值运算符	a/＝b 等效于 a＝a/b
//＝	整除赋值运算符	a//＝b 等效于 a＝a//b
％＝	取模赋值运算符	a％＝b 等效于 a＝a％b
＊＊＝	求幂赋值运算符	a＊＊＝b 等效于 a＝a＊＊b

【例 5-7】　复合赋值运算。

代码如下:

```
a,b＝8,5
a－＝b
print("a－＝b相当于a＝a－b,经过此运算后a的值为",a)
```

运行结果:

```
a－＝b相当于a＝a－b,经过此运算后a的值为3
```

3. 比较运算符

比较运算符用于两个对象之间的比较运算,具体如表 5-4 所示。

表 5-4　Python 比较运算符

运算符	描述	实例(假设 a＝8,b＝5)
＞	大于	a＞b,返回 True
＞＝	大于等于	a＞＝b,返回 True
＜	小于	a＜b,返回 False
＜＝	小于等于	a＜＝b,返回 False
＝＝	等于	a＝＝b,返回 False
!＝	不等于	a!＝b,返回 True

4. 逻辑运算符

逻辑运算符用于两个对象间的逻辑运算,具体如表 5-5 所示。

表 5-5　Python 逻辑运算符

运算符	表达式	描述	实例(假设 a＝True,b＝False)
and	a and b	逻辑与,只有 a 和 b 都为 True,才能返回 True,否则返回 False	a and b,返回 False
or	a or b	逻辑或,a 和 b 任意一个为 True,返回 True,否则返回 False	a or b,返回 True
not	not a	逻辑非,如果 a 为 True,返回 False,否则返回 True	not (a and b),返回 True

5. 运算符优先级

如果一个公式里出现了多种运算符,运算符的计算是有先后顺序的。Python 常用运算符的优先级总结(从最低优先级到最高优先级),如表 5-6 所示。Python 的运算优先级,和我们平时的计算优先级基本相同,可以简化记忆为:从左往右看,括号优先算,先乘除后加减,先比较,再逻辑。

表 5-6　Python 常用运算符优先级

运算符	描述	优先级(由低到高)
＝	赋值运算符	1
or	逻辑运算符或	2
and	逻辑运算符与	3
not a	逻辑运算符非	4
in、not in	成员运算符	5
is、is not	身份运算符	6
＜、＜＝、＝、＞＝、＝＝	比较运算符	7
＋、－	加和减	8
、%	乘、除、整除取余	9
**	乘方	10

二、字符串

(一)字符串的概念

字符串是包含若干字符的容器对象,其中可以包含汉字、英文字母、数字和标点符号等任意字符。字符串可以使用单引号、双引号、三单引号或三双引号作为定界符。其中,三引号里的字符串可以换行,并且不同的定界符之间可以互相嵌套。

Python 转义字符允许我们在字符串中包含特殊字符,转义字符通常以反斜杠"\"开始。下面是几个转义字符实例:

(1) \' 表示 '。

(2) \" 表示"。

（3）\n 表示换行符。

（4）\\ 表示反斜杠。

（二）字符串的常规操作

字符串是一种字符的集合，集合中的每个字符都会有一个位置标识，我们称为索引。从左到右索引默认从 0 开始，注意起始值是 0 而不是 1。Python 字符串操作符，如表 5-7 所示。

表 5-7　Python 字符串操作符

运算符	描述	实例（假设 a＝Hello,b＝Python)	结果
＋	字符串之间的连接	a＋b	HelloPython
＊	重复字符串	a＊2	HelloHello
［］	通过索引获取字符串中的某个字符	a［1］	e
［:］	截取字符串中的一部分（切片）	a［1:4］	ell

字符串切片时，截取区间为左闭右开区间，即包含初始位置的元素，不包含结束位置的元素。例如，表 5-7 中 a［1:4］，截取的只是索引为 1、2、3 的元素。

（三）格式化字符串方法

方法一：在创建字符串时先使用占位符，再对占位符进行赋值。Python 常用的占位符，如表 5-8 所示。

表 5-8　Python 常用的占位符

运算符	描述
％s	在字符串中表示任意字符
％f	浮点数占位符
％d	整数占位符

【例 5-8】　使用占位符格式化字符串。

代码如下：

```
print("%s%d年的销售额为%.2f万元"%("拉菲首饰有限公司",2021,113.79))
```

运行结果：

```
拉菲首饰有限公司 2021 年的销售额为 113.79 万元
```

方法二：使用 str.format()函数，通过"{}"和":"代替"％"。

【例 5-9】　使用 str.format()函数格式化字符串。

代码如下：

```
print("我叫{},今年{}岁,身高{:2f}厘米".format("张三",21,183.333))
```

运行结果：

```
我叫张三,今年 21 岁,身高 183.333000 厘米
```

 巩固练习

填空题

1. 已知 a＝2,b＝3,通过变量运算来计算并输出 2 的 3 次方,代码应为_____。

2. 表达式(2! 5 or False)的值为_____。

3. 判断整数 i 能否同时被 3 和 5 整除的 Python 表达式为_____。

4. 已知 a＝10,b＝3,a％b 的值为_____,a//b 的值为_____。

5. 已知字符串 s＝"abcde",s[2]的值为_____,s[2:4]的值为_____,s[0:3]的值为_____,s[3:5]的值为_____。

任务三　高级数据类型

学习目标

【知识目标】理解列表和字典的概念和基本特点。

【技能目标】掌握列表和字典的基本操作,包括添加、删除、修改和查询元素等。

【素质目标】培养学生的学习能力和自主学习意识。

一、列表

在 Python 中,列表(List)是一种常用的数据结构,用于存储多个值。列表是有序的、可变的,并且可以包含不同类型的元素。

(一) 列表的表现形式

一对中括号包含任意一个元素,两个及以上的元素使用逗号隔开。

【例 5-10】　列表的表现形式。

代码如下:

```
List1 = [ ]      # 空列表
List2 = [1,3,4,6,90]     # 列表元素是数值
List3 = ["库存现金","银行存款","应收账款"]     # 列表元素是字符串
List4 = ["库存现金",1000,["应付账款",500]]     # 列表元素包括数值、字符串和列表
```

小提示

通过分析以上四种列表的格式,我们可以自己总结列表的表现形式,这就是一种自学的方法,观察、辨析、总结的过程能够更好地帮助我们理解和消化知识。这种探索的过程其实很有趣,当你探索的结果得到印证后,你会体会到学习的成就感!

(二) 创建列表

在 Python 中,可以使用方括号[ ]或 list()函数来创建一个空列表,或者在方括号中用逗号分隔元素来创建一个非空列表。

【例 5-11】　创建列表。

代码如下:

```
my_list1 = []   # 创建一个空列表
my_list2 = list()   # 创建一个空列表
my_list3 = [1,2,"应收账款"]   # 创建一个包含三个元素的列表
Print(my_list1,my_list2)
Print(my_list3)
```

运行结果：

```
[][]
[1,2,'应收账款']
```

(三) 修改列表元素

在 Python 中，可以通过给列表的索引重新赋值修改列表的元素。

【例 5-12】 将列表中的元素 2 改为 5。

代码如下：

```
my_list = [1,2,3]
my_list[1] = 5
print(my_list)
```

运行结果：

```
[1,5,3]
```

(四) 访问列表

与字符串一样，列表中每个元素都有对应的一个索引，默认索引从 0 开始，依次升序，列表中的索引就是列表中每个元素的位置标识。

(五) 列表的计算

常见列表的计算有四种方式：拼接、重复、获取、截取，具体如表 5-9 所示。在 Python 中，通常使用方括号[]和索引值来获取列表中的元素，使用切片来获取子列表。

表 5-9　常见列表的计算方式

操作符	描述
+	拼接
*	重复
[]	获取
[]	截取

【例 5-13】 对 list1 和 list2 进行拼接、重复、获取、截取。

代码如下：

```
list1 = ["库存现金","银行存款",1000,2000]
list2 = [1,2,3,4,5,6,7]
print(list1 + list2)   # 将 list1 和 list2 进行拼接
print(list2 * 2)   # 重复输出 list2
print("list1[0]:",list1[0])   # 利用索引访问列表
print("list2[1:5]:",list2[1:5])   # 利用切片访问列表
```

运行结果：

```
['库存现金','银行存款',1000,2000,1,2,3,4,5,6,7]
[1,2,3,4,5,6,7,1,2,3,4,5,6,7]
list1[0]:库存现金
list2[1:5]:[2,3,4,5]
```

（六）列表的常用操作函数

列表有多种操作方法，常用操作函数如表 5-10 所示。

表 5-10　列表的常用操作函数

操作符	描述
list.append(obj)	在列表末尾添加新的元素
list.insert(index,obj)	将元素插入列表中的指定位置
list.extend(seq)	在列表末尾一次性追加另一个序列中的多个值（用新列表扩展原来的列表）
list.pop([index = -1])	移除列表中的一个元素（默认最后一个元素），并且返回该元素的值
list.remove(obj)	移除列表中某个元素的第一个匹配项
list.sort(cmp = None,key = None,everse = Flase)	对原列表进行排序（只能对相同类型的元素进行排序）

💡 小提示

　　列表有多种常用函数，新增元素时，是选择 append( ) 函数还是 insert( ) 函数？Extent( ) 函数和列表拼接又有什么不同？ pop( ) 函数和 remove( ) 函数又有什么区别？请同学们认真思考，不要用错！

【例 5-14】　根据注释对列表进行操作。

代码如下：

```
my_list = [1,2,3]
my_list.append(4)   # 在末尾添加元素
print(my_list)
my_list.insert(1,5)   # 在索引 1 处插入元素
print(my_list)
my_list.remove(5)   # 删除特定元素
print(my_list)
my_list.pop(2)   # 删除索引 2 处的元素
print(my_list)
my_list.sort()   # 列表排序
print(my_list)
```

运行结果：

```
[1,2,3,4]
[1,5,2,3,4]
[1,2,3,4]
[1,2,4]
[1,2,4]
```

二、字典

财务工作中，不同数据之间可能是有关联的。例如，会计信息系统的账套中，会计科目编码和会计科目名称，两者是一一对应的。Python中使用字典来表示这种有关联的数据。字典通过键和值将一对数据联系在一起，键就好比是一个人的身份证号码，值则是一个人的姓名等信息，键值组合后，通过身份证号码（键）就可以了解一个人的姓名等信息（值）。

（一）字典的表现形式

字典的表现形式是一对大括号包含着几个元素，每个元素里又包含着一对数据，用冒号隔开，多个元素之间用逗号隔开，如图5-4所示。

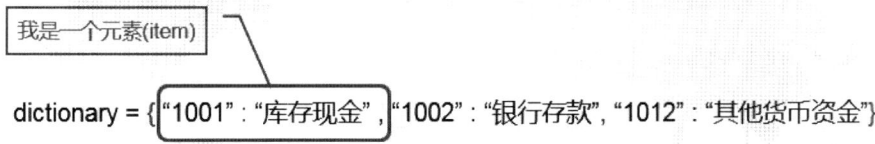

图5-4　字典的表现形式

字典中元素的组成，左边是键（key），可以理解成有名字的索引；右边为值（value），就是和键对应的数据，而键和值组成的整体称为元素或键值对（item），如图5-5所示。

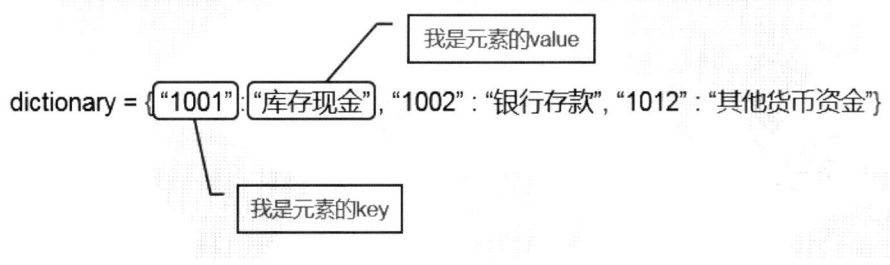

图5-5　字典中元素的组成

（二）字典的特性

字典中键是唯一的，对于相同的键，只会识别为最后一次设置的值。

（三）字典的常用操作

字典支持一系列的操作，包括访问字典里的值、修改字典里的值、添加键值对、删除键值对、删除字典等，具体如表 5-11 所示。

表 5-11　字典的常用操作

操作符	描述
dict[key]	访问字典里的值
dict[key] =	修改字典里的值
dict[key] =	添加键值对
del dict[key]	删除键值对
del dict	删除字典
dict.keys()	以列表返回所有键
dict.values)	以列表返回所有值
dictitems()	返回所有键值对

1. 创建字典

可以使用花括号{}或者 dict()函数来创建一个空字典，或者使用花括号和逗号分隔的键值对来创建一个非空字典。

【例 5-15】　创建字典。

代码如下：

```
my_dict = {}  # 创建一个空字典
my_dict = {"name":"Alice","age":25}  # 创建一个包含两个键值对的字典
print(my_dict)
```

运行结果：

```
{'name':'Alice','age':25}
```

2. 访问和修改值

可以使用键来访问和修改字典中的值，使用方括号[ ]加键名来获取和设置对应的值。

【例 5-16】　将字典中的元素 25 改为 30。

代码如下：

```
my_dict = {"name":"Alice","age":25}
print(my_dict["name"])  # 输出 Alice
my_dict["age"] = 30  # 修改对应的值
print(my_dict["age"])
print(my_dict)
```

运行结果:

```
Alice
30
{'name':'Alice','age';30}
```

3. 添加和删除键值对

可以通过键名来添加和删除字典中的键值对,使用 key in my_dict 可以检查键是否存在于字典中。

【例5-17】 根据注释完成字典元素的添加和删除。

代码如下:

```
my_dict = {"name":"Alice","age":25}
my_dict["gender"] = "female"   # 添加键值对
print(my_dict)
del my_dict["age"]   # 删除指定的键值对
print(my_dict)
print("name" in my_dict)   # 检查键是否存在
```

运行结果:

```
{'name':'Alice','age':25,'gender':'female'}
{'name':'Alice','gender':'female'}
True
```

4. 获取字典的键、值和值对

可以通过函数来获取字典中的键、值和值对。

【例5-18】 获取字典的键、值和值对。

代码如下:

```
my_dict = {"name":"Alice","age":25}
keys_list = list(my_dict.keys())   # 获取键列表
print(keys_list)
values_list = list(my_dict.values())   # 获取值列表
print(values_list)
items_list = list(my_dict.items())   # 获取键值对列表
print(items_list)
```

运行结果:

```
['name','age']
['Alice',25]
[('name','Alice'),('age',25)]
```

字典是一种非常常用和灵活的数据结构,在 Python 编程中得到广泛应用。通过字典,可以方便地存储和操作多个相关的键值信息,有助于提高程序的可读性和灵活性。

巩固练习

实操题

1. 假设有一个字典,包含学生的姓名、年龄和性别三个键值对,请填写适当的代码,给字典添加一个键值对,表示学生的班级。

```
student = {"name":"Alice","age":18,"gender":"female"}
```

2. 假设有两个列表 listA 和 listB,现在需要将 listB 中的元素添加到 listA 的末尾,请填写适当的代码,将 listB 中的元素依次添加到 listA 的末尾。

```
listA = [1,2,3,4]
listB = [5,6,7,8]
```

项目五
知识扩展

 ## 项目总结

Python 作为一种简洁、易读且功能强大的编程语言,其语法的学习尤为重要。通过本项目的学习,我们深入了解了 Python 的基本语法,掌握了变量的命名规则和赋值方法,并详细探讨了数值、运算符、字符串、列表和字典等核心数据类型的定义与操作。这些内容不仅为初学者提供了坚实的理论基础,也为进一步编写高效程序奠定了实践基础。

1. 变量与赋值

变量是编程中用于存储数据的容器,而赋值则是将数据放入这些容器的过程。在 Python 中,变量的命名需要遵循一定的规则,如只能使用字母、数字和下划线,且不能以数字开头,同时应避免使用 Python 的关键字。这些规则确保了代码的可读性和可维护性。

赋值操作通过等号"="实现,它将右侧的值或表达式的结果存储在左侧的变量中。Python 支持链式赋值,即可同时为多个变量赋相同的值,也支持增强赋值运算符,如"＋="" ＝＝"等,用于在原有变量的基础上进行算术运算并更新变量的值。

2. 基础数据类型

Python 提供了丰富的基础数据类型,其中数值和字符串是最常用的两种。

数值类型包括整数(int)和浮点数(float)。整数表示没有小数部分的数字,浮点数则表示有小数部分的数字。Python 支持基本的算术运算,如加(＋)、减(－)、乘(＊)、除(/)等,以及取余(%)和幂运算(＊＊)。

字符串是由字符组成的序列,用于表示文本数据。Python 中的字符串是不可变的,即一旦创建,就不能改变其内容,但可以通过字符串拼接或格式化来生成新的字符串。字符串支持多种操作,如索引、切片、查找、替换等,这些操作使得字符串处理灵活而强大。

3. 高级数据类型

除基础数据类型外,Python还提供了列表和字典两种高级数据类型,它们能够存储更复杂的数据结构。

列表是一种有序的数据集合,可以包含任意类型的元素,且元素之间通过索引进行访问。列表是可变的,这意味着可以在不创建新列表的情况下添加、删除或修改元素。列表支持切片操作,可以方便地获取子列表。同时,列表还提供了多种内置方法,如排序、反转、查找等。

字典是一种无序的键值对集合,其中每个键都是唯一的,且每个键都映射到一个值。字典中的键值对通过花括号"{}"表示,键和值之间用冒号":"分隔。字典是可变的,可以动态地添加、删除或修改键值对。字典提供了高效的查找和插入操作,是处理复杂数据结构的理想选择。

未来,在进一步学习Python的高级特性和应用时,这些基础知识将是我们理解和应用新知识的坚实基础。

项目六
Python 进阶语法

在本项目的学习中,我们将继续探索 Python 的进阶语法,包括决策时常用到的条件分支代码、减少重复性工作的循环代码、使算法可以重复使用的函数、可以直接调用的模块。

 知识导航

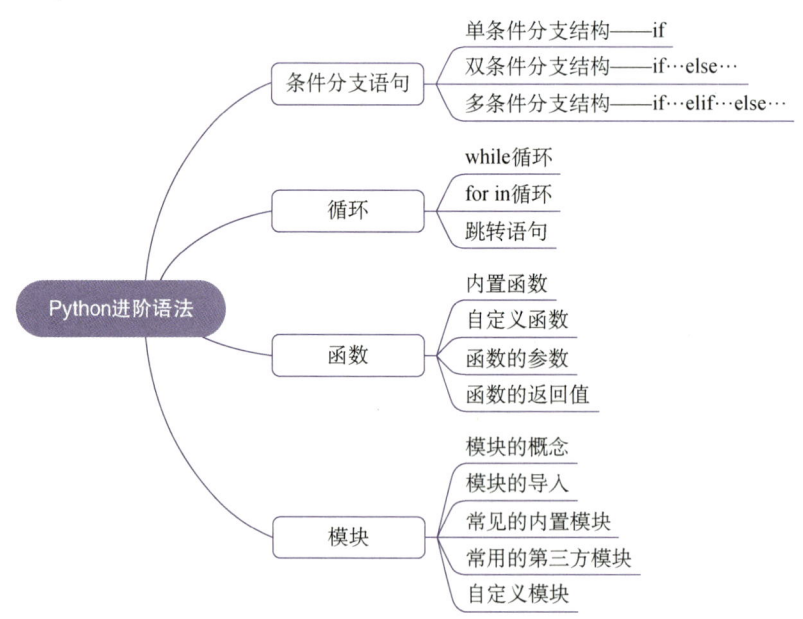

任务一　条件分支语句

学习目标

【知识目标】掌握单条件分支、双条件分支和多条件分支条件判断结构的含义和语法结构。

【技能目标】能够应用单条件分支、双条件分支和多条件分支条件判断并解决实际问题。

【素质目标】锻炼逻辑严谨、层次清晰的思考能力；增强积极主动寻求解决方法的意识；加强实践练习，提升专业技能。

条件分支语句作为最常用的流程控制代码，在财务中的应用非常广泛，可以应用于各种场景，如逻辑判断、财务决策、数据筛选和计算等。

if 语句的功能是"如果符合给定的条件，则执行对应的代码"。if 语句有很多不同的使用格式，根据其分支数目的不同，可以将其分为简单（单分支）、基本（双分支）和完整（多分支）三种结构。

一、单条件分支结构——if

执行逻辑：如果 if 表达式条件成立，则执行代码块 A 的代码。

单条件分支结构流程图如图 6-1 所示。

语法结构：

if 条件：
    条件成立要做的事情

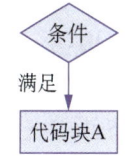

图 6-1　单条件分支结构流程图

注意

if 表达式后要有空格且判断条件以冒号"："结尾。

Python 通过缩进来控制结构，代码的缩进为 4 个空格。

【例 6-1】　财天下公司根据新购进设备的单价，判断该设备是否分类为低值易耗品。判断依据：如果设备单价低于 2 000 元，分类为低值易耗品。

（1）4 月 10 日，财天下公司以单价 1 280 元新购进一台设备。

代码如下：

```
price = 1280    ＃ 定义设备单价并赋值
if price< = 2000：    ＃ 判断新购进设备单价是否低于 2000 元，条件成立
    print("该设备应分类为低值易耗品")    ＃ 执行此代码，输出分类结果
```

运行结果：

该设备应分类为低值易耗品

（2）5月8日，财天下公司以单价2 600元新购进一台设备。

代码如下：

```
price = 2600     # 修改设备单价变量的值为 2600 元
if price< = 2000:     # 判断新购进设备单价是否低于 2000 元，条件不成立
    print("该设备应分类为低值易耗品")     # 不执行此代码
```

运行结果：

（空）

二、双条件分支结构——if…else…

执行逻辑：

（1）如果 if 表达式条件成立，则执行代码块 A 的代码。

（2）如果 if 表达式条件不成立，则执行代码块 B 的代码。

双条件分支结构流程图如图 6-2 所示。

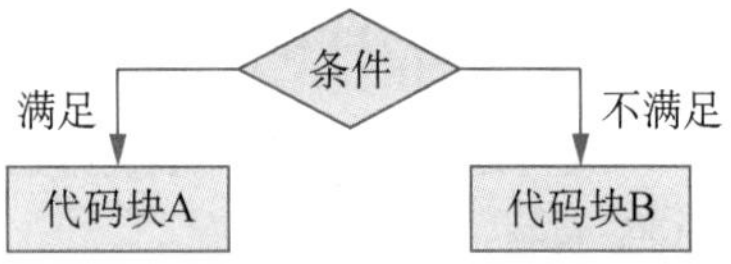

语法结构：

if 条件：

    条件成立要做的事情

else：

    不满足条件时要做的事情

图 6-2　双条件分支结构流程图

【例 6-2】　财天下公司根据新购进设备的单价，判断其资产分类。判断依据：如果设备单价低于 2 000 元，分类为低值易耗品；如果设备单价不低于 2 000 元，则分类为固定资产。

（1）4月10日，财天下公司以单价 1 280 元新购进一台设备。

代码如下：

```
price = 1280     # 定义设备单价并赋值
if price< = 2000:     # 判断新购进设备单价是否低于 2000 元，条件成立
    print("该设备应分类为低值易耗品")     # 输出分类结果并退出条件判断
else:                # 不会执行此代码
    print("该设备应分类为固定资产")     # 不会执行此代码
```

运行结果：

该设备应分类为低值易耗品

（2）5月8日，财天下公司以单价 2 600 元新购进一台设备。

代码如下：

```
price = 2600      # 修改设备单价变量的值为 2600 元
if price< = 2000:      # 判断新购进设备单价是否低于 2000 元,条件不成立
    print("该设备应分类为低值易耗品") # 不会执行此代码
else:              # if 表达式条件不成立,跳转到此行
    print("该设备应分类为固定资产")   # 执行此代码,输出分类结果
```

运行结果:

该设备应分类为固定资产

三、多条件分支结构——if…elif…else…

执行逻辑:

(1) 如果 if 表达式条件 1 成立,则执行代码块 A 的代码并退出条件判断。

(2) 如果 if 表达式条件 1 不成立,则继续判断 if 表达式条件 2 是否成立。

(3) 如果 if 表达式条件 2 成立,则执行代码块 B 的代码并退出条件判断。

(4) 如果 if 表达式条件 2 不成立,则继续判断 if 表达式条件 3 是否成立。

(5) 如果 if 表达式条件 3 成立,则执行代码块 C 的代码并退出条件判断。

(6) 如果 if 表达式条件 3 不成立,则执行 else 分支条件。

多条件分支结构流程如图 6-3 所示。

语法结构:

```
if 条件 1:
    条件 1 成立要做的事情
elif 条件 2:
    条件 2 成立要做的事情
elif 条件 3:
    条件 3 成立要做的事情
……
else :
    以上条件都不满足时要做的事情
```

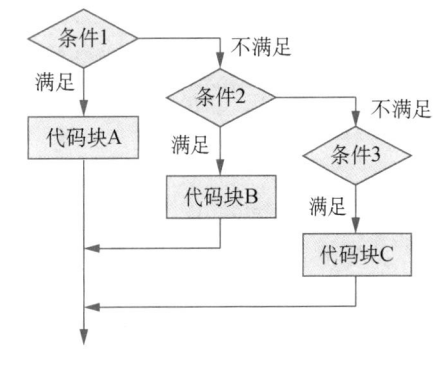

图 6-3　多条件分支结构流程图

 **注意**

　　else、elif 条件必须和 if 条件一起使用。

　　if 条件执行时是从上往下判断的,如果满足某个条件,执行该条件对应的代码,不再执行剩下的 elif 或 else 条件。

【例 6-3】 根据财天下公司固定资产折旧的规定,如表 6-1 所示,计算不同资产类型的新购进设备的月折旧额。

表 6-1 财天下公司固定资产折旧的规定

资产类型	折旧年限(年)	残值率
房屋建筑物	50	5%
生产设备	10	5%
办公设备	3	3%
其他设备	3	1%

(1) 5 月 31 日,财天下公司以 22 000 元的价格新购进一台办公设备,采用直线法计提折旧,计算此设备的月折旧额并输出结果。

代码如下:

```
price = 22000          # 定义新购进设备原值并赋值
type = "办公设备"       # 定义新购进设备资产类型并赋值
if type = = "房屋建筑物":   # 判断该设备是否为房屋建筑物,此条件不成立
    year = 50          # 不会执行此代码
    rate = 0.05        # 不会执行此代码
elif type = = "生产设备":    # 判断新购进设备是否为生产设备,此条件不成立
    year = 10          # 不会执行此代码
    rate = 0.05        # 不会执行此代码
elif type = = "办公设备":    # 判断新购进设备是否为办公设备,此条件成立
    year = 3           # 定义折旧年限并赋值
    rate = 0.03        # 定义残值率并赋值,并退出条件判断
else:                  # 不会执行此代码
    year = 3           # 不会执行此代码
    rate = 0.01        # 不会执行此代码
# 使用相应的折旧年限、残值率进行月折旧额的计算
month_zhejiu = price * (1 - rate)/year/12
# 将计算得出的月折旧额保留 2 位小数进行输出
print("该",type,"的月折旧额为",round(month_zhejiu,2),"元。")
```

运行结果:

```
该办公设备的月折旧额为 592.78 元。
```

(2) 6 月 30 日,财天下公司以 1 800 000 元的价格新购进一栋房屋建筑物,采用直线法计提折旧,计算此房屋建筑物的月折旧额并输出结果。

代码如下:

```
price = 1800000        # 定义新购进设备原值并赋值
type = "房屋建筑物"     # 定义新购进设备资产类型并赋值
if type = = "房屋建筑物":   # 判断该设备是否为房屋建筑物,此条件成立
    year = 50          # 定义折旧年限并赋值
```

```
            rate = 0.05              # 定义残值率并赋值,并退出条件判断
    elif type = = "生产设备":  # 判断新购进设备是否为生产设备,此条件不成立
        year = 10                # 不会执行此代码
        rate = 0.05              # 不会执行此代码
    elif type = = "办公设备":   # 判断新购进设备是否为办公设备,此条件不成立
        year = 3                 # 不会执行此代码
        rate = 0.03              # 不会执行此代码
    else:                        # 不会执行此代码
        year = 3                 # 不会执行此代码
        rate = 0.01              # 不会执行此代码
    # 使用相应的折旧年限、残值率进行月折旧额的计算
    month_zhejiu = price * (1 - rate)/year/12
    # 将计算得出的月折旧额保留2位小数进行输出
    print("该",type,"的月折旧额为",round(month_zhejiu,2),"元。")
```

运行结果:

该房屋建筑物的月折旧额为 2850.0 元。

 巩固练习

一、填空题

1. 条件判断的 if 条件以＿＿＿＿＿＿结尾,下一行以＿＿＿＿＿＿开头。

2. 在多条件分支结构中,使用到的单词有＿＿＿＿、＿＿＿＿和＿＿＿＿。

二、判断题

1. else 条件可以单独使用。　　　　　　　　　　　　　　　　　　（　　）

2. 在多条件分支结构中,elif 条件可以单独使用。　　　　　　　　　（　　）

三、实操题

某企业 $2×21$ 年度主营业务收入 1 200 万元,主营业务成本 700 万元,销售费用 220 万元,税金及附加 50 万元,其他业务收入 150 万元;其他业务成本 80 万元,营业外收入 200 万元,营业外支出 100 万元,企业所得税适用税率 25%,年度统计企业净资产总额为 1 800 万元。不考虑其他费用,计算企业净资产收益率,请将代码块补充完整,并判断该企业的净资产收益率水平(一般认为,净资产收益率处于 15%～39% 之间较为合适)。

计算净资产收益率(计算结果保留 5 位小数)。

```
ROE = round((___ - ___ - ___ - ___ + ___ - ___ + ___ - ___) * (___ - ___)/___,___)
print("该企业的净资产收益率为",ROE * ___,"%")          ♯ 输出结果
if ROE<___:          ♯ 判断该企业净资产收益率水平
    print("该企业净资产收益率低于合适区间")
elif ROE<___:
    print("该企业净资产收益率处于合适区间")
else:
    print("该企业净资产收益率高于合适区间")
```

任务二　循　　环

学习目标

【知识目标】掌握 while 循环与 for in 循环的语法。

【技能目标】能够运用 while 循环与 for in 循环批量处理任务数据。

【素质目标】理解事物之间的普遍联系，引导学生举一反三，实现知识迁移。

一、while 循环

while 循环开始后，先判断条件是否满足，当条件满足时则执行代码块；执行一次结束后会再次判断条件是否满足，若依然满足条件则继续执行代码块，直到条件不满足时才会结束循环。while 循环结构流程图如图 6-4 所示。

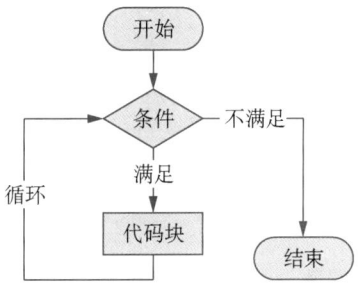

图 6-4　while 循环结构流程图

语法结构：

while 条件：

　　代码块　　　　　♯ 满足条件时要执行的代码

【例 6-4】　计算 1 到 5 所有自然数之和。

代码如下：

```
i = 1
sum = 0
while i< 6:
    sum = sum + i
    i= i + 1
print("1 到 5 所有自然数之和为",sum)
```

代码运行时变量 i 和 sum 的变化如表 6-2 所示。

表 6-2 变量 i 和 sum 的变化

循环次数	初始化 i	sum＝sum＋i	i＝i＋1
1	1	1＝0＋1	2
2	2	3＝1＋2	3
3	3	6＝3＋3	4
4	4	10＝6＋4	5
5	5	15＝10＋5	6(不满足条件 i＜6,结束循环)

运行结果：

1 到 5 所有自然数之和为 15

二、for in 循环

for in 循环与 while 循环不同的是，当 while 循环之后的条件不满足时循环结束，而 for in 循环的次数取决于 for 之后列表中的元素个数。

语法结构：

for 条件 in 列表 ： ♯ 从 in 中的列表依次遍历取值

　　代码块　　　　　♯ 满足条件时要执行的代码

【例 6-5】 依次遍历输入 list 列表中的元素。

代码如下：

```
list = ["库存资金","银行存款","应收账款","短期借款"]
for i in list:
    print(i)
```

运行结果：

```
库存资金
银行存款
应收账款
短期借款
```

三、跳转语句

break 语句和 continue 语句是循环中常用的两个跳转语句，当循环满足一定条件时可以直接利用其中断程序，跳出当次循环或直接结束循环。

(一) break 语句

break 语句可以在执行循环的过程中直接结束循环。现实场景下，当不需要执行完所有循环次数的代码块时，可以使用 break 语句，让其在满足某一条件时立刻停止。例如，想要查找某个企业近 10 年月销售额大于 10 万元的第一个月，如果不设置跳转语句，那么在寻找到销售额大于 10 万元的第一个月后,程序仍然会继续执行循环代码块,直至遍历完 120 个月的销售额数据,这样不但影响了查找速度,还增加了计算机执行的复杂度。可见 break 语句的作用在循环需要停止时是至关重要的。

(1) break 语句在 while 循环中的语法结构如下:

while 条件 A:

代码块

if 条件 B:

break　　　　　　　♯ 满足条件 B 时直接跳出循环

(2) break 语句在 for in 循环中的语法结构如下:

for 变量 in 列表:

if 条件:

break　　　　　　♯ 满足条件时直接跳出循环

【例 6-6】　1 至 100 依次相加,到第多少个数时,总和大于 1 000,并输出此时的总和值。

代码如下:

```
sum = 0
counter = 0
while counter < 100:  ♯ 循环100次
    counter = counter + 1
    sum = sum + counter  ♯ 数字加总
    if sum > 1000 :
        break       ♯ 总和大于1000,中断循环
print("到第",counter,"个数时,总和大于1000,此时总和为:",sum)
```

运行结果:

```
到第 45 个数时,总和大于1000,此时总和为:1035
```

(二) continue 语句

continue 语句的作用为结束本次循环,即跳出循环体中尚未执行的代码,直接执行下一次循环。continue 语句和 break 语句的区别是,continue 语句只结束本次循环,不终止整个循环的执行,而 break 语句则是结束整个循环过程,不再判断执行循环的条件是否成立。

(1) continue 语句在 while 循环中的语法结构如下:

while 条件 1:

if 条件 2:

continue　♯ 条件2满足,不执行后续代码块,直接进行下一次循环直到循环结束

代码块　　　♯ 条件2不满足时执行代码块的内容

(2) continue 语句在 for in 循环中的语法结构如下:

for 变量 in 列表：

    if 条件：

        continue　# 条件满足，不执行后续代码块，直接进行下一次循环直到循环结束

    代码块　　　# 条件不满足时执行代码块的内容

【例6-7】 判断并输出字符串 sfadaTRashah1 中 a 出现的次数。

代码如下：

```
# 定义一个字符串,内容为 sfadaTRashah
string = "sfadaTRashah"
# 定义一个目标遍历要判断的字符 a
x = "a"
# 定义一个变量来存放 a 出现的次数
count = 0
# 进入 for in 循环并判断
for i in string:
    if i = = x:
        continue
    else:
        count = count + 1
print("a 出现过",count,"次")
```

运行结果：

```
a 出现过 4 次
```

 **巩固练习**

一、填空题

1. 在 while 循环中，假设 num＝1，循环条件是 num＜3，每次循环 num 都会加 1，一共执行_____次循环。

2. 在不中断循环的前提下，for in 循环的循环次数取决于_____。

3. 如果需要条件满足继续执行代码，条件不满足跳出循环，使用的循环代码是_____。

4. 在循环内使用 break 语句后产生的效果是_____。

5. 在循环内使用 continue 语句后产生的效果是_____。

二、实操题

Tata 公司销售部员工小米，1～6 月份的工资分别为 8 000 元、11 000 元、7 600 元、9 200 元、13 500 元、12 000 元。

请使用 for in 循环和 break 语句，筛选出工资超过 10 000 元的第一个月份。

任务三 函 数

学习目标

【**知识目标**】认识函数的特征,了解内置函数的功能。

【**技能目标**】能够根据业务需求自定义函数。

【**素质目标**】培养学生的团队协作和沟通能力,在实际业务中,团队成员间的有效沟通才能定义目标函数。

函数是一个组织好的、可重复使用的、用来实现某些功能的代码段。我们已经使用过的很多函数,如 print()、input()等,是 Python 中使用频率特别高的函数。

Python 函数分为内置函数和自定义函数两种。内置函数是指 Python 自带的函数,系统可以直接调用。在解决实际问题时,内置函数无法满足需求功能,而这个功能又需要多次调用,如计算个人所得税等,这时便可通过自定义函数提高代码编写效率。

一、内置函数

在 Python 程序中,可以直接使用内置函数,而不需要导入任何模块。通常可以使用代码 print(dir(_ _builtins_ _))查看所有内置函数和内置对象,注意 builtins 两侧各有两个下划线。

Python 常用的内置函数,如表 6-3 所示。

表 6-3 **Python 常用的内置函数**

函数	功能说明
print()	打印输出信息到控制台
len()	返回对象的长度或元素个数
input()	接收用户输入的数据,并返回字符串形式
type()	返回对象的类型
int()	将一个数值或字符串转换为整数
float()	将一个数值或字符串转换为浮点数
str()	将一个对象转换为字符串
list()	将一个可迭代对象转换为列表
dict()	创建一个字典
tuple()	将一个可迭代对象转换为元组
range()	生成一个整数序列
sum()	对可迭代对象进行求和计算

（续表）

函数	功能说明
max()	返回可迭代对象中的最大值
min()	返回可迭代对象中的最小值
abs()	返回一个数的绝对值
round()	对一个数进行四舍五入
sorted()	对可迭代对象进行排序
zip()	将两个或多个可迭代对象进行整合
enumerate()	返回可迭代对象的索引和值
filter()	根据给定的函数筛选可迭代对象的元素
map()	对可迭代对象的每个元素应用给定的函数，并返回一个结果列表
any()	判断可迭代对象中是否至少有一个元素为 True
all()	判断可迭代对象中的所有元素是否为 True
dir()	返回对象包含的所有属性和方法的列表
getattr()	获取对象的指定属性值
setattr()	设置对象的指定属性值
delattr()	删除对象的指定属性
open()	打开文件，并返回文件对象
close()	关闭文件
read()	从文件中读取内容
write()	向文件中写入内容
startswith()	判断字符串是否以指定的前缀开头
endswith()	判断字符串是否以指定的后缀结尾
split()	将字符串分割成子字符串，并返回一个列表
join()	将字符串列表连接成一个字符串
strip()	去掉字符串两端的空白字符
replace()	用新字符替换字符串中的旧字符
format()	格式化字符串
eval()	计算一个字符串表达式，并返回结果
help()	显示对象的帮助信息

1. len() 函数

```
my_list = [1,2,3,4,5]
print(len(my_list))  # 输出 5
```

2. input( ) 函数

```
name = input("请输入您的姓名：")
print("您好，" + name + "!")   # 根据用户的输入，输出对应的欢迎信息
```

3. type( ) 函数

```
num = 10
print(type(num))   # 输出 int
text = "Hello"
print(type(text))   # 输出 str
```

4. int( ) 函数

```
num_str = "10"
num = int(num_str)
print(num + 5)   # 输出 15
```

5. str( )函数

```
num = 10
num_str = str(num)
print("数字：" + num_str)   # 输出数字10
```

6. list( ) 函数

```
my_tuple = (1,2,3,4,5)
my_list = list(my_tuple)
print(my_list)   # 输出[1,2,3,4,5]
```

7. dict( ) 函数

```
my_dict = dict(name = "Alice",age = 25,city = "Beijing")
print(my_dict)   # 输出{'name':'Alice','age':25,'city':'Beijing'}
```

8. tuple( ) 函数

```
my_list = [1,2,3,4,5]
my_tuple = tuple(my_list)
print(my_tuple)   # 输出(1,2,3,4,5)
```

9. range( ) 函数

```
my_range = range(5)
print(list(my_range))   # 输出[0,1,2,3,4]
```

上述示例展示了一些常用的内置函数的使用方法和效果。Python 提供了大量的内置函数,可以满足不同的应用场景和编程需求。请注意,上述示例仅展示了部分 Python 内置函数,如需查看完整功能列表,请查阅官方文档了解更多内置函数的相关内容。

二、自定义函数

在 Python 中,可以使用 def 代码定义自定义函数。自定义函数可用于封装重复使用的代码块,以便在程序中多次调用。

语法结构:

```
def function_name(parameters):
    ♯ 函数体代码
    return expression
```

语法说明:

function_name 是函数名称,用户可以根据自己的需要选择合适的名称。函数名称一般为小写字母和下划线的组合。

parameters 是函数的参数列表,可以根据需要在括号中指定零个或多个参数。多个参数之间使用逗号分隔。

函数文档字符串(docstring)是可选的,用于描述函数的功能和使用方法。多行文档字符串一般使用三个引号。

函数体代码是函数的具体实现部分,可以包含一系列代码,用于完成特定的任务。

return 代码用于指定函数的返回值,可以根据需要返回一个值或多个值。

【例 6-8】 定义一个函数计算两个数之和。

代码如下:

```
def add_numbers(a, b):
    result = a + b
    return result
♯ 调用函数
result = add_numbers(3, 5)
print(result)
```

运行结果:

```
8
```

以上就是在 Python 中定义自定义函数的基本语法和示例,用户可以根据实际需求在函数体中编写适合自己的代码逻辑。

💡 小提示

在业务处理中,提高沟通效率是工作中的必备技能。通过倾听、尊重、清晰明了的表达、真实表达感受、关注非语言信号、适应对方风格,以及解决冲突,我们可以实现更有效的沟通。这些方法可以帮助我们建立良好的人际关系,并促进合作和理解。

三、函数的参数

函数的参数用于接收传递给函数的值或变量,可以帮助函数更灵活地处理不同的输入,并根据需要执行相应的操作。函数的参数可以分为以下几种类型。

(一)位置参数

位置参数(positional arguments)是指按照参数定义的顺序传递给函数的参数。当调用函数时,需要按照参数的顺序传递相应的值。

【例 6-9】　定义一个函数向指定姓名和年龄的人输出欢迎信息。

代码如下:

```
def greet(name, age):
    return "Hello," + name + "! You are " + str(age) + " years old."
# 调用函数
result = greet("Alice",25)
print(result)
```

运行结果:

```
Hello,Alice! You are 25 years old.
```

(二)关键字参数

关键字参数(keyword arguments)是指在函数调用时,通过参数的名称来指定值。使用关键字参数可以不按照参数定义的顺序传递参数值,提高代码的可读性。

【例 6-10】　定义一个函数向指定姓名和年龄的人输出欢迎信息。

代码如下:

```
def greet(name, age):
    return "Hello," + name + "! You are " + str(age) + " years old."
# 调用函数
result = greet(age = 25,name = "Alice")
print(result)
```

运行结果:

```
Hello,Alice! You are 25 years old.
```

(三)默认参数

默认参数(default arguments)是指在函数定义时为参数提供默认值。当调用函数时,如果没有给定对应的参数值,将使用默认值。

【例 6-11】　定义一个函数计算指定数的幂,默认为平方。

代码如下:

```
def power(base, exponent = 2):
    result = base ** exponent
    return result
# 调用函数
result = power(3)
print(result)
result = power(3, 4)
print(result)
```

运行结果:

```
9
81
```

(四) 可变数量参数

有时候你可能不确定传递给函数参数的个数,这时可以使用可变数量参数(variable arguments)。Python 提供两种形式的可变数量参数。

(1) *args:接收任意数量的位置参数,以元组的形式传递给函数。

【例 6-12】 定义一个函数计算任意数量的数之和。

代码如下:

```
def add_numbers( * args):
    result = sum(args)
    return result
# 调用函数
result = add_numbers(1,2,3,4,5)
print(result)
result = add_numbers(10,20,30)
print(result)
```

运行结果:

```
15
60
```

(2) ** kwargs:接收任意数量的关键字参数,以字典的形式传递给函数。

【例 6-13】 定义一个函数打印个人信息。

代码如下:

```
def print_person_info( ** kwargs):
    for key,value in kwargs. items():
        print(key + ": " + value)
# 调用函数
print_person_info(name = "Alice",age = "25",city = "New York")
```

运行结果：

```
name：Alice
age：25
city：New York
```

以上是 Python 中函数的参数类型和用法示例，用户可以根据具体的需求选择合适的参数类型来定义和调用函数，并灵活地处理不同的输入情况。

 注意

  Python 采用不同方式传递参数时，位置参数必须放在关键字参数之前，关键字参数必须在带一个星号（∗）的可变位置参数之前，带一个星号的可变位置参数必须在带两个星号（∗∗）的可变关键字参数之前。

四、函数的返回值

在 Python 中，函数的返回值是指函数执行完成后返回的结果。通过返回值，函数可以向调用者传递计算结果、处理的状态等信息。函数可以返回任意类型的值，如数字、字符串、列表、字典等。以下是关于函数返回值的使用方法。

(一) 返回单个值

使用 return 代码返回单个值。函数在执行 return 代码后，会立即结束并将值返回给调用者。

【例 6-14】 定义一个函数计算任意数量的数之和。

代码如下：

```
def add_numbers(a, b):
    return a + b
# 调用函数
result = add_numbers(3, 5)
print(result)
```

运行结果：

```
8
```

(二) 返回多个值

在返回多个值时，通常使用元组、列表或字典等数据结构来进行返回。

【例 6-15】 定义一个函数计算任意数量的数之和。

代码如下：

```
def get_name():
    first_name = "John"
    last_name = "Doe"
```

```
    return first_name,last_name
# 调用函数
first,last = get_name()
print("Full name: " + first + " " + last)
```

运行结果：

```
Full name: John Doe
```

（三）不返回值

当函数不需要返回任何值时，可以省略 return 代码或使用 return 代码而不提供返回值。此时，函数执行完毕后将会返回一个特殊的值 None。

【例 6-16】 定义一个函数输出欢迎信息。

代码如下：

```
def say_hello():
    print("Hello,welcome!")
# 调用函数
result = say_hello()
print(result)
```

运行结果：

```
Hello, welcome!
None
```

在调用函数时，用户可以使用赋值代码将函数的返回值保存到一个或多个变量中，以便后续使用。用户还可以将函数的返回值直接传递给其他函数进行处理或使用。

使用函数的返回值，可以在程序中更好地处理和利用函数执行后的结果，提高代码的灵活性和可重用性。

💡 **小提示**

在实际工作中，有大量需要重复进行的工作，如财务指标的计算、个人所得税的计算等；也有很多需要重复执行的操作，如批量读取文件、批量修改格式等。这些都可以通过内置函数和自定义函数的灵活组合实现，从而提高代码编写效率和数据处理分析效率。

 巩固练习

判断题

1. 自定义函数有可能没有返回值。 （ ）

2. 自定义函数定义并运行之后没有运行结果说明肯定是代码错误。 （ ）

任务四 模 块

学习目标

【知识目标】掌握模块的概念、工作原理和分类；了解常见的内置模块 random 和 datetime 模块，常见的第三方模块 NumPy、Pandas、Matplotlib、pyecharts 模块及自定义模块。

【技能目标】能够熟练应用导入模块的两种方法 import 和 from... import。

【素质目标】培养勇于探索、敢为人先、知难而进的创新精神；了解高级职业技能人才事迹，培养工匠精神。

Python 模块是一个 Python 文件，定义了各种功能接口。把复杂的功能封装为模块（又称为库），将功能实现的细节隐藏起来，使用该模块的程序员不需要了解实现的细节。通过调用模块封装好的功能，可以用仅仅几行 Python 代码实现某项复杂的功能，例如，可以用一行代码就实现一个 Web 服务器。

在 Python 的应用领域中，如 web 开发、人工智能、网络爬虫、数据分析等领域，已经存在了大量的模块，使用这些模块就可以轻松开发出应用程序。

一、模块的概念

模块（modules）是指一个包含所有已定义的函数、变量和类的文件，其后缀名是.py。模块工作环境，如图 6-5 所示。

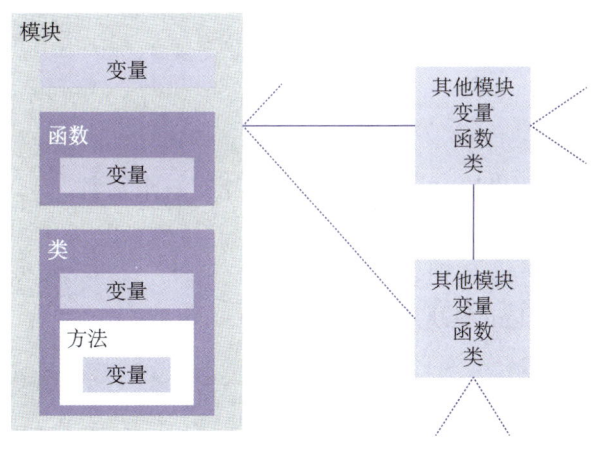

图 6-5 模块工作环境

简单理解，模块就是 Python 程序，任何 Python 程序都可以作为模块。模块是对代码更高级的封装，即把能够实现某一特定功能的代码编写在同一个.py 文件中，并将其作为一个独立的模块，这样既可以方便其他程序或脚本导入和重复使用，又能有效避免函数名和变量名发生冲突。

Python 提供了强大的模块支持,Python 标准库中不仅包含了大量的内置模块,还有大量的第三方模块,开发者也可以自定义模块,通过这些强大的模块可以极大地提高开发者的开发效率。模块的分类,如表 6-4 所示。

表 6-4　模块的分类

模块分类	描述
内置模块	Python 标准库中的模块,可以直接导入并使用
自定义模块	用户自己编写的模块,可以用作其他人的第三方模块
第三方模块	Python 的开源模块库,是由世界各地的开发者贡献的模块,使用前须先导入

二、模块的导入

各个模块就好比不同功能的工具包,要想使用这个工具包,就需要先导入这个模块。

(一) 使用 import 导入

(1) 可以直接使用 import 代码,进行模块导入。

语法结构:

import <模块名称>

注意

如需引用多个模块,使用逗号(英文半角)进行分隔。

【例 6-17】　引入 random 模块。

代码如下:

```
import random
```

(2) 为了方便后续引用模块,可以用 as 为模块指定一个别名。

语法结构:

import <模块名称> as <别名>

【例 6-18】　引入 random 模块并指定别名。

代码如下:

```
import random as rd
```

(二) 使用 from... import... 导入

(1) 可以使用 from... import... 代码导入模块中需要调用的函数和方法。

语法结构:

from <模块名称> import <方法名>

> 💡 **注意**
>
> 如果暂不确定具体的方法名,可用 ∗ 代替。

【例 6-19】 引入 random 模块中的 random 函数。

代码如下:

```
from random import random
```

【例 6-20】 引入 random 模块中的所有方法。

代码如下:

```
from random import *
```

(2) 同样地,也可以用 as 为模块或模块中的方法指定一个别名。

语法结构:

from <模块名称> import <方法名> as <别名>

【例 6-21】 引入 random 模块中的 random 函数并指定别名为 rd。

代码如下:

```
from random import random as rd
```

使用 import 和 from... import... 代码都可以导入模块,两者的区别在于:使用前者导入模块后,调用模块的方法需添加前缀模块名,而使用后者导入模块后,再调用模块的方法则无须添加模块名。

【例 6-22】 使用 random 模块中的 randint 方法随机生成 1～10 间的整数并输出。

方法一:

```
import random as rd        # 引入模块并起别名
print(rd.randint(1,10))    # 随机生成 1～10 间的整数并输出
```

方法二:

```
from random import randint as rd      # 引入模块及方法并起别名
print(rd(1,10))    # 随机生成 1～10 间的整数并输出
```

三、常见的内置模块

Python 中提供丰富的内置模块,如 random 模块、datetime 模块等,常见的内置模块如图 6-6 所示。接下来将对 random 模块和 datetime 模块作简要介绍。

(一) random 模块

random 模块是 Python 标准库中的一个模块,它提供了生成随机数的功能。具体来说,它包含了各种用于生成随机数的函数、类和变量。

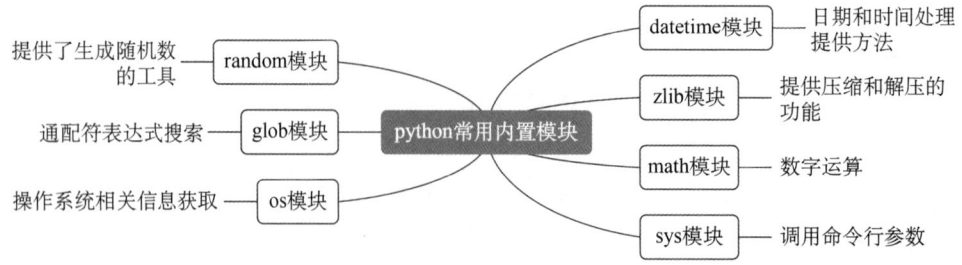

图 6-6 Python 常见的内置模块

1. 使用方式

语法结构：

import random as rd

rd. 函数名()

2. 常见方法

【例 6-23】 使用 random() 求 0～1 之间的随机数。

代码如下：

```
import random as rd
print(rd.random())
```

【例 6-24】 使用 randint(起始值,结束值) 求起始值～结束值之间的随机整数(包括结束值)。

代码如下：

```
import random as rd
print(rd.randint(1,6))
```

【例 6-25】 使用 randrange(起始值,结束值) 求起始值～结束值之间的随机数(不包括结束值)。

代码如下：

```
import random as rd
print(rd.randrange(1,6))
```

randint 和 randrange 都是 random 模块的方法,它们都是返回区间的随机整数。不同的是,randint 能取到区间的边界,而 randrange 只能取左边界,取不到右边界。

(二) datetime 模块

datetime 模块是 Python 中自带的、用于处理时间日期的模块。

1. 使用方式

语法结构：

import datetime as dt

dt. 函数名()

2. 常见方法

【例 6-26】　使用 datetime. date. today()获取当前年、月、日信息。

代码如下：

```
import datetime as dt
print(dt.date.today())
```

运行结果：

```
2025 - 04 - 10
```

【例 6-27】　使用 datetime. datetime. now()获取当前年、月、日、时、分、秒信息。

代码如下：

```
import datetime as dt
print(dt.datetime.now())
```

运行结果：

```
2025 - 04 - 10 14:32:35.743991
```

【例 6-28】　使用 strftime("%Y - %m - %d %H:%M:%S")格式化日期到年、月、日、时、分、秒。

代码如下：

```
import datetime as dt
print(dt.datetime.now().strftime("%Y - %m - %d %H:%M:%S"))
```

运行结果：

```
2025 - 04 - 10 14:32:25
```

四、常用的第三方模块

尽管 Python 内置库和标准库(内置模块)提供了丰富的功能,总体来说只是基础和通用的功能。Python 社区针对数据分析与挖掘、网络爬虫、机器学习等特定领域提供并分享了大量功能强大的第三方模块。财务常用的第三方模块,如图 6-7 所示。使用第三方模块前需先安装,网中网财务大数据基础综合教学平台使用 Anaconda 集成环境,因此,在平台中使用已安装模块时只需导入模块即可。

(一)NumPy 模块

NumPy(Numerical Python)模块,即数值 Python 包,是一个开源的 Python 扩展库,用于处理数据类型相同的多维数组(简称数组),还可以用来存储和处理大型矩阵。与 Python 语言相比,NumPy 提供了许多高级的数值编程工具,如矩阵运算、矢量处理、N 维数据变换等,提供的列表结构要高效得多。此外,NumPy 也针对数组运算提供大量的数学函数库,专为严格的数字处理而产生。

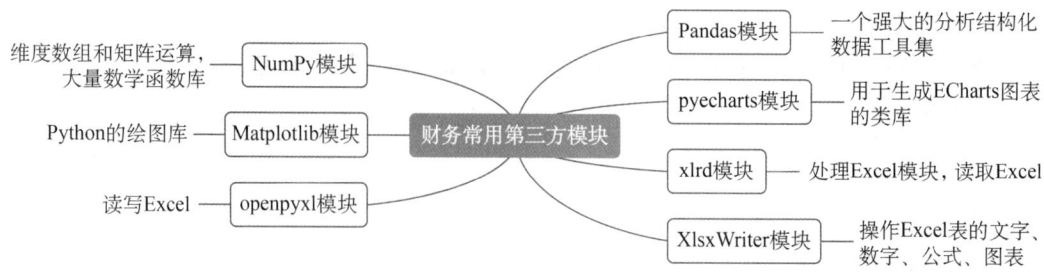

图 6-7　财务常用的第三方模块

数组是 NumPy 模块处理的最基本的数据对象，由相同类型的元素组成，可以使用 array()函数创建数组。NumPy 的核心是 ndarray(n-dimensional array)数据结构，如图 6-8 所示，它可以存储和操作多维数组，并提供丰富的数学函数和运算符，能够高效地进行向量化计算。它可以将输入的数据(如元组、列表、数组或其他序列的对象)转换成多维数组 ndarry。例如，NumPy 可以将音频信号表示为一维数组，其中每个元素代表在特定时间点的声音强度(或振幅)，如图 6-9 所示；NumPy 可将图像转换为多维数组(通常为二维数组或三维数组)，利用 NumPy 提供的丰富数学函数和运算符对数组进行快速高效的数值计算，如图 6-10 所示。

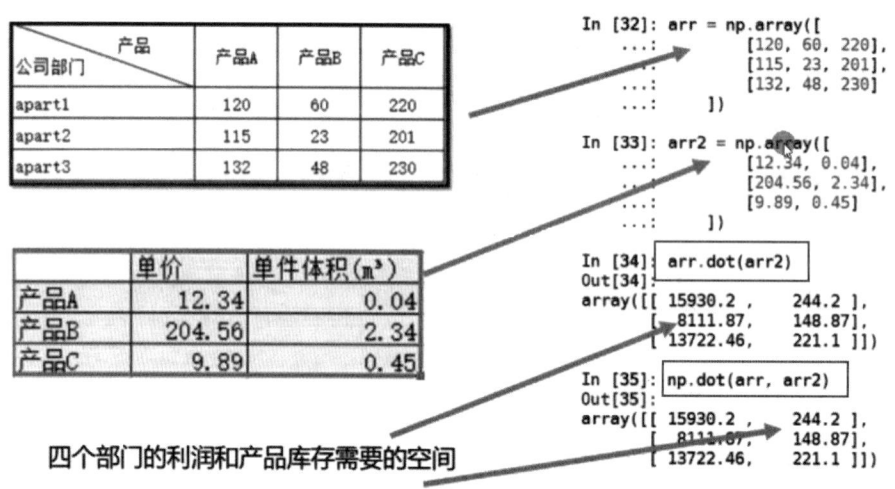

图 6-8　ndarray 数据结构

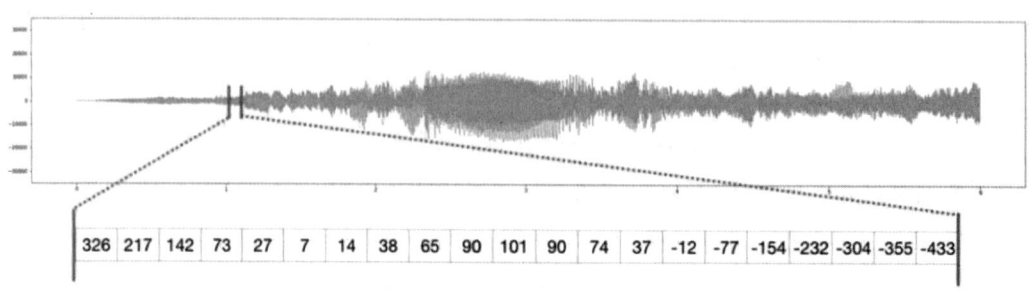

图 6-9　NumPy 处理音频信号

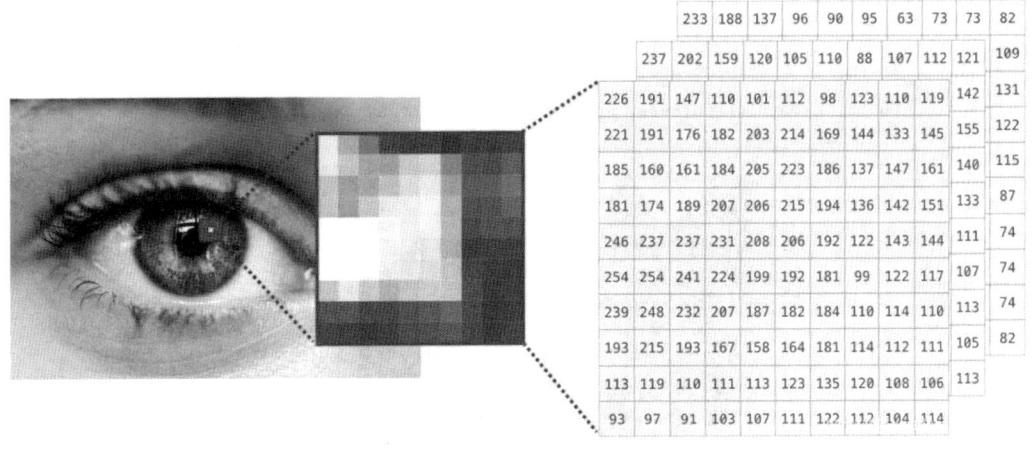

图 6-10　NumPy 处理图像

（二）Pandas 模块

Pandas 模块是基于 NumPy 模块构建的含有更高级的数据结构和工具的第三方模块，可以进行数据分析，如图 6-11 所示。Pandas 是用于分析结构化数据的工具集，支持在 CSV、JSON、SQL、Excel 等各种文件中导入数据，并对各种数据进行运算。Pandas 是一个强大的 Python 数据分析库，它通过提供易于使用的数据结构和数据分析工具，实现了对海量数据灵活高效的处理。Pandas 支持对表格数据进行多种操作，包括数据清洗、处理和分析。在数据可视化方面，Pandas 可以高亮数据、绘制直方图、热力图等，使数据呈现多维度视觉效果，从而更直观地展示数据特征和趋势，如图 6-12 和图 6-13 所示。关于 Pandas

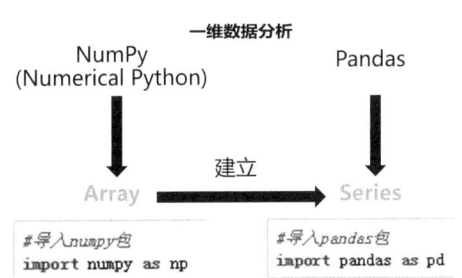

图 6-11　Pandas 和 NumPy 模块的组合运用

模块的详细内容将在项目七中展开。Pandas 广泛应用在学术、金融、统计学等各个数据分析领域。

PassengerId	Survived	Pclass	Sex	Age	SibSp	Parch	Ticket	Fare	Cabin	Embarked
5	0	3	male	4e+01	0	0	373450	8.1	nan	S
183	0	3	male	9	4	2	347077	31.4	nan	S
377	1	3	female	2e+01	0	0	C 7077	7.2	nan	S
660	0	1	male	6e+01	0	2	35273	113.3	D48	C
432	1	3	female	3e+01	1	0	376564	16.1	nan	S
540	1	1	female	2e+01	0	2	13568	49.5	B39	C
479	0	3	male	2e+01	0	0	350060	7.5	nan	S
792	0	2	male	2e+01	0	0	239865	26.0	nan	S
304	1	2	female	3e+01	0	0	226593	12.3	E101	Q
71	0	2	male	3e+01	0	0	C.A. 33111	10.5	nan	S

图 6-12　Pandas 表格条件格式

```
In [2]:   1  df = pd.DataFrame(np.random.rand(10, 4),
          2              columns=['a', 'b', 'c', 'd'])
```

```
In [3]:   1  df.plot.area()
```

Out[3]: <matplotlib.axes._subplots.AxesSubplot at 0x7fd0c26545e0>

图 6-13　Pandas 面积图

（三）Matplotlib 模块

大数据时代,数据的重要性不言而喻,而数据可视化对挖掘数据的潜在信息具有重要意义。Matplotlib 模块正是 Python 中的数据可视化库,它是一个二维绘图库,包含丰富的数学绘图函数,可以绘制折线图、直方图、散点图、饼图、箱形图、极坐标图等可视化图形。Matplotlib 可与 NumPy 一起使用,提供了一种有效的 MatLab 开源替代方案;也可以和图形工具包一起使用,如 PyQt 和 wxPython。

在 Matplotlib 模块中,还有很多扩展包,如 Basemap、mplot3d 等,可以实现 3D 绘图功能。用 Matplotlib 绘制的热力图和 3D 图形,如图 6-14 和图 6-15 所示。关于 Matplotlib 模块的详细内容将在项目九中展开。

```
1  import matplotlib.pyplot as plt
2  import numpy as np
3
4  data = np.random.rand(10, 10) * 100
5  plt.imshow(data, cmap='hot', interpolation='nearest', vmin=0, vmax=50)
6  plt.colorbar()
7  plt.show()
```

Output:

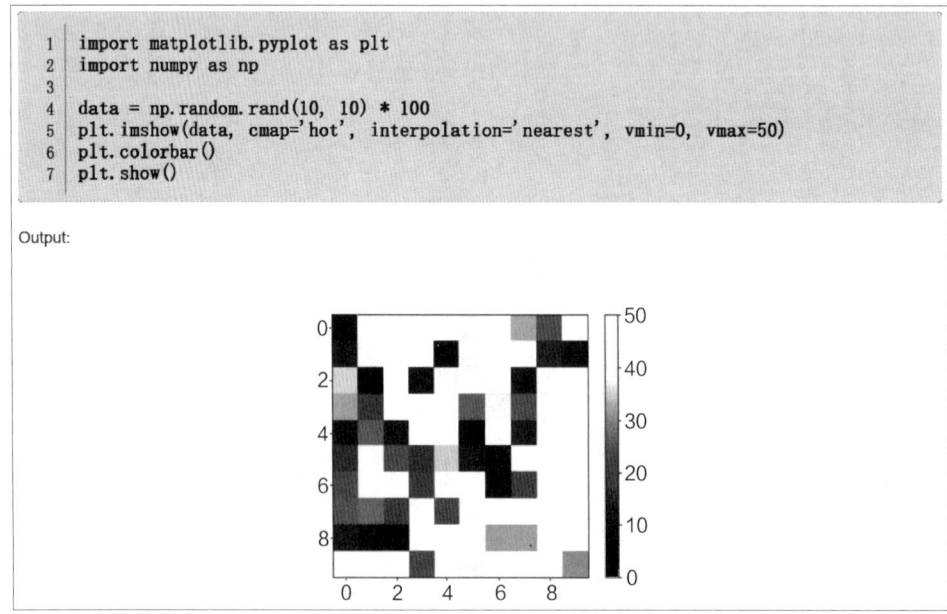

图 6-14　Matplotlib 绘制热力图

```
1   #绘制3D线框图
2   import matplotlib.pyplot as plt
3   from mpl_toolkits.mplot3d import axes3d
4   fig=plt.figure()
5   ax=fig.add_subplot(111,projection='3d')
6   #绘制测试数据
7   X,Y,Z=axes3d.get_test_data(0.05)
8   #绘制3D线框图
9   ax.plot_wireframe(X,Y,Z,rstride=10,cstride=10)#表示rstride行方向采样的密度，cstride表示列方向的采样密度
10  plt.show
```

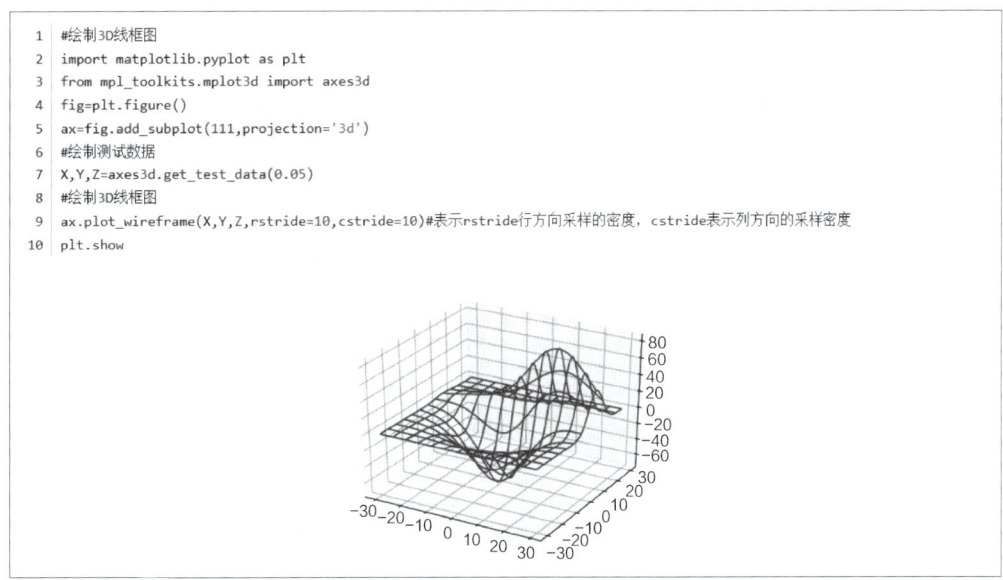

图 6-15　**Matplotlib 绘制 3D 图形**

(四) pyecharts 模块

Python 是一门富有表达力的语言，很适合用于数据处理。当数据分析遇上数据可视化时，pyecharts 模块便诞生了。pyecharts 模块具有很多优势特性，如漏斗图、仪表盘、关系图、雷达图、词云、柱形图等常见图表，如图 6-16 和图 6-17 所示，具有高度灵活的配置项，可轻松搭配出精美的图表，支持地理图表，可以为地理数据可视化提供强有力的支持。关于 pyecharts 模块的详细介绍将在项目九中展开。

```
In [3]:   from pyecharts import Bar

In [6]:   columns = ["Jan", "Feb", "Mar", "Apr", "May", "Jun", "Jul", "Aug", "Sep", "Oct", "Nov", "Dec"]
          data1 = [2.0, 4.9, 7.0, 23.2, 25.6, 76.7, 135.6, 162.2, 32.6, 20.0, 6.4, 3.3]
          data2 = [2.6, 5.9, 9.0, 26.4, 28.7, 70.7, 175.6, 182.2, 48.7, 18.8, 6.0, 2.3]
          bar = Bar("柱状图", "一年的降水量与蒸发量")
          bar.add("降水量", columns, data1, mark_line=["average"], mark_point=["max", "min"])
          bar.add("蒸发量", columns, data2, mark_line=["average"], mark_point=["max", "min"])
          bar.render()
          bar
```

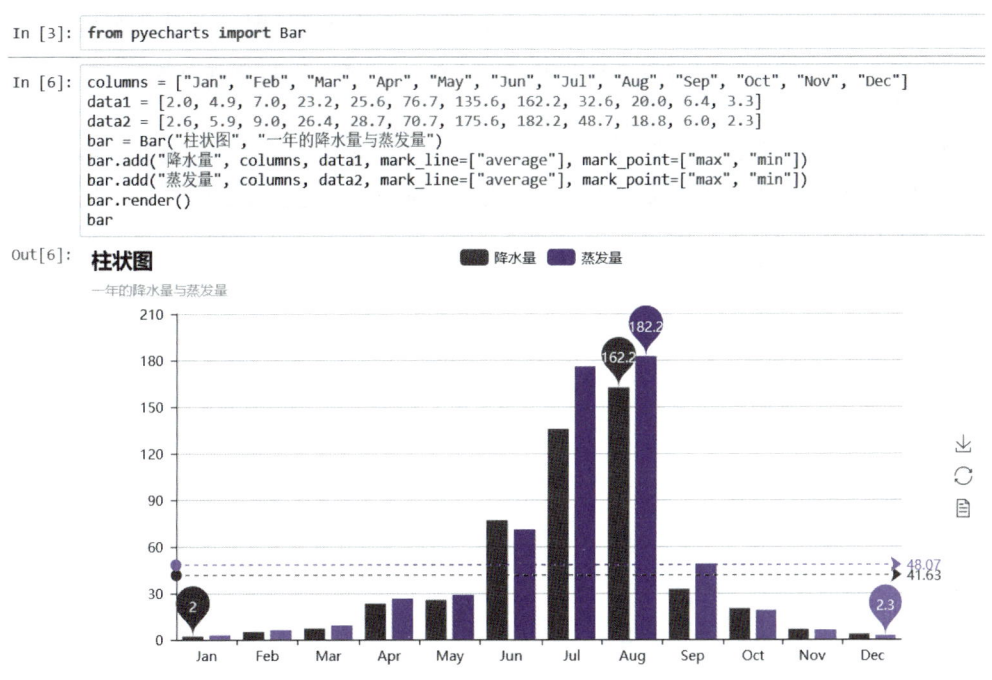

图 6-16　**pyecharts 绘制柱形图**

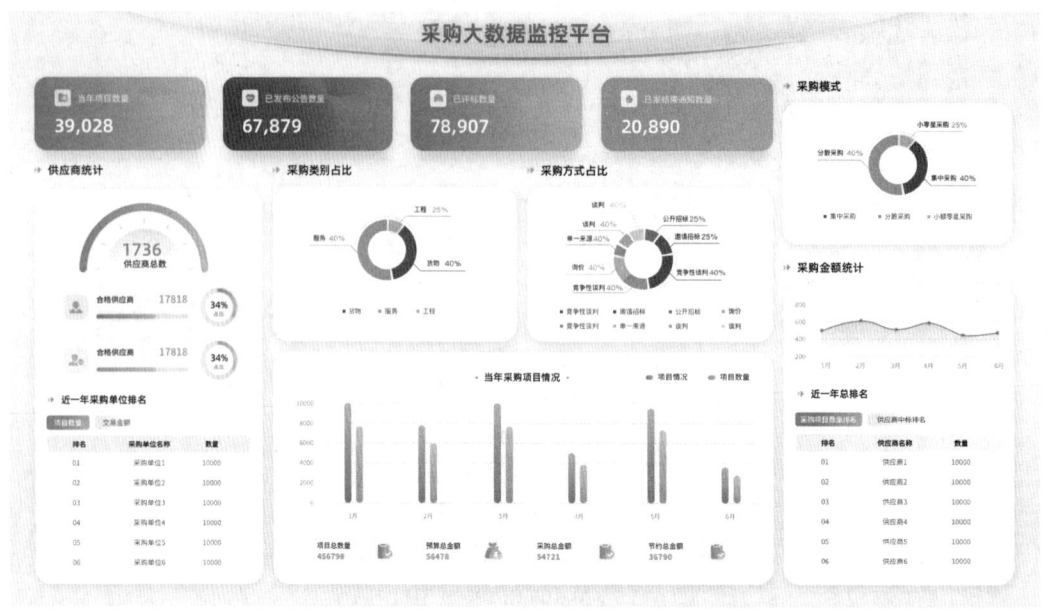

图 6-17　基于 pyecharts 的 BI 数据大屏

五、自定义模块

自定义模块是指用户根据特定需求自己编写的模块，这种模块不仅能够满足开发者个人的项目需求，同时还可以作为第三方模块分享给其他人使用。当开发者在编程过程中遇到一系列函数或者方法需要被反复调用时，为了避免代码的冗余和提高代码的重用性，他们可以创建自定义模块，通过对程序进行打包和封装，开发者可以确保这些模块在后续的项目中或者团队内部被轻松导入和使用，使得代码结构更加清晰，并显著提升编程效率，保证代码简洁高效。

以财务应用为例，假设一个财务团队需要频繁地进行财务报表生成、数据分析以及数据处理等操作，这些操作往往涉及大量相似或重复的函数调用。这时，团队成员可以编写一个自定义的财务处理模块，包含生成报表的函数、数据清洗和分析的方法等。一旦这个模块被创建并验证无误，团队成员在后续的财务工作中就可以直接导入这个模块，而无需每次都重新编写这些基础而烦琐的代码。这样不仅极大地节省了时间，还降低了出错率，使得整个财务处理流程更加标准和高效。此外，这个自定义模块还可以被其他财务部门或项目团队采用，实现代码资源的共享和优化。

 巩固练习

一、填空题

1. 补全以下引入 random 模块的代码：

方法 1：_____ random as _____

　　方法 2：_____ random import _____

2. 假设要生成 0～6 之间的任意随机数，应使用 random 模块中的_____方法。

3. 在 Python 内置模块 datetime 中使用_____方法可以获取当前日期(精确到年)日)。

4. 使用_____模块，可以实现在 Python 中读取 Excel 的功能。

二、判断题

1. 模块的核心是自定义函数和变量。　　　　　　　　　　　　　　　　（　　）

2. 任何 Python 程序都可以作为模块。　　　　　　　　　　　　　　　（　　）

3. 使用 import 和 from... import 都可以导入模块，两者的区别在于：使用前者导入模块后，调用模块的方法需添加前缀模块名，而使用后者导入模块再调用模块下的方法则无须添加模块名。　　　　　　　　　　　　　　　　　　　　　　　　　　（　　）

 项目总结

项目六
知识扩展

　　在 Python 中，分支和循环是控制程序流程的重要工具。以下是 Python 中常用的分支和循环结构。

1. 分支结构

if... elif... else。

2. 循环结构

(1) for 循环：用于遍历一个可迭代对象(如列表、元组、字符串等)或按照指定次数执行一段代码。

(2) while 循环：在给定条件成立的情况下，重复执行一段代码。

3. 分支和循环的嵌套

　　分支和循环结构是编程中的基本工具，能够根据条件执行特定的代码块或者重复执行一段代码。通过灵活运用分支和循环，可以实现各种复杂的逻辑和算法。

　　函数和模块是组织和封装代码的重要工具。以下是关于 Python 函数和模块的一些重要概念。

1. 函数

使用关键字 def 定义一个函数，并指定函数名、参数列表和函数体。

2. 函数的参数

(1) 位置参数：按照参数的位置传递值，数量和顺序必须匹配。

(2) 关键字参数：通过参数名和值的形式传递值，顺序可以任意调整。

(3) 默认参数：为函数的参数提供默认值，调用时可以省略该参数。

(4) 可变参数：接收不定数量的参数，对应参数前加星号(＊)来收集多余的位置参数，或加双星号(＊＊)来收集多余的关键字参数。

3. 模块

(1) 模块导入：使用 import 代码导入其他 Python 文件中定义的模块。

（2）模块别名：为导入的模块指定一个别名，可以简化调用。

（3）导入指定内容：从模块中导入特定函数或变量。

4. 标准库

Python 提供了大量的内置模块和函数库，称为标准库，包含各种强大而常用的功能，如 random 模块用于生成随机数、datetime 模块用于处理日期和时间等。

5. 自定义模块

用户可以创建自己的模块，将一组相关的函数和变量放在一个文件中，并在其他 Python 文件中导入和使用它们。

函数和模块使得代码更加模块化、可重用和易于维护。通过函数，可以将一段代码封装成一个功能，并在需要时多次调用。通过模块，可以将相关的功能组织在一起，使代码结构更加清晰，并方便其他程序使用。

項目七
财务数据建模与处理

    Python 是一门高效且易于学习的编程语言,在数据处理方面也有着出色表现。其中,Pandas 库是 Python 中最常用和最有用的数据处理工具之一。本项目将深入介绍 Pandas 库的相关概念和使用方法,使同学们能够更好地了解和应用 Pandas 库。

知识导航

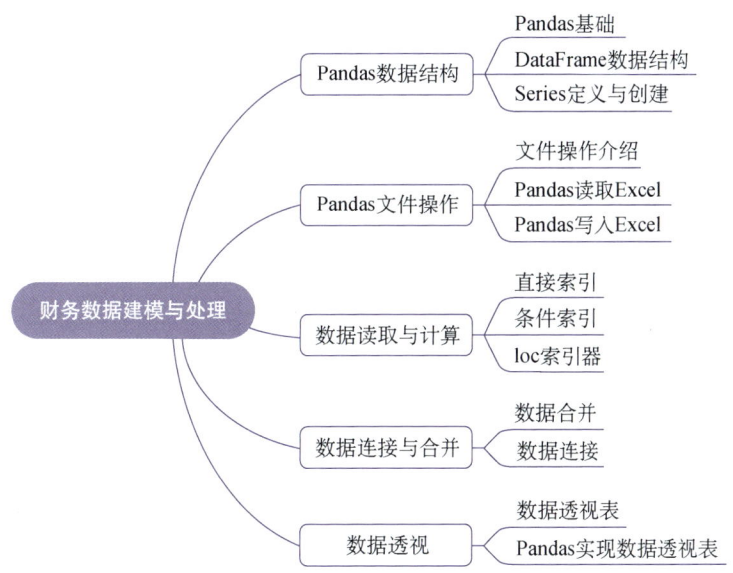

任务一　Pandas 数据结构

学习目标

【知识目标】掌握 Pandas 两种数据结构 DataFrame 和 Series 的用法。

【技能目标】能够根据实际需求场景构建对应的 Pandas 数据结构。

【素质目标】培养自主分析问题的能力和逻辑应用思维。

一、Pandas 基础

Pandas 纳入了大量库和标准的数据模型，提供了高效地操作大型数据集所需的工具。同时，Pandas 也提供了大量快速处理数据的函数和方法，是使 Python 成为强大而高效数据分析环境的重要因素之一。

Pandas 库代码引入规则，如图 7-1 所示。

图 7-1　Pandas 库代码引入规则

Pandas 包含两种数据类型：Series 和 DataFrame，如图 7-2 所示。Series 是一维数组，拥有数据与索引；DataFrame 则是一个类似于表格的二维数据结构，储存了多个 Series。

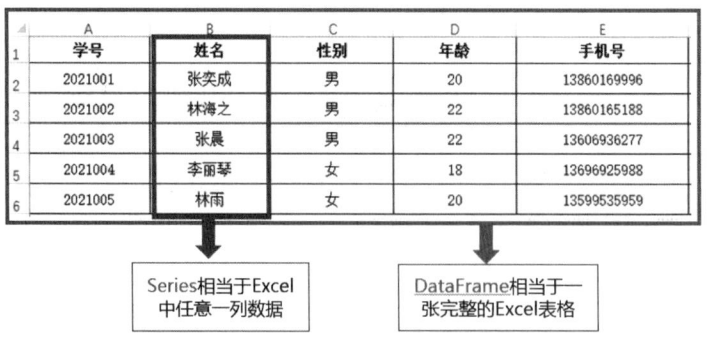

图 7-2　Pandas 两种数据类型举例

二、DataFrame 数据结构

（一）DataFrame 的定义与创建

DataFrame 是一个表格型的数据结构，含有一组有序的列，每列可以是不同的值类型

（数值、字符串、布尔值等），如图 7-3 所示。DataFrame 既有行索引也有列索引，可以被看作是由 Series 组成的字典（共用同一个索引）。

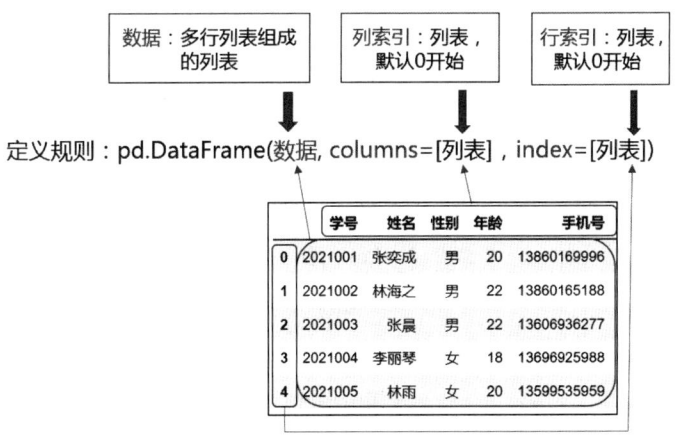

图 7-3 **DataFrame** 的数据结构及定义规则

DataFrame 可以通过同名函数创建，包含 3 个参数：①data 是数据参数，可以是一组数据；②columns 是列索引，不写时默认为从 0 开始的正整数；③index 是行索引，不写时默认为从 0 开始的正整数。

💡 注意

在 DataFrame 的三个参数中，data 是不能省略的，columns 和 index 可以省略，默认认从 0 开始。

【例 7-1】 创建 DataFrame，自定义列索引、不自定义行索引。
代码如下：

```
# 引入 Pandas 第三方库
import pandas as pd
# 创建二维列表，并赋值给一个变量
dataList = [[2021001,"张奕成","男",20,"13860169996",175,66],
            [2021002,"林海之","男",22,"13860165188",180,75]]
# 创建对应个数的列索引，并赋值给一个变量
columnList = ["学号","姓名","性别","年龄","手机号","身高","体重"]
# 创建 DataFrame
df = pd.DataFrame(dataList,columns = columnList)
# 展示 DataFrame
print(df)
```

运行结果，如表 7-1 所示。

表 7-1　自定义列索引、不自定义行索引运行结果

列索引	学号	姓名	性别	年龄	手机号	身高	体重
0	2021001	张奕成	男	20	13860169996	175	66
1	2021002	林海之	男	22	13860165188	180	75

（二）DataFrame 的属性

DataFrame 的属性如表 7-2 所示。

表 7-2　DataFrame 的属性

属性	说明	使用方法
index	获取行索引	df. index
columns	获取列索引	df. columns
values	获取数据内容	df. values

【例 7-2】　分别获取［例 7-1］中的三个属性并输出。

代码如下：

```
print(df.index)  # 获取 DataFrame 的行索引
print(df.columns)  # 获取 DataFrame 的列索引
print(df.values)  # 获取 DataFrame 的数据
```

运行结果：

```
[0,1]
Index(['学号', '姓名', '性别', '年龄', '手机号', '身高', '体重'], dtype = 'object')
[[2021001 '张奕成' '男' 20 '13860169996' 175 66]
 [2021002 '林海之' '男' 22 '13860165188' 180 75]]
```

【例 7-3】　使用表 7-3 中的数据，构建 DataFrame 结构，行索引从 1 开始。

表 7-3　构建 DataFrame 示例数据

金额单位:元

序号	科目编码	会计科目	期初余额	本期借方发生额
1	1001	库存现金	5215	1010
2	1002	银行存款	1595236	254582
3	1012	其他货币资金	160000	50000

代码如下：

```
# 引入 Pandas 第三方库
import pandas as pd
# 定义变量设置 Excel 内的数据
```

```
dataList = [[1001,"库存现金",5215,1010],
            [1002,"银行存款",1595236,254582],
            [1012,"其他货币资金",160000,50000]]
# 每一列的新信息即列索引
col = ["科目编码","会计科目","期初余额","本期借方发生额"]
# 每一行的行号(行索引)
index1 = [1,2,3]
# 组装成 DataFrame 格式的数据
df = pd.DataFrame(dataList,columns = col,index = index1)
print(df)
```

运行结果,如表 7-4 所示。

表7-4　自定义行列索引运行结果

序号	科目编码	会计科目	期初余额	本期借方发生额
1	1001	库存现金	5215	1010
2	1002	银行存款	1595236	254582
3	1012	其他货币资金	160000	50000

三、Series 定义与创建

Series 是一种类似于一维数据的对象,由一组数据(如整数、字符串、浮点数、Python 对象等)以及一组与之相关的数据标签(即索引列)组成,如图 7-4 所示。

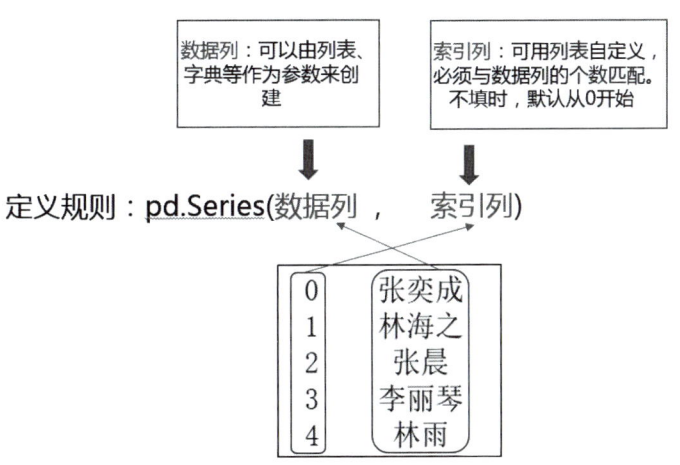

图7-4　Series 数据结构及定义规则

Series 包含数据列和索引列 2 个参数,其中数据列不能省略,索引列可以省略。

> 💡 **注意**
>
> Series 中的索引值是可以重复的,且索引值的个数与数据列参数的个数要匹配。

【例 7-4】 现有会计科目"1001:库存现金""1002:银行存款""1012:其他货币资金",请使用列表创建 Series。

代码如下:

```
import pandas as pd
accountList = ["库存现金","银行存款","其他货币资金"]
indexList = [1001,1002,1012]
accountSeries = pd.Series(accountList,indexList)
print (accountSeries)
```

运行结果:

```
1001   库存现金
1002   银行存款
1012   其他货币资金
```

 **巩固练习**

填空题

1. 引入 Pandas 第三方库的方式是＿＿＿＿＿＿＿＿＿＿。

2. Excel 中的一列数据可以用 Pandas 数据结构中的＿＿＿＿＿＿＿＿＿表示。

3. Excel 中的一张数据表可以用 Pandas 数据结构中的＿＿＿＿＿＿＿＿＿表示。

4. DataFrame 的三种属性是＿＿＿＿＿、＿＿＿＿＿、＿＿＿＿＿。

5. 创建 DataFrame 结构时可以省略的属性是＿＿＿＿＿、＿＿＿＿＿,默认从＿＿＿＿
   开始。

任务二　Pandas 文件操作

 学习目标

【知识目标】了解不同类型的文件之间的区别,文件存储位置的设置。

【技能目标】掌握 Pandas 下不同格式文件的读入和写入方法。

【素质目标】能够仔细地处理文件的打开、读取、写入等操作,培养认真细致的态度,避免出现错误和问题。

一、文件操作介绍

Pandas 可以将读取的表格型数据(文件不一定要是表格)转换为 DataFrame 类型的数据结构,通过操作 DataFrame 进行数据分析、数据预处理以及行和列的操作等。

Pandas 支持读取多种类型的文件,具体如表 7-5 所示。

表 7-5　**Python 可以读取的文件格式**

数据源	读取函数	写入函数
Text	read_csv	to_csv
Excel	read_excel	to_excel
CSV	read_csv	to_csv
JSON	read_json	to_json
HTML	read_html	to_html
SQL	read_hdf	to_hdf
Clipboard	read_clipboard	to_clipboard
SAS	read_sas	—
Python Pickle	read_pickle	to_pickle
Msgpack	read_msgpack	to_msgpack
Stata	read_stata	to_stata
HDF5	read_hdf	to_hdf

💡 **注意**

本项目以财务工作中常用的 Excel 文件的读取和写入作为重点来讲解。

二、Pandas 读取 Excel

read_excel()函数的名称及参数设置如下：

pd. read_excel(io,sheet_name = 0,header = 0,index_col = None,converters = None, names = None,usecols = None,skiprows = None,skipfooter = None)

read_excel()函数的参数设置,如表 7-6 所示。

表 7-6 read_excel()函数的参数设置

参数	解释	实例
io	文件路径	D:python/学生信息.xIsx 或' rD:\python\学生信息.xIsx'
sheet_name =0	导入的 Sheet 页	(1) sheet_name=0,默认导入第一页,Sheet 序号从 0 开始。 (2) sheet_name=表名,也可以直接输入表名
index_col=None	索引号	(1) 默认数据不带行索引号,Pandas 自动分配从 0 开始的索引号。 (2) index_col=0,以第一列作为行索引
converters	强制规定列数据类型	converters={列名:str,列名:float}
header=0	作为列名的行号或行号列表	默认值为 0,表示使用第一行作为列名。 如果设置为一个整数或整数列表,表示跳过指定行数作为列名
skiprows=None	要跳过的行数,以列表形式指定	默认值为 None,表示不跳过任何行
skipfooter=None	要跳过的工作表底部的行数	默认值为 0,表示不跳过任何行
usecols=None	要读取的列的索引或列名	可以是整数、字符串或列表。默认值为 None,表示读取所有列
names=None	自定义列名的列表	如果设置了 header 参数,则忽略 names 参数
Nrows=None	要读取的行数	默认值为 None,表示读取所有行

【例 7-5】 读取"学生信息.xlsx",体重用浮点型显示。
代码如下：

```
import pandas as pd
df = pd. read_excel("r 学生信息.xlsx",sheet_name = 0,converters = {"体重":float})
print(df)
```

运行结果,如表 7-7 所示。

表 7-7 [例 7-5]运行结果

学号	姓名	性别	年龄	手机号	身高	体重
02021001	张奕成	男	20	13860169996	175	66.0
12021002	林海之	男	22	13860165188	180	75.0

（续表）

学号	姓名	性别	年龄	手机号	身高	体重
22021003	张晨	男	22	13606936277	168	60.0
32021004	李丽琴	女	18	13696925988	160	55.0
42021005	林雨	女	20	13599535959	168	52.0

> **小提示**
>
> 　导入 Excel 文件之前,需导入 Pandas 模块。当只设置 io 参数而其他参数都不设置时,程序使用默认的参数进行输出。

三、Pandas 写入 Excel

to_excel()函数的名称及参数设置如下:

df.to_excel(io,sheet_name ='Sheet1',index = True)

to_excel()函数的参数设置如表 7-8 所示。

表 7-8　to_excel()函数的参数设置

参数	解释	实例
io	文件路径	D:python/学生信息.xlsx 或 r'D:\python\学生信息.xlsx'
sheet_name=' Sheet1'	要写入的 Excel 的 Sheet 页名称	（1）默认 Sheet 名是 Sheet1。 （2）sheet_name ＝我想要的 Sheet 名称
index ＝True	是否输出索引 index	index＝True,默认输出 index＝None/False,不输出

【例 7-6】　备份"学生信息.xlsx"到"学生信息_备份.xlsx"。

代码如下:

```
import pandas as pd
df = pd. read_excel("r学生信息.xlsx",sheet_name = 0,converters = {"体重":float})
df.to_excel("r学生信息.xlsx",sheet_name = 0,converters = {"体重":float})
df1 = pd. read_excel("r学生信息_备份.xlsx",sheet_name = 0)
print(df1)
```

运行结果,如表 7-9 所示。

表7-9 [例7-6]运行结果

学号	姓名	性别	年龄	手机号	身高	体重
02021001	张奕成	男	20	13860169996	175	66.0
12021002	林海之	男	22	13860165188	180	75.0
22021003	张晨	男	22	13606936277	168	60.0
32021004	李丽琴	女	18	13696925988	160	55.0
42021005	林雨	女	20	13599535959	168	52.0

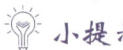 小提示

通过学习和实践,不断提升自己的文件操作技能,你可以进一步拓展和深化自己在编程领域的知识和技能,实现持续学习和专业成长。

 巩固练习

单选题

1. 下列各项中,文件读取操作正确的是(   )。
   A. pd.read_excel("学生信息.xlsx")   B. pd.read_excel(学生信息.xlsx")
   C. pd.read_excel(学生信息.xlsx)   D. pd.read_excel("学生信息.xlsx)

2. pd 是 Pandas 的别名,df 是 DataFrame 数据结构结果的变量名。下列各项中,书写正确的是(   )。
   A. pd.to_excel("学生成绩.xlsx")
   B. df.to_excel("学生成绩.xlsx",sheet_name = 0)
   C. pd.to_excel("学生成绩.xlsx",sheet_name = 成绩)
   D. df.to_excel("学生成绩.xlsx")

任务三 数据读取与计算

学习目标

【知识目标】掌握直接索引、条件索引和 loc 索引器三种数据读取与计算方法的不同应用形式和方式。

【技能目标】会熟练应用直接索引、条件索引和 loc 索引器进行不同数据的读取与计算。

【素质目标】加强实践练习和技能训练，提升专业技能和职业水平；锻炼逻辑严谨、层次清晰的思考能力。

不管是用 DataFrame() 组装 DataFrame 数据，还是用 read_excel() 读取 DataFrame 数据，都需要运用行索引或者列索引进行进一步的数据读取与计算。本任务我们将学习数据读取与计算的三种方法：直接索引、条件索引和 loc 索引器。

在本任务之前，我们先用 DataFrame 组装余额表，用于数据演示，如表 7-10 所示。

表 7-10 余额表

金额单位：元

序号	科目编码	会计科目	期初余额	本期借方发生额
1	1001	库存现金	5 215	1 010
2	1002	银行存款	1 595 236	254 582
3	1012	其他货币资金	160 000	50 000

代码如下：

```
# 引入 Pandas 第三方库
import pandas as pd
# 定义数据变量
dataList = [[1001,"库存现金",5215,1010],
[1002,"银行存款",1595236,254582],
[1012,"其他货币资金",160000,50000]]
# 自定义列索引
columnsList = ["科目编码","会计科目","期初余额","本期借方发生额"]
# 自定义行索引
indexList = [1,2,3]
# 组装为 DataFrame 格式的数据
df = pd.DataFrame(dataList,columns = columnsList,index = indexList)
# 输出数据
print(df)
```

运行结果,如表7-11所示。

表7-11 DataFrame()组装余额表运行结果

序号	科目编码	会计科目	期初余额	本期借方发生额
1	1001	库存现金	5215	1010
2	1002	银行存款	1595236	254582
3	1012	其他货币资金	160000	50000

一、直接索引

直接索引可以选取一列、多列和连续行的数据。

（一）选取一列

语法结构:

df[列名]

【例7-7】 选取会计科目列。

代码如下:

```
columnList = df["会计科目"]
print(columnList)
```

运行结果:

```
1    库存现金
2    银行存款
3    其他货币资金
Name：会计科目，dtype：object
```

（二）选取多列

语法结构:

df[[列名1,列名2]]

【例7-8】 选取科目编码、会计科目和期初余额列。

代码如下:

```
columnList = df[["科目编码","会计科目","期初余额"]]
print(columnList)
```

运行结果,如表7-12所示。

表7-12 [例7-8]运行结果

序号	科目编码	会计科目	期初余额
1	1001	库存现金	5215
2	1002	银行存款	1595236
3	1012	其他货币资金	160000

> **注意**
>
> 选取多列时，中括号里面是一个列表，因此会有两个中括号。

（三）选取连续行

语法结构：

df[n:m]

【例 7-9】 选取前两行。

代码如下：

```
columnList = df[0:2]
print(columnList)
```

运行结果，如表 7-13 所示。

表 7-13 ［例 7-9]运行结果

序号	科目编码	会计科目	期初余额	本期借方发生额
1	1001	库存现金	5215	1010
2	1002	银行存款	1595236	254582

> **注意**
>
> 两个行索引间使用冒号隔开。
>
> [n:m]含头不含尾，表示选取行索引从 n 到 m 的行，但不包括 m。

二、条件索引

条件索引是以条件为索引，在被选择列中筛选出结果为"True"的记录。

（一）选取某列满足一定条件的行

语法结构：

df[(df[列 1] == 条件)]

【例 7-10】 选取期初余额大于 100 000 元的数据。

代码如下：

```
data = df[df["期初余额"]>100000]
print(data)
```

运行结果，如表 7-14 所示。

表7-14 [例7-10]运行结果

序号	科目编码	会计科目	期初余额	本期借方发生额
2	1002	银行存款	1595236	254582
3	1012	其他货币资金	160000	50000

(二)选取多列满足一定条件的行

语法结构：

df[(df[列1] == 条件1) & (df[列2] == 条件2)]

【例7-11】 选取期初余额大于100 000元且本期借方发生额小于60 000元的数据。

代码如下：

```
data = df[(df["期初余额"]>100000) & (df["本期借方发生额"]<60000)]
print(data)
```

运行结果，如表7-15所示。

表7-15 [例7-11]运行结果

序号	科目编码	会计科目	期初余额	本期借方发生额
3	1012	其他货币资金	160000	50000

> **注意**
>
> 多个条件判断时，使用"&（并且）""|（或者）"操作符。
>
> 为防止代码优先级造成结果错误，每个条件代码块使用"小括号()"包含。

三、loc 索引器

Pandas的两种数据结构中，原始索引和自定义索引并存，可以帮助我们快速定位到行或列。loc索引器如图7-5所示。

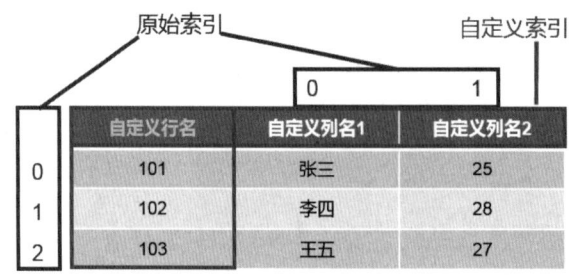

图7-5 loc 索引器

loc 索引器（loc[index,column]）使用自定义索引,如果数据中没有自定义索引名,则索引名为原始索引。根据行列索引 index 和 column 进行选取,常见形式有以下几种。

(一)选取一行

语法结构：

df.loc[行索引]

【例 7-12】 选取第 2 行的数据。

代码如下：

```
data = df.loc[2]
print(data)
```

运行结果：

科目编码	会计科目	期初余额	本期借方发生额
1002	银行存款	1595236	254582

Name：2, dtype：object

(二)选取行列组合

语法结构：

df.loc[[行 1,行 2],[列 1,列 2]]

【例 7-13】 获取第 1 行和第 3 行的科目编码和会计科目。

代码如下：

```
data = df.loc[[1,3],["科目编码","会计科目"]]
print(data)
```

运行结果,如表 7-16 所示。

表 7-16 　[例 7-13]运行结果

序号	科目编码	会计科目
1	1001	库存现金
3	1012	其他货币资金

(三)按条件选取满足一定条件的行

语法结构：

df.loc[(df[列] > 条件),[列 1,列 2]]

【例 7-14】 获取期初余额大于 100 000 元的科目编码和会计科目。

代码如下：

```
data = df.loc[(df["期初余额"]>100000),["科目编码","会计科目"]]
print(data)
```

运行结果,如表 7-17 所示。

表 7-17 [例 7-14]运行结果

序号	科目编码	会计科目
2	1002	银行存款
3	1012	其他货币资金

(四) 获取连续行、连续列

语法结构:

df.loc[行 1:行 2,列 1:列 2]

【例 7-15】 获取前两行数据的会计科目列至本期借方发生额列。

代码如下:

```
data = df.loc[1:2,"会计科目":"本期借方发生额"]
print(data)
```

运行结果,如表 7-18 所示。

表 7-18 [例 7-15]运行结果

序号	会计科目	期初余额	本期借方发生额
1	库存现金	5215	1010
2	银行存款	1595236	254582

 注意

df[n:m]前闭后开,df.loc[n:m]全闭合。

 巩固练习

二、填空题

1. 变量 df 是一个 Dataframe 结构的数据,用直接索引获取前 5 行的数据表示为＿＿＿
＿＿＿＿＿。

2. 变量 df 是一个 Dataframe 结构的数据,用条件索引获取年龄小于等于 20 岁并且身
高大于 170 厘米的数据表示为＿＿＿＿＿＿＿＿＿。

3. 变量 df 是一个 Dataframe 结构的数据,使用 loc 索引获取前三行的数据表示为＿＿
＿＿＿＿＿＿＿。

二、判断题

1. 变量 df 是一个 Dataframe 结构的数据,用直接索引获取多列数据的写法是 df[列名 1,列名 2,列名 3]。 （ ）

2. 使用 loc 索引获取女性数据,且只展示姓名和身高的记录的写法是 df.loc[(df[性别]==女),[姓名身高]]。 （ ）

3. 直接索引可以获取一列、多列、连续行的数据。 （ ）

4. 条件索引可以获取满足条件的数据,多条件使用括号括起来。 （ ）

5. loc 索引器可获取一行、多行多列组合、列满足条件和连续行列的数据。 （ ）

6. df[n:m]前闭后开,df.loc[n:m]全闭合。 （ ）

任务四 数据连接与合并

学习目标

【知识目标】掌握数据连接 merge( ) 函数与合并 concat( ) 函数的各个参数及使用方法。

【技能目标】能够理解连接与合并的区别和不同结合形式。

【素质目标】培养举一反三的能力和空间想象力。

一、数据合并

（一）数据合并方式

根据轴向的不同，concat( ) 函数有上下合并和左右合并两种不同的合并方式。

1. 上下合并

上下合并是 concat( ) 函数默认的合并方式，可以将多张表以纵向拼接方式合并在一起，各表中没有的数据均以"NaN"表示。

2. 左右合并

左右合并是将多张表以横向的拼接方式合并在一起，各表中没有的数据均以"NaN"表示。

（二）concat( )函数

concat( ) 函数支持多种数据合并方式，其语法结构如下，参数说明如表 7-19 所示。

pd.concat(objs,axis＝0,join＝'outer',join_axes＝None,ignore_index＝False,sort＝True)

表 7-19　concat( )函数参数说明

参数	说明
objs	连接对象，如[df1,d]…
axis	轴向，0 代表上下合并（纵向），1 代表左右合并（横向），默认为 0
join	连接方式有 inner（内连接）、outer（外连接）两种
ignore_index	重建索引
sort	默认为 True，将合并的数据进行排序，设置为 False 可以提高性能

1 号店和 2 号店的营业数据，分别如表 7-20 和表 7-21 所示。

表 7-20 1 号店营业数据

列索引	门店	日期	产品	销售数量(件)	单价(元)	销售收入(元)
0	1 号店	0409	A	8	15	120
1	1 号店	0409	B	7	20	140
2	1 号店	0409	C	12	5	60
3	1 号店	0409	D	8	30	240

表 7-21 2 号店营业数据

列索引	门店	日期	产品	销售数量(件)	单价(元)	销售收入(元)
0	2 号店	0409	B	7	20	140
1	2 号店	0409	D	8	30	240
2	2 号店	0409	F	12	100	1 200
3	2 号店	0409	G	20	50	1 000
4	2 号店	0409	H	20	104	2 080

【例 7-16】 合并 1 号店营业数据(df1)和 2 号店营业数据(df2),上下纵向合并,使用外连接,重排索引,并输出结果。

代码如下:

```
df3 = pd.concat([df1,df2],axis = 0,join = "outer",ignore_index = True)
print(df3)
```

运行结果,如表 7-22 所示。

表 7-22 [例 7-16]运行结果

列索引	门店	日期	产品	销售数量	单价	销售收入
0	1 号店	0409	A	8	15	120
1	1 号店	0409	B	7	20	140
2	1 号店	0409	C	12	5	60
3	1 号店	0409	D	8	30	240
4	2 号店	0409	B	7	20	140
5	2 号店	0409	D	8	30	240
6	2 号店	0409	F	12	100	1200
7	2 号店	0409	G	20	50	1000
8	2 号店	0409	H	20	104	2080

【例 7-17】 合并 1 号店营业数据(df1)和 2 号店营业数据(df2),左右横向合并,使用外连接,不重排索引,并输出结果。

代码如下:

```
df4 = pd. concat([df1,df2],axis = 1,join = "outer",sort = False,ignore_index =
False)
    print(df4)
```

运行结果,如表 7-23 所示。

表 7-23 [例 7-1]运行结果

列索引	门店	日期	产品	销售数量	单价	销售收入	门店	日期	产品	销售数量	单价	销售收入
0	1 号店	0409	A	8	15	120	2 号店	0409	B	7	20	140
1	1 号店	0409	B	7	20	140	2 号店	0409	D	8	30	240
2	1 号店	0409	C	12	5	60	2 号店	0409	F	12	100	1200
3	1 号店	0409	D	8	30	240	2 号店	0409	G	20	50	1000
4	NaN	NaN	NaN	NaN	NaN	NaN	2 号店	0409	H	20	104	2080

二、数据连接

(一)数据连接方式

1. 内连接

内连接是 merge()函数默认的连接方式,是取两张表公共列的交集进行连接。例如,A 表和 B 表以公共列"座位号"进行连接,取两个表中"座位号"列相同的公共数据,如图 7-6 所示。

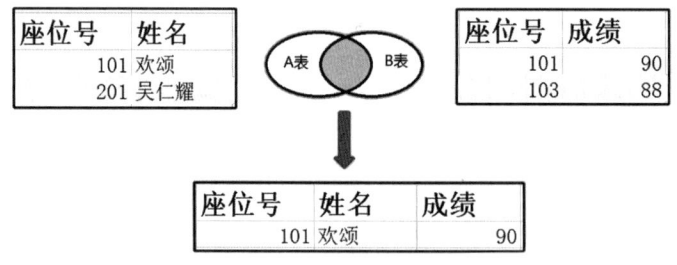

图 7-6 内连接示例

2. 外连接

与内连接相反,外连接是取两张表公共列的并集进行连接。例如,A 表和 B 表以公共列"座位号"进行连接,将两个表中的所有数据合并到一起,如图 7-7 所示。

3. 左连接

左连接是以 A 表中公共列的值为标准进行连接,保留 A 表中的所有数据,将 B 表中的数据对应添加进来,若无对应数据则用"NaN"填充,如图 7-8 所示。

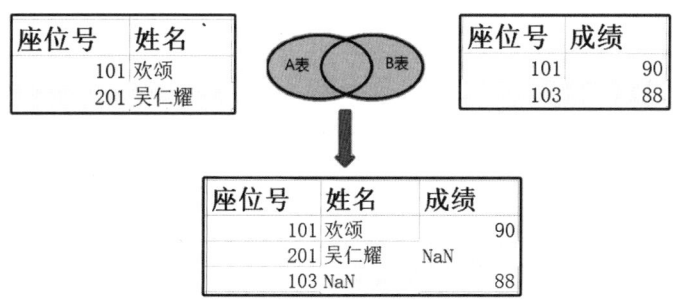

图7-7 外连接示例

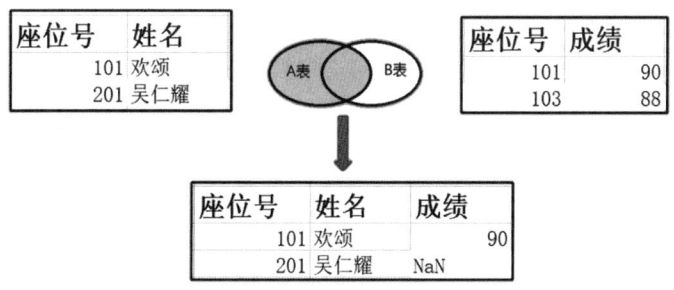

图7-8 左连接示例

4. 右连接

右连接是以B表中公共列的值为标准进行连接,保留B表中所有的数据,将A表中的数据对应添加进来,若无对应数据则用"NaN"填充,如图7-9所示。

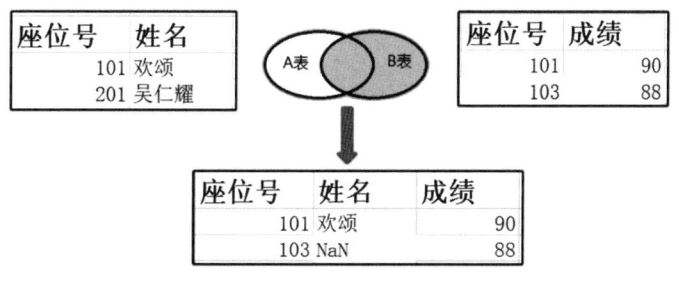

图7-9 右连接示例

(二) merge()函数

merge()函数支持多种数据连接方式,其语法规则如下,参数说明如表7-24所示。

pd.merge(left,right,how = left,on = 座位号,sort = True)

表7-24 merge()函数参数说明

参数	功能
left 和 right	要连接的两个不同的 DataFrame
how	连接方式有 left、right、outer、inner,默认为 inner 内连接

（续表）

参数	功能
on	用于连接的列索引名称,必须同时存在于左右两个 DataFrame 中,如果没有指定索引且其他参数也没有指定,则以两个 DataFrame 的列名交集作为连接键
left_on	左侧 DataFrame 中用于连接键的列名
right_on	右侧 DataFrame 中用于连接键的列名
sort	将合并的数据进行排序,默认为 True,设置为 False 可以提高性能
suffixes	字符串值组成的元组,用于指定当左右两个 DataFrame 存在相同列名时,在列名后面附加的后缀名称(默认为('_x','_y'))

对表 7-25 和表 7-26 进行相应操作。

表 7-25　客户信息表(d5)

列索引	客户编码	客户名称	客户类别
0	1001	天津海文商贸有限公司	重点客户
1	1002	北京祝强家电有限公司	一般客户
2	1003	北京精益机电有限公司	一般客户
3	1004	北京汇普科技有限公司	重点客户
4	1005	北京极地酒店有限公司	一般客户

表 7-26　销售收入表(d6)

列索引	客户名称	销售收入(元)
0	天津海文商贸有限公司	483 893
1	北京祝强家电有限公司	190 505
2	北京极地酒店有限公司	274 547
3	北京汇普科技有限公司	492 624

【例 7-18】 "客户信息表.xlsx"和"销售收入表.xlsx"按照"客户名称"作左连接。

代码如下:

```
df7 = pd. merge(df5,df6,how = "left",on = "客户名称")
print(df7)
```

运行结果,如表 7-27 所示。

表 7-27 [例 7-18]运行结果

列索引	客户编码	客户名称	客户类别	销售收入
0	1001	天津海文商贸有限公司	重点客户	483893
1	1002	北京祝强家电有限公司	一般客户	190505
2	1003	北京精益机电有限公司	一般客户	NaN
3	1004	北京汇普科技有限公司	重点客户	492624
4	1005	北京极地酒店有限公司	一般客户	274547

【例 7-19】 将 2019 年客户销售收入表(见表 7-28)和 2020 年客户销售收入表(见表 7-29)按照"客户名称"和"客户描述"作内连接。

表 7-28 2019 年客户销售收入表(df8)

列索引	客户名称	销售收入(元)
0	天津海文商贸有限公司	483 893
1	北京祝强家电有限公司	190 505
2	北京极地酒店有限公司	274 547
3	北京汇普科技有限公司	492 624

表 7-29 2020 年客户销售收入表(df9)

列索引	客户描述	销售收入(元)
0	天津海文商贸有限公司	330 710
1	北京祝强家电有限公司	240 144
2	北京极地酒店有限公司	450 357
3	北京汇普科技有限公司	528 684
4	北京精益机电有限公司	215 896

代码如下:

```
df10 = pd.merge(df8,df9,how = "inner",left_on = ["客户名称"],right_on = ["客户描述"],suffixes = ("_2019","_2020"))
print(df10)
```

运行结果,如表 7-30 所示。

表 7-30 [例 7-19]运行结果

列索引	客户名称	销售收入_2019	客户描述	销售收入_2020
0	天津海文商贸有限公司	483893	天津海文商贸有限公司	330710
1	北京祝强家电有限公司	190505	北京祝强家电有限公司	240144
2	北京极地酒店有限公司	274547	北京极地酒店有限公司	450357
3	北京汇普科技有限公司	492624	北京汇普科技有限公司	528684

2019 年客户销售收入表中的"客户名称"和 2020 年客户销售收入表中的"客户描述"实际含义是相通的,因此,在使用 merge()函数进行连接时,可以使用 left_on 和 right_on 参数将两张表中含义相同的列作为连接键,可以使用 suffixes 参数分别在销售收入后添加对应年份,便于区分。

巩固练习

填空题

1. 对两张表进行连接以获取交集的部分,应该使用_____方式。

2. 对 stuInfo 和 score 两个 DataFrame 数据结构进行左右合并,应该使用的代码是_____
_____。

3. concat()函数的合并方式有____种,merge()函数的连接方式有____种。

4. concat()函数可以实现上下合并和左右合并,而 merge()函数只能实现_____连接。

5. 对 stuInfo 和 score 两个 DataFrame 数据结构进行内连接,stuInfo 和 score 都有"学号"和"姓名"两列数据,连接条件是"学号"和"姓名",应该使用的代码是_____
_____。

任务五　数 据 透 视

学习目标

【知识目标】认识数据透视表,掌握数据透视函数的使用。

【技能目标】能够利用数据透视函数对数据表进行数据分析。

【素质目标】培养学生分析问题和解决问题的能力,通过分析数据、选择最佳透视视角进行数据透视,从而解决问题。

一、数据透视表

(一)数据透视表的概念

数据透视表(pivot table)是一种数据分析工具,常用于对大量数据进行汇总和分析。它可以根据用户的需求对数据进行重新排列、汇总、计算和分组,从而更直观地展现数据的关系和趋势。数据透视表在商业分析、市场调研、财务报表等领域广泛应用,能够帮助用户快速理解数据并作出有效的决策。

(二)数据透视表的功能

(1) 汇总数据:可以对原始数据进行汇总,如求和、计数、平均值等。

(2) 分组数据:可以按照不同的字段对数据进行分组,以便更好地理解数据之间的关系。

(3) 过滤数据:可以根据特定条件筛选数据,以便进行更精细的分析。

(4) 动态调整:可以根据需要灵活地调整数据透视表的布局和显示方式,以满足不同的分析需求。

二、Pandas 实现数据透视表

在 Python 中,pivot_table()是 Pandas 库中的一个函数,通过指定要分组的列、要聚合的列和相应的聚合函数,可以轻松地生成所需的透视表,pivot_table()函数参数说明如表 7-31 所示。

语法结构:

df.pivot_table(index,columns = None,values = None,aggfunc = ' mean ',fill_value = None,margins = False,margins_name = 'All')

表 7-31　pivot_table()函数参数说明

参数	解释	实例
index = None	数据透视表的行	index = ['月']
columns = None	数据透视表的列	columns = ['年']
values = None	数据透视表的值,默认所有数字列	values = ['营业收入','净利润']

（续表）

参数	解释	实例
aggfunc = 'mean'	值的计算方式	aggfunc = ['mean','sum']
fill_value = None	填充缺失值的标量	默认不填充,可以用 0 填充 fill_value = 0
margins = False	是否添加汇总栏	margins = True
margins_name = 'All'	汇总栏的名称	margins_name = 'Total'

Tata 公司 2025 年 8 月 1 日各门店的销售数据如表 7-32 所示,请使用数据透视表分析各门店当日的销售收入合计。

表 7-32　2025 年 8 月 1 日各门店销售数据

门店	产品	单价(元)	销售数量(件)	销售收入(元)
1 号店	A	15	44	660
	B	20	11	220
	C	5	76	380
	D	30	10	300
	B	20	21	420
	D	30	32	960
	G	25	83	2 075
	H	80	55	4 400
2 号店	B	20	40	800
	C	5	94	470
	D	30	39	1 170
	E	100	90	9 000
	F	50	93	4 650
	E	100	97	9 700
	F	50	12	600
	H	80	46	3 680
3 号店	B	20	70	1 400
	C	5	100	500
	D	30	56	1 680
	E	100	31	3 100
	A	15	62	930
	C	5	64	320

（续表）

门店	产品	单价(元)	销售数量(件)	销售收入(元)
	A	15	46	690
3号店	C	5	97	485
	H	80	76	6 080

💡 **小提示**

在进行数据透视之前，应仔细观察数据，确定分析维度，提取核心信息，识别问题并提出解决方案。

【例7-20】　使用 pivot_table()函数分析表7-32 的数据。

代码如下：

```
import pandas as pd    # 导入 Pandas
df = pd. read_excel("门店销售数据.xlsx")    # 读取门店销售数据表
print(df)
# 使用数据透视获取各门店当日销售收入合计
df_pivot = pd. pivot_table(df,index = ["门店"],values = ["销售收入"],aggfunc = "sum")
print(df_pivot)     # 查看数据透视表
```

运行结果，如表7-33 所示。

表7-33　[例7-20]运行结果

门店	销售收入
1号店	9415
2号店	30070
3号店	15185

（一）columns 参数

如果想要了解不同门店、不同产品的销售收入情况，可以使用 columns 参数。

【例7-21】　承[例 7-20]，pivot_table()函数中 columns 参数的应用。

代码如下：

```
# 在[例7-20]中 pivot_table()函数已有参数的基础上，补充产品列
df_pivot = pd. pivot_table(df,index = ["门店"],columns = ["产品"],values = ["销售收入"],aggfunc = ' sum')
print(df_pivot)    # 查看数据透视表
```

运行结果,如表 7-34 所示。

表 7-34 [例 7-21]运行结果

门店产品	A	B	C	D	E	F	G	H
1 号店	660.0	640.0	380.0	1260.0	NaN	NaN	2075.0	4400.0
2 号店	NaN	800.0	470.0	1170.0	18700.0	5250.0	NaN	3680.0
3 号店	1620.0	1400.0	1305.0	1680.0	3100.0	NaN	NaN	6080.0

(二) fill_value 参数

在[例 7-21]的运行结果中,有部分数据是 NaN,可以使用 fill value 参数将其设置为 0。

【**例 7-22**】 承[例 7-21],pivot_table()函数中 fil_value 参数的应用。

代码如下:

```
# 在[例 7-21]中 pivot_table()函数已有参数的基础上将 NaN 填充为 0
df_pivot = pd.pivot_table(df,index = ["门店"],columns = ["产品"],values = ["销售收入"],aggfunc = 'sum',fill_value = 0)
print(df_pivot)  # 查看数据透视表
```

运行结果,如表 7-35 所示。

表 7-35 [例 7-22]运行结果

门店产品	A	B	C	D	E	F	G	H
1 号店	660.0	640.0	380.0	1260.0	0	0	2075.0	4400.0
2 号店	0	800.0	470.0	1170.0	18700.0	5250.0	0	3680.0
3 号店	1620.0	1400.0	1305.0	1680.0	3100.0	0	0	6080.0

(三) margins 和 margins_name 参数

如果要查看合计数据,可以使用 margins 和 margins_name 参数,将 margins 设置为"True",并增加一栏命名为"合计"。

【**例 7-23**】 承[例 7-22],pivot_table()函数中 margins 和 margins_name 参数的应用。

代码如下:

```
# 在[例 7-22]中 pivot_table()函数已有参数的基础上,补充合计栏
df_pivot = pd.pivot_table(df,index = ["门店"],columns = ["产品"],values = ["销售收入"],aggfunc = 'sum',fill_value = 0,margins = True,margins_name = "合计")
print(df_pivot)  # 查看数据透视表
```

运行结果,如表 7-36 所示。

表 7-36 [例 7-23]运行结果

门店产品	A	B	C	D	E	F	G	H	合计
1 号店	660.0	640.0	380.0	1260.0	0	0	2075.0	4400.0	9415
2 号店	0	800.0	470.0	1170.0	18700.0	5250.0	0	3680.0	30070
3 号店	1620.0	1400.0	1305.0	1680.0	3100.0	0	0	6080.0	15185
合计	2280	2840	2155	4110	21800	5250	2075	14160	54670

💡 **小提示**

使用数据透视函数 pivot_table() 时,既可以调 pandas.pivot_table() 进行数据透视,也可以直接使用 dataframe.pivot_table() 进行数据透视,两者实现的效果是一样的。

Pandas 模块纳入了大量库、函数以及数据模型,提供了高效操作大型数据集所需的工具。本项目只介绍了 Pandas 基础的数据结构和应用,除了 Series 和 DataFrame 数据结构,还有 Panel 等数据结构,更多拓展应用可以查看 Pandas 官方文档。熟练掌握 Pandas,有助于更好地完成后续的数据分析任务,满足财务人员不同场景的应用需求。

 **巩固练习**

填空题

1. pivot_table() 函数中不能省略的参数是_____。
2. aggfunc 中计算平均值的参数是_____。

 **项目总结**

项目七
知识扩展

财务数据建模与处理旨在通过 Python 编程语言及其强大的数据处理库 Pandas,提升在财务数据分析和处理方面的能力。本项目不仅介绍了 Pandas 库的基本概念和使用方法,还深入探讨了其在财务数据建模与处理中的实际应用。

1. Pandas 数据结构

Series:Pandas 中的一维数据结构,可以存储任何数据类型(整数、浮点数、字符串、Python 对象等),类似于 Excel 中的一列。

DataFrame:Pandas 中的二维数据结构,由多个 Series 组成,每个 Series 代表一列,类似于 Excel 中的表格。DataFrame 提供了丰富的数据操作功能,如选择、过滤、排序、分组等。

MultiIndex/Advanced Indexing：多级索引和高级索引功能，允许用户以更复杂的方式访问和操作数据。

2. Pandas 文件操作

读取文件：Pandas 支持多种文件格式的读取，如 CSV、Excel、SQL 数据库、JSON 等。使用 read_csv、read_excel 等函数可以方便地将文件数据加载到 DataFrame 中。

写入文件：Pandas 支持将 DataFrame 数据写入多种文件格式，如 CSV、Excel 等，使用 to_csv、to_excel 等函数即可实现。

文件路径与权限：在处理文件时，需要注意文件路径的正确性和文件读写权限的设置。

3. 数据读取与计算

数据筛选：使用条件表达式和布尔索引，可以方便地筛选出满足特定条件的数据行或列。

数据计算：Pandas 提供了丰富的数学运算函数，如求和、平均值、最大值、最小值等，可以应用于 DataFrame 的列或行上。此外，Pandas 还支持自定义函数的应用。

数据转换：使用 apply() 函数可以对 DataFrame 的列或行应用自定义的转换函数，实现数据的清洗和转换。

4. 数据连接与合并

数据连接：Pandas 提供了 merge() 函数，可以实现类似于 SQL 中的 join 操作，将两个或多个 DataFrame 根据指定的键进行连接。

数据合并：使用 concat() 函数可以将多个 DataFrame 沿着指定的轴（行或列）进行合并。

数据重塑：使用 pivot()、pivot_table() 等函数可以对数据进行重塑，生成新的透视表或分组汇总表。

5. 数据透视

数据透视表是数据分析中常用的工具，可以方便地对数据进行分组、汇总和透视。Pandas 提供了 pivot_table() 函数，可以生成灵活的数据透视表。

除使用 pivot_table() 函数外，还可以通过组合使用 groupby()、agg() 等函数实现更复杂的自定义透视操作。

通过本项目的学习，我们需要掌握 Pandas 库的基本概念和使用方法，还要掌握如何运用 Pandas 进行财务数据建模与处理。这些知识点将为我们未来的学习和工作提供有力的支持，希望未来能够继续深入学习和实践，不断提升自己的数据处理和分析能力。

项目八
财务数据采集与清洗

数据采集和数据清洗是数据分析的基础工作,对于提高数据质量、支持决策和优化业务流程具有重要意义。通过正确选择合适的数据采集和清洗的方法和技术,企业可以获得准确、完整、可靠的数据,揭示业务流程中存在的问题和瓶颈,准确把握市场动态和企业状况,为决策者提供有效的决策支持,促进企业的持续发展和创新。

 知识导航

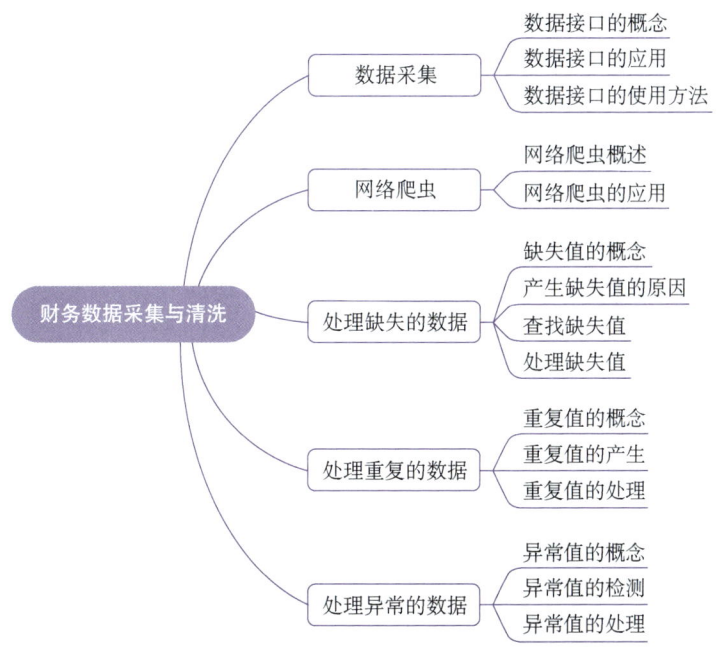

任务一　数　据　采　集

学习目标

【知识目标】理解数据接口的概念和应用场景。

【技能目标】能够使用 BaoStock 数据接口采集财务数据。

【素质目标】培养透过现象看本质、举一反三的分析能力；培养一丝不苟、精益求精的工作态度；增强积极主动寻求解决方法的意识。

数据采集是数据分析的基础，对于企业决策和业务发展具有重要意义。通过数据采集，企业可以从不同数据源（包括客户关系管理系统、销售系统、供应链系统等），获得全面和多维度的数据。准确的数据是作出正确决策的基础，及时、准确地获取数据，有助于提高决策的准确性和精度。

在实际应用中，接口采集可用于各种场景，如电商商品价格监控、舆情分析、金融行情预测等。接口采集是现代数据分析不可或缺的工具，掌握相关知识和技术对于企业或个人都具有重要意义。

一、数据接口的概念

通常情况下，通过数据库进行数据采集需满足若干条件，若数据库由用户在个人计算机上创建，则该用户具备数据库的全部权限；若数据库存放于用户所在单位的服务器上，且该用户为单位职员，享有数据库的使用权限；若数据库属第三方所有，基于第三方对使用者的信赖，为使用者赋予了数据库访问权限。因此，通过数据库采集数据的前提条件就是拥有访问数据库的权限。

如果数据提供方基于安全等方面的考量，如担心数据被意外删除，或是不允许全部数据被访问，而不开放数据库访问的权限。于是，数据提供方会开发一套数据接口，约定一个规则，使用者只有遵守数据提供方的规则才能获取数据。

因此，我们可以这样理解数据接口，数据接口是按照数据提供方要求的规则而获取的数据提供方提供的数据，如天气查询和快递查询。

手机 App 本身没有与天气相关的数据，但是它通过访问气象局的数据接口获取数据，将数据转化后就是我们所常见的天气预报了，如图 8-1 所示。

查询快递也是通过访问各个快递公司的数据接口，获取购买商品的详细路径，如图 8-2 所示。

二、数据接口的应用

如果想要分析某一地区的历史天气变化趋势，那么可以通过寻找天气信息网站来得到数据，如中央气象台气象数据中心。这些网站为开发者提供了相应的数据接口，开发者注册完成后通过相应的 API 请求方式就能获取到所需的历史天气数据。

图 8-1 通过数据接口获取天气数据

图 8-2 通过数据接口获取快递数据

如果想要分析上市公司的盈利,那么可以通过金融、证券网站来得到数据,如 Wind、国泰安等。这些网站都提供了非常丰富的数据接口,通过相应的 API 请求方式可以获取历年上市公司的财报数据与其他证券交易数据。

我们可以看到,通过数据接口获取数据往往是一种非常高效的数据获取方式,并且数据是经过数据提供方整理过的,一般情况下会非常规范、完整,这极大地方便了后期数据处理工作。

三、数据接口的使用方法

接下来,我们通过一个案例来了解如何使用数据接口采集数据。

【例 8-1】 使用 BaoStock 数据接口采集鼎龙公司季频盈利能力数据。

BaoStock 是一个免费、开源的证券数据平台（无须注册），提供大量准确、完整的证券历史行情数据、上市公司财务数据等，官网首页如图 8-3 所示。通过 Python API 获取证券数据信息，满足量化交易投资者、数量金融爱好者、计量经济从业者的数据需求。返回的数据格式是 Pandas、DataFrame 类型，便于用 Pandas、NumPy、Matplotlib 进行数据分析和可视化，同时支持通过 BaoStock 的数据存储功能，将数据全部保存到本地后进行分析。

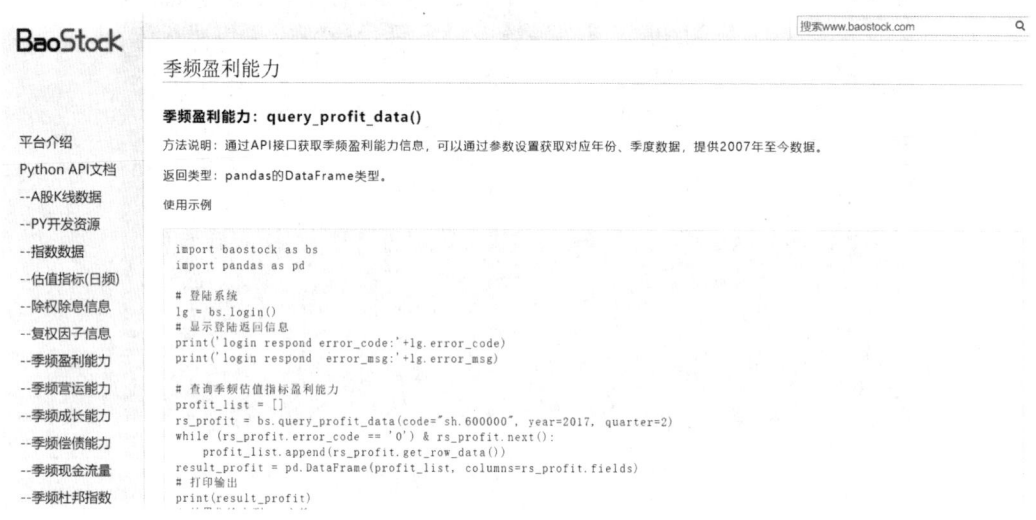

图 8-3　BaoStock 官网首页

步骤一：了解接口规则。接口提供方的官方网站，提供了多种数据接口代码示例，如图 8-4 所示。

参数含义：
- code: 股票代码，sh或sz.+6位数字代码，或者指数代码，如：sh.601398。sh: 上海; sz: 深圳。此参数不可为空；
- year: 统计年份，为空时默认当前年；
- quarter: 统计季度，可为空，默认当前季度。不为空时只有4个取值: 1, 2, 3, 4。

返回示例数据										
code	pubDate	statDate	roeAvg	npMargin	gpMargin	netProfit	epsTTM	MBRevenue	totalShare	liqaShare
sh.600000	2017-08-30	2017-06-30	0.074617	0.342179		28522000000.000000	1.939029	83354000000.000000	28103763899.00	28103763899.00

返回数据说明		
参数名称	参数描述	算法说明
code	证券代码	
pubDate	公司发布财报的日期	
statDate	财报统计的季度的最后一天，比如2017-03-31, 2017-06-30	
roeAvg	净资产收益率(平均)(%)	归属母公司股东净利润/[(期初归属母公司股东的权益+期末归属母公司股东的权益)/2]*100%
npMargin	销售净利率(%)	净利润/营业收入*100%
gpMargin	销售毛利率(%)	毛利/营业收入*100%＝(营业收入-营业成本)/营业收入*100%
netProfit	净利润(元)	
epsTTM	每股收益	归属母公司股东的净利润TTM/最新总股本
MBRevenue	主营营业收入(元)	
totalShare	总股本	
liqaShare	流通股本	

图 8-4　query_profit_data( )参数和返回数据说明

步骤二:复制示范代码。从 BaoStock 官方网站复制相应代码至 Python 并执行。

```python
import baostock as bs
import pandas as pd
# 登录系统
lg = bs.login()
# 显示登录返回信息
print('login respond error_code:' + lg.error_code)
print('login respond  error_msg:' + lg.error_msg)
# 查询季频估值指标盈利能力
profit_list = []
rs_profit = bs.query_profit_data(code = "sh.600000", year = 2017, quarter = 2)
while(rs_profit.error_code == '0') & rs_profit.next():
    profit_list.append(rs_profit.get_row_data())
result_profit = pd.DataFrame(profit_list, columns = rs_profit.fields)
# 打印输出
print(result_profit)
# 结果集输出到 CSV 文件
result_profit.to_csv("D:\\profit_data.csv", encoding = "gbk", index = False)
# 退出系统
bs.logout()
```

运行结果:

```
login success!
logout success!
login success!
login respond error_code:0
login respond  error_msg:success
```

	code	pubDate	statDate	roeAvg	npMargin	\
0	sh.600000	2017-08-30	2017-06-30	0.074617	0.342179	

netProfit	epsTTM	MBRevenue	totalShare	\	liqaShare
28522000000.000000	1.939029	83354000000.000000	28103763899.00		28103763899.00

步骤三:改写代码并执行,修改股票代码为"sz.002502",年份为"2024 年第二季度"。

```python
import baostock as bs
import pandas as pd
# 登录系统
lg = bs.login()
# 显示登录返回信息
print('login respond error_code:' + lg.error_code)
print('login respond error_msg:' + lg.error_msg)
```

```
# 查询季频估值指标盈利能力
profit_list = []
rs_profit = bs.query_profit_data(code = "sz.002502", year = 2024, quarter = 2)
while (rs_profit.error_code == '0') & rs_profit.next():
    profit_list.append(rs_profit.get_row_data())
result_profit = pd.DataFrame(profit_list, columns = rs_profit.fields)
# 打印输出
print(result_profit)
# 退出登录系统
bs.logout()
```

运行结果：

```
login success!
login respond error_code:0
login respond error_msg:success
        code     pubDate       statDate       roeAvg        npMargin        gpMargin        \
0    sz.002502   2024-08-31    2024-06-30    -0.007988    -0.035761       0.199860
       netProfit      epsTTM       MBRevenue       totalShare       liqaShare
   -9733773.680000   -0.072429   272185965.760000   919994639.00   833169714.00

logout success!
```

如需显示所有行和列，最简单的方法就是使用 Pandas 的 set_option 方法，将全局参数 display.max_columns 和 display.max_rows 设置为 None，表示显示所有列和行。这个方法可以改变 Pandas 库的全局参数，从而在整个程序中都生效。

语法结构：

```
pd.set_option('display.max_columns', None)    # 显示所有列
pd.set_option('display.max_rows', None)       # 显示所有行
```

 巩固练习

一、填空题

1. 数据提供方基于_____等方面的考量，一般不愿意开通数据库访问的权限。

2. 数据接口可以理解为按照数据提供方要求的_____，获取数据提供方提供的_____。

二、判断题

1. 使用数据接口需要拥有数据的数据库权限。   （   ）

2. 获取自己想要的季频盈利能力需要修改整段代码。   （   ）

3. 可以使用数据接口的 query_profit data 方法获取某家上市公司某一年份季度的盈利能力数据。（　　　）

4. 通过数据接口获取数据是一种非常高效的数据获取方式。　　　　　　　（　　　）

三、实操题

使用 BaoStock 平台，获取格力电器（sz.000651）历史 5 年（2020—2024 年）的营运能力数据，补全以下代码。

```
import baostock as bs
import pandas as pd
# 登录系统
lg = bs.login()
# 放置一个列表用于接收数据接口返回的数据，命名为结果列表
result_list = []
# 查询季频估值指标营运能力
# 获取 2020 年的数据
return_data = bs.query_operation_data(code = "sz.000651", year = 2020, quarter = 4)
while(return_data.error_code = ='0') & return_data.next():
    result_list.append(return_data.get_row_data())
# 将 2020 年的数据添加至结果列表
# 获取 2021 年的数据
(_____)    # 请在此处补充代码
# 获取 2022 年的数据
(_____)    # 请在此处补充代码
# 获取 2023 年的数据
(_____)    # 请在此处补充代码
# 获取 2024 年的数据
return_data = bs.query_operation_data(code = "sz.000651", year = 2024, quarter = 4)
while(return_data.error_code = ='0') & return_data.next():
    result_list.append(return_data.get_row_data())
# 将 2024 年的数据添加至结果列表
# 将结果列表转为 DataFrame 表格式
result_table = pd.DataFrame(result_list, columns = return_data.fields)
# 退出系统
bs.logout()
# 执行该代码，输出表格内容
print(result_table)
```

任务二 网络爬虫

学习目标

【知识目标】了解网络爬虫的基本步骤和实现方法。

【技能目标】能够爬取指定网站内容并根据实际需求做代码更改。

【素质目标】培养举一反三的能力和动手实践能力。

一、网络爬虫概述

(一)网络爬虫的概念

网络爬虫(Web Crawler 或 Spider),是一种自动化抓取互联网信息的程序,也是搜索引擎的核心组成部分。网络爬虫可以根据指定的规则,从互联网下载网页、图片、视频等内容,并抽取其中的有用信息进行处理。网络爬虫的工作流程包括获取网页源代码、解析网页内容、存储数据等步骤,主要通过建立网络连接获取网络页面数据,如图 8-5 所示。

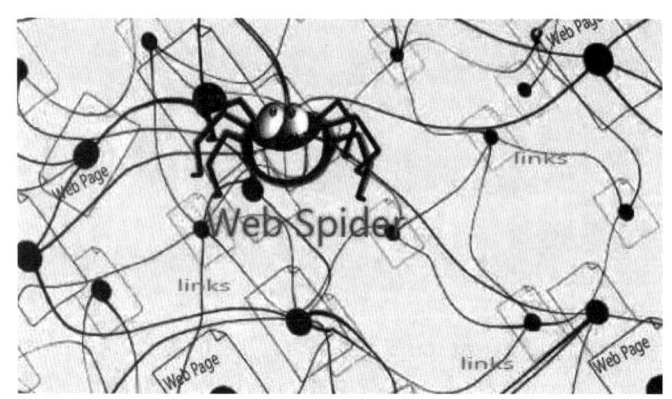

图 8-5 网络爬虫

优势:所见即所得,不需要数据拥有者提供权限(数据库或接口)。

劣势:数据有限(仅网页上展示的)、网站反爬机制越来越完善。

(二)网络爬虫的工作原理及流程

网络爬虫的工作原理主要是通过 HTTP 协议进行通信,并从各个网站或服务器下载相应的资源。网站或服务器通常会依据 HTTP 请求中的内容类型(Content-Type)来确定返回数据的类型。Python、JAVA 等编程语言可用于编写网络爬虫程序,并在爬取数据后进行处理和存储。

网络爬虫的工作流程如图 8-6 所示。

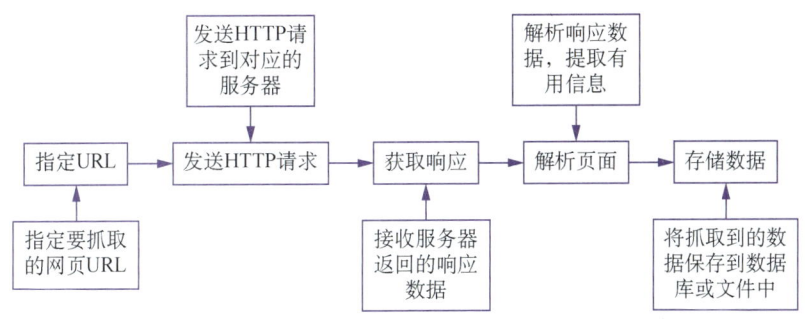

图 8-6　网络爬虫的工作流程

（三）网络爬虫的应用场景

网络爬虫已经广泛应用在各个领域，下面介绍一些常见的应用场景。

1. 搜索引擎

搜索引擎是网络爬虫的主要应用场景之一。网络爬虫会抓取互联网上的所有网页，并将其存储到搜索引擎的索引库中，用户可以通过输入关键字来检索相关网页。搜索引擎需要考虑诸多因素，如网页质量、关键字优化、网站架构等。

2. 数据挖掘

网络爬虫可以帮助企业收集与业务相关的数据，并对数据进行筛选、清洗、分析等处理，为企业决策提供有效支持。

3. 竞品分析

网络爬虫可以通过抓取竞品网站的信息，了解对手的产品特点、价格策略、销售情况等，为企业制定竞争策略提供依据。

4. 舆情监测

网络爬虫可以抓取互联网上的新闻、微博、公众号等信息，进行文本分类、情感分析等处理，帮助企业、政府等单位了解公众态度和舆情变化。

二、网络爬虫的应用

以从新浪财经网站采集 2024 年浦发银行利润表数据为例，展示使用 Python 爬取数据的过程。

（一）查看数据所在的网页

登录新浪财经网主页，搜索浦发银行（sh. 600000），进入浦发银行 2024 年利润表界面，如图 8-7 所示。

（二）编写代码爬取网页内容

在了解利润表界面的结构后，需要将利润表数据抓取出来。读取网页数据可以通过 read_excel（）函数实现，参数为网页对应的统一资源定位符（uniform resource locator，URL）。

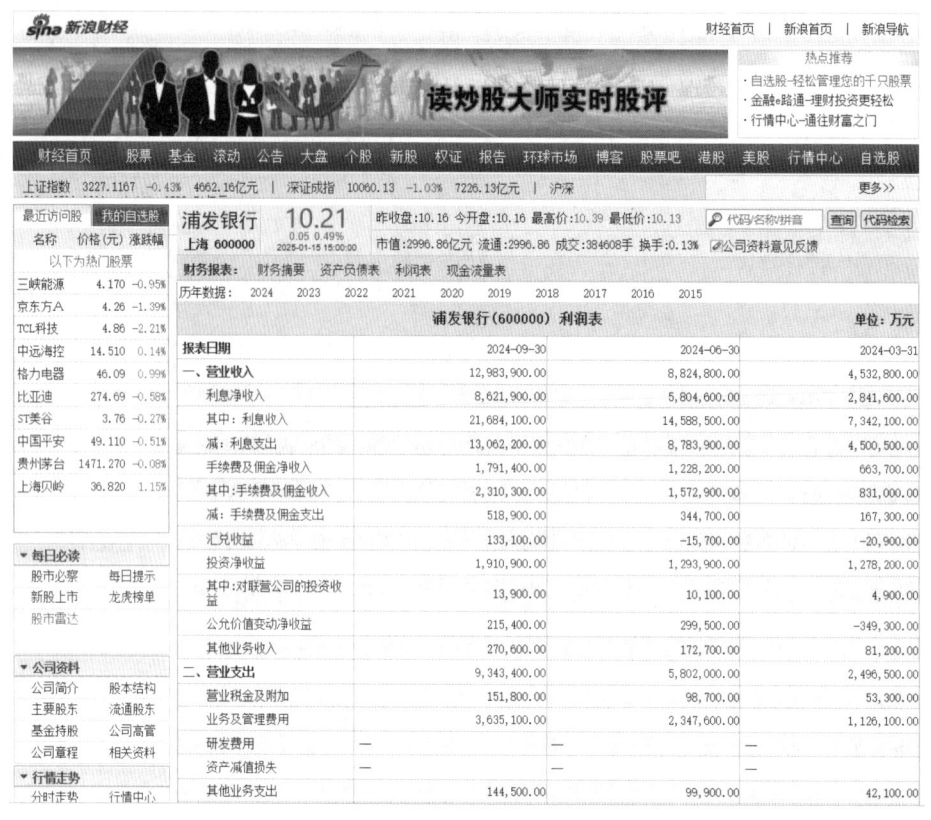

图 8-7 浦发银行 2024 年利润表界面

代码如下：

```
import pandas as pd
# 将浦发银行利润表的网页地址作为参数,并把 read_html()读取到的网页内容,放置到
一个 DataFrame 数据表中
tables = pd.read_html('http://money. finance. sina. com. cn/corp/go. php/vFD _
ProfitStatement/stockid/600000/ctrl/2024/displaytype/4.phtml')
# 展示采集到的数据
print(tables)
```

运行结果：

```
[       名称        价格(元)         涨跌幅
0  尚未添加自选,点击进入  尚未添加自选,点击进入  尚未添加自选,点击进入
1      NaN       NaN        NaN
2   我的自选股>>     我的自选股>>      我的自选股>>
3  以下为热门股票   以下为热门股票    以下为热门股票
4      NaN       NaN       NaN,    0    1
0  股市必察    每日提示
```

```
1    新股上市    龙虎榜单
2    股市雷达    NaN,          0     1
0    公司简介    股本结构
1    主要股东    流通股东
2    基金持股    公司高管
3    公司章程    相关资料      0     1
0    分时走势    行情中心
1    大单追踪    成交明细
2    分价图表    持仓分析      0     1
0    分红配股    新股发行
1    增发情况    招股说明
2    上市公告    上市公告       0      1
0    业绩预告    业绩预告
1    利润表      利润表
2    资产负债表   资产负债表
3    现金流量表   现金流量表      0      1
0    业绩预告     业绩预告
1    股东权益增减  股东权益增减     0    1
0    关键指标    杜邦分析      0     1
0    所属行业    所属指数
1    相关证券    基本资料
2    所属系别    所属板块      0     1
0    公司公告    年度报告
1    中期报告    第一季度
2    第三季度    第三季度      0     1
0    控股参股    参股券商
1    资产托管    资产置换
2    资产交易    资产剥离      0     1
0    股东大会    股东大会
1    违规记录    NaN
2    诉讼仲裁    NaN
3    对外担保    NaN,                                      0
0    历年数据: 2024 2023 2022 2021 2020 2019 2018 2017...,      浦发银行(600000) 利
```

润表单位:万元 浦发银行(600000)利润表单位:万元.1 浦发银行(600000)利润表单位:万元.
2 \

		2024 - 12 - 31	2024 - 09 - 30
0	报表日期	2024 - 12 - 31	2024 - 09 - 30
1	NaN	NaN	NaN
2	一、营业收入	17074800.00	12983900.00
3	利息净收入	11471700.00	8621900.00
4	其中:利息收入	28812500.00	21684100.00

5	减:利息支出	17340800.00	13062200.00
6	手续费及佣金净收入	2281600.00	1791400.00
7	其中:手续费及佣金收入	2978800.00	2310300.00
8	减:手续费及佣金支出	697200.00	518900.00
9	汇兑收益	98800.00	133100.00
10	投资净收益	2914100.00	1910900.00
11	其中:对联营公司的投资收益	21700.00	13900.00
12	公允价值变动净收益	−154900.00	215400.00
13	其他业务收入	377600.00	270600.00
14	二、营业支出	12330500.00	9343400.00
15	营业税金及附加	197200.00	151800.00
16	业务及管理费用	4979500.00	3635100.00
17	研发费用	--	--
18	资产减值损失	--	--
19	其他业务支出	205800.00	144500.00
20	三、营业利润	4744300.00	3640500.00
21	加:营业外收入	118400.00	113600.00
22	减:营业外支出	26100.00	10500.00
23	四、利润总额	4836600.00	3743600.00
24	减:所得税	253100.00	174900.00
25	五、净利润	4583500.00	3568700.00
26	归属于母公司的净利润	4525700.00	3522300.00
27	少数股东权益	57800.00	46400.00
28	六、每股收益	NaN	NaN
29	基本每股收益(元/股)	1.3600	1.1300
30	稀释每股收益(元/股)	1.2500	1.0300
31	七、其他综合收益	1104300.00	419000.00
32	八、综合收益总额	5687800.00	3987700.00
33	归属于母公司所有者的综合收益总额	5618600.00	3934300.00
34	归属于少数股东的综合收益总额	69200.00	53400.00

浦发银行(600000)利润表单位:万元.3 浦发银行(600000)利润表单位:万元.4 浦发银行(600000)利润表单位:万元.5

0	2024−06−30	2024−03−31	NaN
1	NaN	NaN	NaN
2	8824800.00	4532800.00	NaN
3	5804600.00	2841600.00	NaN
4	14588500.00	7342100.00	NaN

5	8783900.00	4500500.00	NaN
6	1228200.00	663700.00	NaN
7	1572900.00	831000.00	NaN
8	344700.00	167300.00	NaN
9	− 15700.00	− 20900.00	NaN
10	1293900.00	1278200.00	NaN
11	10100.00	4900.00	NaN
12	299500.00	− 349300.00	NaN
13	172700.00	81200.00	NaN
14	5802000.00	2496500.00	NaN
15	98700.00	53300.00	NaN
16	2347600.00	1126100.00	NaN
17	--	--	NaN
18	--	--	NaN
19	99900.00	42100.00	NaN
20	3022800.00	2036300.00	NaN
21	2400.00	600.00	NaN
22	8200.00	1800.00	NaN
23	3017000.00	2035100.00	NaN
24	284600.00	269100.00	NaN
25	2732400.00	1766000.00	NaN
26	2698800.00	1742100.00	NaN
27	33600.00	23900.00	NaN
28	NaN	NaN	NaN
29	0.8900	0.5700	NaN
30	0.8200	0.5200	NaN
31	389800.00	161900.00	NaN
32	3122200.00	1927900.00	NaN
33	3074600.00	1897600.00	NaN
34	47600.00	30300.00	NaN,
0	1		
0	下载全部历史数据到 Excel 中　↑返回页顶↑]		

💡 **注意**

read_html()没有将整个网页的数据都读取出来,因为 read_html()读取的是网页上的表格数据,非表格数据无法被获取。

(三) 根据爬取网页内容筛选出想要的结果

查看上述代码的运行结果,我们可以看到返回的数据有很多,其中存在许多冗余数据,要想获取单独利润表的数据,可以使用 len() 方法统计表格数量,从而定位到利润表所在的位置。

代码如下:

```
print(len(tables))
```

运行结果:

```
15
```

返回结果 15 代表整个页面获取到了 15 个表格,可以通过输出分割线隔开每个表格,便于查找利润表所在位置。

代码如下:

```
for i in tables:
    print(i)
    print('------------分隔线------------')
```

运行结果:

	名称	价格(元)	涨跌幅
0	尚未添加自选,点击进入	尚未添加自选,点击进入	尚未添加自选,点击进入
1	NaN	NaN	NaN
2	我的自选股≫≫	我的自选股≫≫	我的自选股≫≫
3	以下为热门股票	以下为热门股票	以下为热门股票
4	NaN	NaN	NaN

------------分隔线------------

	0	1
0	股市必察	每日提示
1	新股上市	龙虎榜单
2	股市雷达	NaN

------------分隔线------------

	0	1
0	公司简介	股本结构
1	主要股东	流通股东
2	基金持股	公司高管
3	公司章程	相关资料

```
-----------分隔线-----------
                  0                        1
0          分时走势                  行情中心
1          大单追踪                  成交明细
2          分价图表                  持仓分析
-----------分隔线-----------
                  0                        1
0          分红配股                  新股发行
1          增发情况                  招股说明
2          上市公告                  上市公告
-----------分隔线-----------
                  0                        1
0          业绩预告                  业绩预告
1          利润表                    利润表
2          资产负债表                资产负债表
3          现金流量表                现金流量表
-----------分隔线-----------
                  0                        1
0          业绩预告                  业绩预告
1          股东权益增减              股东权益增减
-----------分隔线-----------
                  0                        1
0          关键指标                  杜邦分析
-----------分隔线-----------
                  0                        1
0          所属行业                  所属指数
1          相关证券                  基本资料
2          所属系别                  所属板块
-----------分隔线-----------
                  0                        1
0          公司公告                  年度报告
1          中期报告                  第一季度
2          第三季度                  第三季度
```

------------分隔线------------

	0	1
0	控股参股	参股券商
1	资产托管	资产置换
2	资产交易	资产剥离

------------分隔线------------

	0	1
0	股东大会	股东大会
1	违规记录	NaN
2	诉讼仲裁	NaN
3	对外担保	NaN

------------分隔线------------

	0
0	历年数据:2024 2023 2022 2021 2020 2019 2018 2017…

------------分隔线------------

浦发银行(600000)利润表单位:万元 浦发银行(600000)利润表单位:万元.1 浦发银行(600000)利润表单位:万元.2 \

0	报表日期	2024 - 12 - 31	2024 - 09 - 30
1	NaN	NaN	NaN
2	一、营业收入	17074800.00	12983900.00
3	利息净收入	11471700.00	8621900.00
4	其中:利息收入	28812500.00	21684100.00
5	减:利息支出	17340800.00	13062200.00
6	手续费及佣金净收入	2281600.00	1791400.00
7	其中:手续费及佣金收入	2978800.00	2310300.00
8	减:手续费及佣金支出	697200.00	518900.00
9	汇兑收益	98800.00	133100.00
10	投资净收益	2914100.00	1910900.00
11	其中:对联营公司的投资收益	21700.00	13900.00
12	公允价值变动净收益	- 154900.00	215400.00
13	其他业务收入	377600.00	270600.00
14	二、营业支出	12330500.00	9343400.00

15	营业税金及附加	197200.00	151800.00
16	业务及管理费用	4979500.00	3635100.00
17	研发费用	--	--
18	资产减值损失	--	--
19	其他业务支出	205800.00	144500.00
20	三、营业利润	4744300.00	3640500.00
21	加:营业外收入	118400.00	113600.00
22	减:营业外支出	26100.00	10500.00
23	四、利润总额	4836600.00	3743600.00
24	减:所得税	253100.00	174900.00
25	五、净利润	4583500.00	3568700.00
26	归属于母公司的净利润	4525700.00	3522300.00
27	少数股东权益	57800.00	46400.00
28	六、每股收益	NaN	NaN
29	基本每股收益(元/股)	1.3600	1.1300
30	稀释每股收益(元/股)	1.2500	1.0300
31	七、其他综合收益	1104300.00	419000.00
32	八、综合收益总额	5687800.00	3987700.00
33	归属于母公司所有者的综合收益总额	5618600.00	3934300.00
34	归属于少数股东的综合收益总额	69200.00	53400.00

浦发银行(600000)利润表单位:万元.3 浦发银行(600000)利润表单位:万元.4 浦发银行(600000)利润表单位:万元.5

0	2024－06－30	2024－03－31	NaN
1	NaN	NaN	NaN
2	8824800.00	4532800.00	NaN
3	5804600.00	2841600.00	NaN
4	14588500.00	7342100.00	NaN
5	8783900.00	4500500.00	NaN
6	1228200.00	663700.00	NaN

7	1572900.00	831000.00	NaN
8	344700.00	167300.00	NaN
9	−15700.00	−20900.00	NaN
10	1293900.00	1278200.00	NaN
11	10100.00	4900.00	NaN
12	299500.00	−349300.00	NaN
13	172700.00	81200.00	NaN
14	5802000.00	2496500.00	NaN
15	98700.00	53300.00	NaN
16	2347600.00	1126100.00	NaN
17	--	--	NaN
18	--	--	NaN
19	99900.00	42100.00	NaN
20	3022800.00	2036300.00	NaN
21	2400.00	600.00	NaN
22	8200.00	1800.00	NaN
23	3017000.00	2035100.00	NaN
24	284600.00	269100.00	NaN
25	2732400.00	1766000.00	NaN
26	2698800.00	1742100.00	NaN
27	33600.00	23900.00	NaN
28	NaN	NaN	NaN
29	0.8900	0.5700	NaN
30	0.8200	0.5200	NaN
31	389800.00	161900.00	NaN
32	3122200.00	1927900.00	NaN
33	3074600.00	1897600.00	NaN
34	47600.00	30300.00	NaN

------------分隔线------------

	0	1
0	下载全部历史数据到 Excel 中	↑返回页顶↑

------------分隔线------------

如需爬取其他股票的数据信息,可以对应替换 URL(http://money.finance.sina.com.cn/corp/go.php/vFD_ProfitStatement/stockid/600000/ctrl/2024/displaytype/4.phtml)中股票代码 600000 所在的位置信息,如格力电器的股票代码为 sh.000651,除此之外还可以更换利润表的年份,即更换 2024 年所在的位置信息。

 巩固练习

一、填空题

1. 爬虫所使用的第三方库是_____。

2. 爬虫的优势是_____。

二、简答题

简述网络爬虫。

三、实操题

通过 Python 爬取贵州茅台(股票代码为 sh.600519)2024 年四个季度的利润表。

任务三　处理缺失的数据

学习目标

【知识目标】了解缺失数据的类型，理解缺失数据处理的指标，掌握常见的缺失数据处理方法，了解各种方法的优缺点及适用范围。

【技能目标】能够识别缺失数据并对其进行处理，能够根据数据的特点选择合适的插补方法并完成数据插补。

【素质目标】培养对数据问题的敏感性和主动性，能够发现数据集中的缺失数据问题并提出相应的处理方案；能够灵活运用各种处理方法，提出新的方法或改进现有方法以提高处理效果。

一、缺失值的概念

缺失值是指粗糙数据中由于缺少信息而造成的数据的聚类、分组、删失或截断，即现有数据集中某个或某些属性的值是不完全的。

二、产生缺失值的原因

缺失值产生的原因多种多样，主要分为机械原因和人为原因。

（1）机械原因是机械导致的数据收集或保存的失败造成的数据缺失，如数据存储的失败、存储器损坏、机械故障导致某段时间数据未能收集（定时数据采集）。

（2）人为原因是人的主观失误、历史局限或有意隐瞒造成的数据缺失，如在市场调查中被访人拒绝透露相关问题的答案、回答的问题是无效的、数据录入人员失误漏录了数据。

三、查找缺失值

（一）查看数据内容

1. 查看数据前几行

在使用 Pandas 读取完文件后，我们通常会使用 head() 函数查看文件前几行，了解文件结构。

【例 8-2】　查看"清洗案例数据. xlsx"表数据前几行。

代码如下：

```
import pandas as pd
table = pd. read_excel("清洗案例数据.xlsx")      # 读取 Excel 表格
table.head()     # 查看表格内容
```

运行结果，如表 8-1 所示。

表 8-1 [例 8-2]运行结果

序号	班级	学号	姓名	初试成绩
0	2021 级大数据会计 1 班	KJ101	张三	85.0
1	2021 级大数据会计 1 班	KJ102	李四	NaN
2	2021 级大数据会计 1 班	KJ103	王五	90.0
3	2021 级大数据会计 1 班	KJ103	王五	90.0
4	2021 级大数据会计 1 班	KJ105	赵六	300.0

💡 **注意**

head()函数默认显示前 5 行,如果想要显示前 3 行,可以使用 head(3)。

2. 查询数据量

我们可以使用 count()函数查看每列的行数,了解数据量。

【例 8-3】 承[例 8-2],查看行数。

代码如下:

```
import pandas as pd
table = pd.read_excel("清洗案例数据.xlsx")     # 读取 Excel 表格
table.count()     # 查看表格的行数
```

运行结果:

```
序号    5
班级    5
学号    5
姓名    5
初试成绩    4
dtype:int64
```

3. 查看表格其他概要信息

使用 describe()函数可以查看数据表中各项数值类型的概要信息,包括非空行数、平均值、最小值、最大值、中位数等描述性统计信息。

【例 8-4】 承[例 8-3],查看表中其他概要信息。

代码如下:

```
import pandas as pd
table = pd.read_excel("清洗案例数据.xlsx")     # 读取 Excel 表格
table.describe()     # 查看表格内容
```

运行结果,如表8-2所示。

表8-2 [例8-4]运行结果

项目	序号	初试成绩
count	5.000000	4.000000
mean	2.600000	141.250000
std	1.140175	105.859577
min	1.000000	85.000000
0.25%	2.000000	88.750000
50%	3.000000	90.000000
0.75%	3.000000	142.500000
max	4.000000	300.000000

💡 **小提示**

通过查看文件的前几行,可以了解数据有多少列;通过查看文件的行数,可以确定文件的数据量;通过查看文件的概要信息,可以了解数据的内容。在了解数据的过程中,要认真观察给出的结果,产生对数据的敏感性,进行科学的猜测和判断。

(二)查找缺失值所在的位置

1. isnull()函数

使用 isnull()函数可以查找缺失值,如果某处有缺失值,将显示为"True",表示这个单元格符合缺失值的条件。

【例8-5】 承[例8-4],使用 isnull()函数查找缺失值所在位置。

代码如下:

```
import pandas as pd
table = pd.read_excel("清洗案例数据.xlsx")    ♯ 读取Excel表格
table.isnull()    ♯ 查看筛选出缺失值的效果
```

运行结果,如表8-3所示。

表8-3 [例8-5]运行结果

序号	班级	学号	姓名	初试成绩
0	False	False	False	False
1	False	False	False	True
2	False	False	False	False
3	False	False	False	False
4	False	False	False	False

现在我们可以看到,第2行第5列初试成绩存在缺失值。

2. notnull()函数

使用 notnull()函数可以查找缺失值,如果某处有缺失值,将显示为"False",表示这个单元格符合缺失值的条件。

【例 8-6】 承[例 8-5],使用 notnull()函数查找缺失值所在位置。

代码如下:

```
import pandas as pd
table = pd. read_excel("清洗案例数据.xlsx")     # 读取 Excel 表格
table.notnull()     # 查看筛选出缺失值的效果
```

运行结果,如表 8-4 所示。

表 8-4 [例 8-6]运行结果

序号	班级	学号	姓名	初试成绩
0	True	True	True	True
1	True	True	True	False
2	True	True	True	True
3	True	True	True	True
4	True	True	True	True

通过对比 isnull()函数和 notnull()函数的运行结果,最终查找到的缺失值是一样的。

3. 精确定位缺失值所在的行

当数据量非常多、用肉眼很难定位到缺失值所在的行时,我们可以使用变量[变量[缺失值所在的列名].isnull() ==True]方法查找含有缺失值的行。

【例 8-7】 承[例 8-6],精确定位缺失值所在的行。

代码如下:

```
import pandas as pd
table = pd. read_excel("清洗案例数据.xlsx")     # 读取 Excel 表格
# 查看筛选出损失值的表格 table
table = table[table[初试成绩].isnul1() == True]
```

运行结果,如表 8-5 所示。

表 8-5 [例 8-7]运行结果

序号	班级	学号	姓名	初试成绩
2	2021 级大数据会计 1 班	KJ102	李四	NaN

四、处理缺失值

找出缺失值之后,应根据业务需求,判断是否对缺失值进行处理。常用的处理方法有填充缺失值和删除缺失值两种。

（一）填充缺失值

初次进行缺失值处理,可能会认为填充缺失值优于删除缺失值。实际上,填充缺失值会直接改变原有数据集,可能影响后续预测分析的结果。因此,填充缺失值一定要更加谨慎。

1. 手动填充

手动填充虽然是最原始的方法,但往往效果最好。例如,整理某个班级的期末考试成绩时,老师发现张三同学在语文考试时有事请假缺考,那么手动填充就比较合适。

如果数据集的缺失值本身就没有数据,显示 NaN 会影响整体数据的计算,这时候可以将全部缺失值用 0 填充,直接设置 df.fillna(0),在参数中指定我们期望填充的数值。

【例 8-8】 承[例 8-7],用 0 填充缺失值。

代码如下:

```
import pandas as pd
table = pd. read_excel("清洗案例数据.xlsx")        # 读取 Excel 表格
table. fillna(0)  # 用 0 来填充空缺值
```

运行结果,如表 8-6 所示。

表 8-6 [例 8-8]运行结果

序号	班级	学号	姓名	初试成绩
0	2021 级大数据会计 1 班	KJ101	张三	85.0
1	2021 级大数据会计 1 班	KJ102	李四	0.0
2	2021 级大数据会计 1 班	KJ103	王五	90.0
3	2021 级大数据会计 1 班	KJ103	王五	90.0
4	2021 级大数据会计 1 班	KJ105	赵六	300.0

2. 临近填充

临近填充,顾名思义就是用与缺失值相邻的数据填充缺失值。临近填充比较适合填充零散的、不确定的数据。如果连续缺失的值太多,用临近填充将它们填充为同一数据值,将对整个数据集产生非常大的影响。

Pandas 提供了用于临近填充的 fillna()函数,常用参数如表 8-7 所示。

表 8-7 fillna()函数的常用参数

参数	解释
inplace	True:直接修改原对象。 False:创建一个副本,修改副本,原对象不变(默认)

(续表)

参数	解释
method	pad/fill:用前一个非缺失值去填充该缺失值。 backfil/bfil:用下一个非缺失值填充该缺失值。 None:指定一个值去填充缺失值(默认)
limit	限制填充个数
axis	axis=1:按行来填充。 axis=0:按列来填充(默认)

【例 8-9】 承[例 8-8],用邻近的值填充缺失值。

代码如下:

```
import pandas as pd
table = pd.read_excel("清洗案例数据.xlsx")    # 读取 Excel 表格
table.fillna(method ='pad')   # 使用附近的值来填充空缺值
```

运行结果,如表 8-8 所示。

表 8-8　[例 8-9]运行结果

序号	班级	学号	姓名	初试成绩
0	2021 级大数据会计 1 班	KJ101	张三	85.0
1	2021 级大数据会计 1 班	KJ102	李四	85.0
2	2021 级大数据会计 1 班	KJ103	王五	90.0
3	2021 级大数据会计 1 班	KJ103	王五	90.0
4	2021 级大数据会计 1 班	KJ105	赵六	300.0

可以看到,缺失值被前一个临近值填充了。如果第一行有缺失值,第一行将无法被有效填充,此时可以更换 method=' backfill '或 method=' bfill '参数,使用后一个临近值进行填充。如果最后一行有缺失值,则最后一行将无法被有效填充。

3. 平均值填充

可以使用 mean()函数进行平均值填充。

【例 8-10】 承[例 8-9],用平均值填充缺失值。

代码如下:

```
import pandas as pd
table = pd.read_excel("清洗案例数据.xlsx")    # 读取 Excel 表格
table.fillna(table.mean )   # 使用 mena()函数平均值来填充空缺值
```

运行结果,如表 8-9 所示。

表 8-9 ［例 8-10］运行结果

序号	班级	学号	姓名	初试成绩
0	2021 级大数据会计 1 班	KJ101	张三	85.0
1	2021 级大数据会计 1 班	KJ102	李四	141.25
2	2021 级大数据会计 1 班	KJ103	王五	90.0
3	2021 级大数据会计 1 班	KJ103	王五	90.0
4	2021 级大数据会计 1 班	KJ105	赵六	300.0

上述代码取数字列的平均值对缺失值进行填充。其中,fillna()函数默认返回新对象,如果要对原对象进行修改,需要设置 inplace＝True。

（二）删除缺失值

删除缺失值是最简单、最直接的处理方法之一,适用于以下三种情况。

1. 缺失值少,对数据集的影响可以忽略不计

例如,包含数万条数据的数据集中只存在个别缺失值,这些缺失的数据对于数据集的影响微乎其微,可以忽略不计。这时候,直接删除缺失值所在行是很好的选择。

2. 缺失数据量大,已无法处理

例如,一个数据集有 2 万行、6 个特征列,某一特征列有 90％左右的数据缺失,这表明该列已没有存在的意义,需要对该列数据进行删除。

3. 缺失值无法被填充

例如,我国人口普查的数据,其中一列为性别,该列不能随意更改,如果某几项值缺失,无法随意使用其他数值填充。因此,这种数据也没有存在的意义,直接删除往往是最好的选择。

Pandas 提供的 dropna()函数可以快速删除缺失值所在的列或行。若要删除缺失值所在的列,使用 dropna(axis＝1);若要删除缺失值所在的行,使用 dropna(axis＝0)。如果 dropna()函数没有设置 axis 参数,默认是 axis＝0,即删除缺失值所在的行。

1) 删除缺失值所在行

【例 8-11】 承［例 8-10］,使用 dropna(axis＝0)可以删除缺失值所在的行。

代码如下:

```
import pandas as pd
table = pd. read_excel("清洗案例数据.xlsx")      ♯ 读取 Excel 表格
table. dropna(axis = 0)   ♯ 删除缺失值所在的行
```

运行结果,如表 8-10 所示。

表 8-10 ［例 8-11］运行结果

序号	班级	学号	姓名	初试成绩
0	2021 级大数据会计 1 班	KJ101	张三	85.0
1	2021 级大数据会计 1 班	KJ103	王五	90.0
2	2021 级大数据会计 1 班	KJ103	王五	90.0
3	2021 级大数据会计 1 班	KJ105	赵六	300.0

2）删除缺失值所在列

【例8-12】　使用 dropna(axis＝1)可以删除缺失值所在的列。

代码如下：

```
import pandas as pd
table = pd.read_excel("清洗案例数据.xlsx")      # 读取 Excel 表格
table.dropna(axis = 1)   # 删除缺失值所在的列
```

运行结果，如表8-11所示。

表8-11　[例8-12]运行结果

序号	班级	学号	姓名
0	2021 级大数据会计 1 班	KJ101	张三
1	2021 级大数据会计 1 班	KJ102	李四
2	2021 级大数据会计 1 班	KJ103	王五
3	2021 级大数据会计 1 班	KJ103	王五
4	2021 级大数据会计 1 班	KJ105	赵六

💡 **小提示**

通过数据接口或者网络爬虫获取的数据集可能存在很多缺失值。实际业务处理中，应根据数据分析目标，仔细分析数据结构，灵活应用 Pandas 提供的方法，判断是否存在缺失值，然后根据实际需要采用删除、填充等方式处理，从而保证数据集中数据的合理性和有效性，降低因数据缺失对数据分析产生的负面影响。

 **巩固练习**

简答题

1. 简述缺失值可能产生的原因。
2. 简述缺失值处理的方法。

任务四　处理重复的数据

学习目标

【知识目标】理解重复值的概念,了解重复值产生的原因,掌握 Pandas 模块中 drop_duplicates()函数去重的步骤。

【技能目标】能够熟练应用 pd. DataFrame. duplicated()和 pd. DataFrame. drop_duplicates()。

【素质目标】形成学思结合、知行统一的学习态度;加强实践练习,提升专业技能。

使用 Python 进行数据分析时,经常会遇到的一个问题就是重复数据。如果不进行处理,重复数据会对数据分析和建模造成很大的影响,甚至会导致分析结果出错。因此,在进行数据分析时,需要对重复数据进行处理。通过数据去重,我们可以确保分析所使用的数据集是干净、准确的,从而提高分析结果的可靠性,Python 提供了多种方法和技巧来实现数据去重和数据处理,使得这些任务变得简单、高效。

一、重复值的概念

重复值一般是指数据集中存在的重复数据行。数据集中的重复值包括以下两种情况:

(1) 数据值完全相同的多条数据记录,这是最常见的数据重复情况。

(2) 数据主体相同但匹配到的唯一属性值不同,这种情况多见于数据仓库中的变化维度表,同一个事实表的主体会匹配同一个属性的多个值。

二、重复值的产生

产生数据重复的原因有很多,包括人为因素、技术原因以及系统设计的逻辑错误等。

(一) 数据输入错误导致重复数据产生

数据输入错误是重复数据产生的主要原因之一。在数据采集或录入的过程中,人为因素或技术原因可能导致数据的重复录入。例如,在账务处理中,如果企业没有纳入电子发票核验系统,出现电子发票重复打印,可能会导致同一原始凭证重复入账,产生重复记录。另外,如果采用自动化的数据采集系统,可能因为系统故障或数据传输错误,导致数据的重复。

(二) 数据同步或合并操作导致重复数据产生

在数据的同步或合并过程中,也容易导致重复数据的产生。例如,不同部门或不同系统中会存在相同或相似的数据,在进行数据的合并或同步时,如果不进行有效的去重处理,就会导致数据的重复。

(三) 系统逻辑错误导致重复数据产生

某些系统设计的逻辑错误可能导致数据的重复。例如,在数据库的设计和应用中,如果没有设置合适的唯一性约束或者业务规则,可能会导致数据的重复。另外,在一些复杂的业务流程中,可能存在重复操作或循环操作的情况,也容易产生重复数据。

三、重复值的处理

去重是重复值处理的主要方法,主要目的是保留能显示特征的唯一数据记录。Python提供了多种方法和技巧来实现数据去重和数据处理。例如,对于较小的数据集,可以将数据转换为集合(set),集合会自动去除重复项;对于数组中的重复元素,可以使用 NumPy 库中的 unique( )函数高效去重;当数据集较为庞大时,可以通过 Pandas 库中的drop_duplicates( )函数快速删除重复数据。

在这里,我们详细介绍 Pandas 库中的 drop_duplicates( )函数。

【例 8-13】　删除"成绩表.xlsx"中的重复值。

步骤一:读取数据。

```
代码如下:
# 引入 pandas 库
import pandas as pd
# 读取"成绩表.xlsx"
df = pd.read_excel(r"成绩表.xlsx")
# 使用 pd.DataFrame.duplicated()快速识别
print(df)
```

运行结果,如表 8-12 所示。

表 8-12　[例 8-13]步骤一运行结果

序号	姓名	语文	数学	英语
0	陈爱萍	88	97	94
1	李丽华	97	84	76
2	陈建贵	85	NaN	89
3	杨炎	68	76	78
4	张梦林	98	89	99
5	李丽华	97	84	76

步骤二:使用 pd.DataFrame.duplicated( )快速识别重复值。如果存在重复的数据行,会返回布尔值 True。

代码如下:

```
print(pd.DataFrame.duplicated(df))
```

运行结果:

```
0    False
1    False
2    False
3    False
4    False
```

```
5    True
dtype：bool
```

步骤三：使用 pd.DataFrame.drop_duplicates()删除重复行。如果确定重复值是冗余数据，则执行此步骤。

代码如下：

```
print(pd.DataFrame.drop_duplicates(df))
```

运行结果，如表 8-13 所示。

表 8-13 ［例 8-13]步骤三运行结果

序号	姓名	语文	数学	英语
0	陈爱萍	88	97	94
1	李丽华	97	84	76
2	陈建贵	85	NaN	89
3	杨炎	68	76	78
4	张梦林	98	89	99

经过对比发现，重复的行已被删除。

 **注意**

无论是删除缺失值还是重复值，都需要考虑业务的实际情况。

 巩固练习

一、填空题

1. 当数据集较为庞大时，Python 针对重复值，一般采用_____提供的_____方法。

2. pd.DataFrame.duplicated()的作用是_____。

3. Pandas 模块中删除重复值使用的是_____。

二、判断题

1. 删除重复值需要考虑业务的实际情况。 （ ）

2. 产生数据重复的原因有很多，包括人为因素、技术原因以及系统设计的逻辑错误等。 （ ）

三、简答题

1. 简述重复值产生的主要原因。

2. 简述重复值的处理方法。

任务五　处理异常的数据

学习目标

【知识目标】掌握异常数据多种检测方法和处理方式。
【技能目标】能够区分不同检测方法的特点和优势并根据实际情况选择最优方法。
【素质目标】培养认真、严谨、细心的学习态度。

一、异常值的概念

异常值是指样本中的个别值，其数值明显偏离所属样本的其余观测值。异常值出现的概率较低，但会对实际数据分析造成影响。在数据科学项目、统计分析、机器学习应用中，检测异常值非常重要。异常值会导致分布偏斜，严重影响数据集的均值和标准差，在统计上给出错误的结果。

二、异常值的检测

(一)基于正态分布的 3σ 检测方法

该方法是以数据服从正态分布为前提的。使用该方法时，可以先使用直方图查看数据分布情况，检查数据是否符合正态分布，在数据遵从正态分布的前提下确定异常值，一般可以认为在距离平均值(μ)三倍标准差(σ)以外的点都是异常值，如图 8-8 所示。

(二)基于机器学习的聚类分析检测方法——散点图

散点图是指在回归分析中，数据点在直角坐标系平面上的分布图，散点图表示因变量随自变量而变化的大致趋势，是用于判断两变量之间是否存在某种关联或总结坐标点的分布模式。散点图通常用于比较跨类别的聚合数据，如图 8-9 所示。

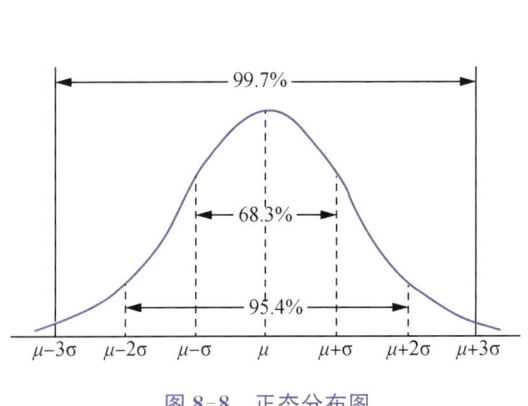

图 8-8　正态分布图

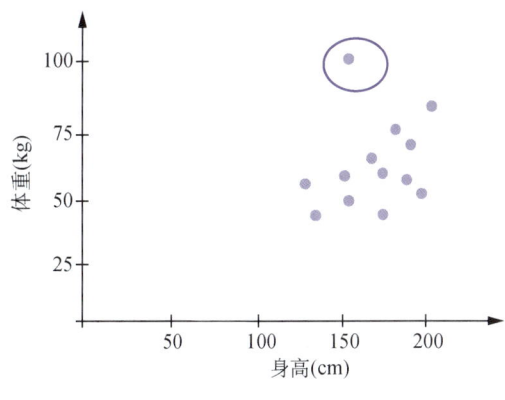

图 8-9　散点图中的异常值

（三）基于中位数的四分位检测方法——箱形图

箱形图判断异常值的标准以四分位数和四分位差为基础，如图 8-10 所示。异常值对箱型图绘制原理的干扰性较小，箱形图识别异常值的结果比较客观。由此可见，相比于直方图，箱形图在识别异常值方面有一定的优越性。

箱形图从上到下共有 6 个数据节点，分别是上界、上四分位数、均值、中位数、下四分位数、下界，在上界和下界之外的数值就会被标记为离群点（异常数据）。

【例 8-14】 将表 8-14 学生成绩表中的英语成绩用箱形图检测是否存在异常数据。

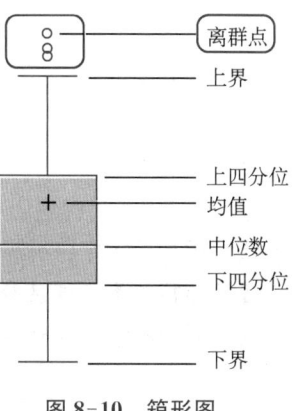

图 8-10 箱形图

表 8-14 学生成绩表

序号	姓名	语文(分)	数学(分)	英语(分)
0	陈爱萍	88	97	94
1	李丽华	97	84	76
2	陈建贵	85	88	89
3	杨炎	68	76	78
4	张梦林	98	89	400
5	李丽华	97	84	76

代码如下：

```
# 导入 pandas
import pandas as pd
# 导入 pyplot 并命名为 plt
from matplotlib import pyplot as plt
# 读取学生成绩.xlsx,不读取表头及第一行
data = pd.read_excel('学生成绩.xlsx', header = 0)
print(data)
# 单独使用变量存储英语
score = data["英语"]
# 使用箱形图绘制 score
P = plt.boxplot(score)
plt.savefig('1.png')
# 将异常值输出
outlier = P['fliers'][0].get_ydata()
print(outlier)
```

运行结果，如图 8-11 所示。

400

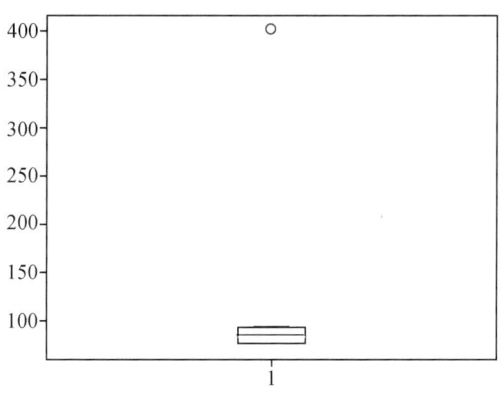

图 8-11 [例 8-14]运行结果

从图 8-11 可以看出,异常值 400 超过了上界被标记,说明这是异常数据,需要对它进行处理。

三、异常值的处理

对于异常值的处理一般分为两种情况:①删除行,使用的方法为"drop(变量[变量[列名]判断大于/小于某一数值].index)";②将异常值当作缺失值,用 0 或者平均值进行替换。

【例 8-15】 删除[例 8-14]中英语列的异常值。

代码如下:

```
# 删除"英语"列中异常值为 "400" 的那一行
df_clear = data.drop(data[data['英语'] = = 400].index)
# 输出删除后的结果
print(df_clear)
```

运行结果,如表 8-15 所示。

表 8-15 [例 8-15]运行结果

序号	姓名	语文	数学	英语
0	陈爱萍	88	97	94
1	李丽华	97	84	76
2	陈建贵	85	88	89
3	杨炎	68	76	78
5	李丽华	97	84	76

异常值可能会影响我们正常的分析结果,它有时是客观事实的体现,具有预警作用。

 巩固练习

一、填空题

1. 不符合正态分布、不符合业务逻辑的数据称为_____值。

2. 异常值有时是客观事实的体现,具有预警作用,有时也会影响我们正常的分析结果,常用的三种检测方法是_____、_____、_____。

二、简答题

如何通过箱形图判断数据中的异常值。

项目总结

在数据驱动决策的时代,财务数据的采集与清洗成为企业运营不可或缺的重要环节。这一过程不仅关乎数据的质量,更直接影响企业决策的有效性、业务流程的优化以及市场竞争力的提升。以下是对财务数据采集与清洗教学内容的全面总结,旨在帮助学生掌握关键技术和方法,提升数据处理能力。

1. 数据接口采集数据

数据接口采集是财务数据采集的主要方式之一。我们需掌握如何根据业务需求选择合适的数据接口,如通过数据库连接(如 JDBC、ODBC)直接从财务系统中提取数据,或利用接口从第三方平台获取市场数据、客户信息等。此外,还需了解数据接口的访问权限、数据格式转换以及错误处理机制,确保数据采集的准确性和稳定性。

2. 网络爬虫采集数据

网络爬虫技术为财务数据采集提供了更广阔的来源。我们需学习如何使用 Python 等编程语言编写爬虫脚本,自动抓取网页上的财务信息,如财务报告、行业动态等。同时,需注意遵守法律法规和网站使用条款,避免侵犯他人隐私和知识产权。

3. 处理缺失的数据

缺失数据是财务数据处理中常见的问题。我们需掌握多种缺失数据处理方法,如删除法(针对缺失值比例较高的记录)、填充法(使用均值、中位数、众数等统计值进行填充)。在选择处理方法时,需结合数据特性和业务需求进行权衡,确保处理后的数据既能反映真实情况,又能满足分析需求。

4. 处理重复的数据

重复数据会严重影响数据分析的准确性。我们需学会识别和删除重复数据,还需了解数据去重后的合并策略,如将多个相似记录合并为一条记录,以便后续分析。

5. 处理异常的数据

异常数据是指与大多数数据点显著不同的数据,可能是输入错误、设备故障或业务异常等原因导致的。我们需掌握异常数据检测方法,如使用箱形图。在识别出异常数据后,需根据业务逻辑进行修正或删除,以确保数据的准确性和一致性。

　　财务数据的采集与清洗是一项复杂而细致的工作,通过本项目的学习,我们应熟练掌握数据采集、网络爬虫、处理缺失数据、处理重复数据以及处理异常数据等关键技能,为企业的数据分析和决策提供有力支持。同时,我们也需注重数据安全和隐私保护,确保数据处理过程的合法性和合规性。

项目九
Python 数据可视化

在财务工作中,通常需要将分析处理后的数据进行可视化呈现,使人们更好地理解和利用财务数据,从而更好地管理企业、作出决策,实现业务目标。通过可视化,财务数据可以变得更加生动、直观和有意义,为企业的发展和成功提供有力的支持。Python 提供了许多可以快速实现数据可视化的第三方模块。通过本项目的学习,我们将了解如何通过 Matplotlib 和 pyecharts 模块实现数据可视化,并掌握应用 Python 实现数据可视化的基本逻辑和方法。

 知识导航

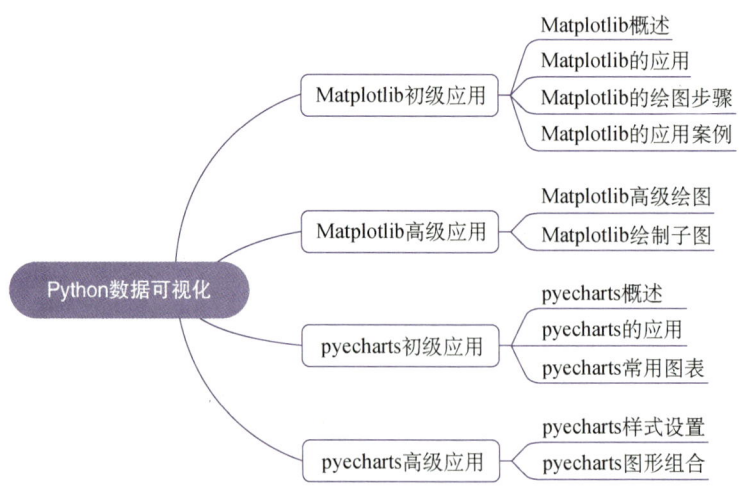

任务一　Matplotlib 初级应用

学习目标

【知识目标】了解 Matplotlib 的绘图过程。

【技能目标】能够熟练掌握折线图、散点图、柱状图的绘制与属性设置。

【素质目标】培养学生知识迁移和知识融合的能力，能够在可视化时选择最为合适的图表类型。

一、Matplotlib 概述

Matplotlib 是一款命令式、较底层、可定制性强、图表资源丰富、简单易用的 Python 2D 绘图库。Matplotlib 是 Python 的第三方模块，能够绘制各式各样的图形。它还有很多子模块，其中的 pyplot 子模块是核心模块之一，几乎所有样式的 2D 图形都可以通过 pyplot 子模块绘制。Matplotlib 中 pyplot 子模块的常用函数，如表 9-1 所示。

表 9-1　Matplotlib 常用函数

函数	描述
plt. plot( )	绘制折线图
plt. scatter( )	绘制散点图
plt. hist( )	绘制直方图
plt. pie( )	绘制饼图
plt. bar( )	绘制柱形图
plt. boxplot( )	绘制箱形图
plt. barh( )	绘制水平柱形图

二、Matplotlib 的应用

（1）绘制折线图和散点图：Matplotlib 可以用来绘制简单的折线图和散点图，用于展示数据的趋势和关联。

（2）绘制柱形图和饼图：Matplotlib 可以用来绘制柱形图和饼图，用于展示数据的分布和比例。

（3）绘制热力图：Matplotlib 可以用来绘制热力图，用于展示数据的密度和相关性。

（4）绘制 3D 图形：Matplotlib 可以用来绘制 3D 图形，用于展示复杂的数据关系和模式。

（5）创建金融时间序列图：Matplotlib 可以用来创建金融时间序列图，用于展示股票价格走势和交易量。

（6）绘制地图：Matplotlib 可以用来创建地图可视化，用于展示地理数据和空间分布。

（7）定制图表样式：Matplotlib 提供了丰富的定制选项，可以调整图表的样式、颜色、标签等，以满足用户的需求。

总之，Matplotlib 是一个功能强大且灵活的数据可视化工具，可以满足各种不同类型的数据可视化需求。无论是简单的图表还是复杂的可视化需求，Matplotlib 都可以提供相应的解决方案。

三、Matplotlib 的绘图步骤

使用 Matplotlib 进行绘图通常包括以下步骤。

（一）导入 Matplotlib 库

在 Python 中，需要先导入 Matplotlib 库。

代码如下：

```
import matplotlib.pyplot as plt
```

（二）准备数据

准备要绘制的数据，数据可以是 Python 列表、NumPy 数组、Pandas 数据框等形式。

（三）创建图表对象（画布）

使用 Matplotlib 的 figure() 函数创建一个图表对象，可以通过设置参数来调整图表的大小、分辨率等。

代码如下：

```
fig = plt.figure()
```

（四）绘制图形

使用子图对象的绘图方法，如 plot()、scatter()、bar() 等函数，绘制所需的图形，可以通过设置参数来调整图形的样式、颜色、标签等。

代码如下：

```
ax.plot(x,y,label = 'line')
```

> 💡 **小提示**
>
> 图表的类型有很多，不同的图表展现的数据含义不同，那么在数据可视化中我们要如何选择最适合的图表呢？可以先了解每个图表的功能，再结合业务需求，选择最为合适的图表进行数据可视化。

（五）显示图形

使用 Matplotlib 的 show() 函数显示绘制的图形。

四、Matplotlib 的应用案例

(一) 绘制折线图

【例 9-1】　Tata 公司 2024 年 1～6 月分别销售冰箱 100、150、120、200、240、220 台,业务部据此绘制折线图,展示各月的销量变化情况。

代码如下:

```
#(1)导入 Matplotlib.pyplot 模块
from matplotlib import pyplot as plt
#(2)设置中文字体为黑体,中文状态下正常显示负号
plt.rcParams['font.family'] = 'SimHei'
plt.rcParams['axes.unicode_minus'] = False
#(3)根据已知条件设置 x 轴、y 轴数据
x = ['1 月','2 月','3 月','4 月','5 月','6 月']
y = [100,150,120,200,240,220]
# (4)绘制折线图
plt.plot(x,y)
#(5)显示折线图
plt.savefig("1.png")
```

运行结果,如图 9-1 所示。

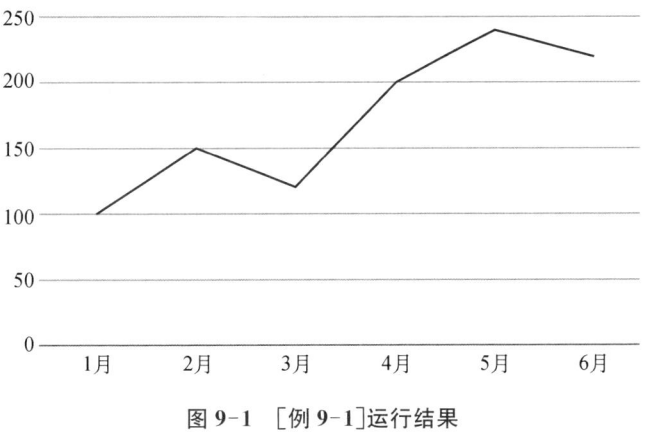

图 9-1　[例 9-1]运行结果

(二) 绘制柱形图

【例 9-2】　根据 2020 年四大直辖市的 GDP 水平,绘制柱形图。

代码如下:

```
#  (1)导入 Matplotlib.pyplot 模块
from matplotlib import pyplot as plt
#  (2)设置中文字体为黑体,中文状态下正常显示负号
```

```
plt.rcParams['font.family'] = 'SimHei'
plt.rcParams['axes.unicode_minus'] = False
#  (3)2020 年四大直辖市 GDP 水平
GDP = [36102,38700,14083,25002]
city = ["北京市","上海市","天津市","重庆市"]
# 绘制图形
plt.bar(city,GDP)
# 设置 y 轴范围
plt.ylim(10000,40000)
# 将图像保存并命名
plt.savefig("2.png")
```

运行结果,如图 9-2 所示。

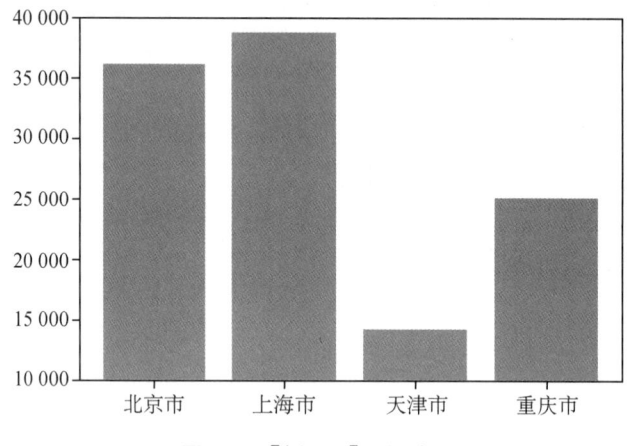

图 9-2 [例 9-2]运行结果

(三) 绘制饼图

饼图可以用来展示各个类别数据占总体的比例。在 Matplotlib 中可以使用 pyplot 子模块的 pie()函数绘制饼图。

【例 9-3】 Tata 公司本月各门店的销售收入如表 9-2 所示,绘制饼图以展示各门店对总销售收入的贡献比例。

表 9-2 各门店销售收入

单位:万元

门店	销售收入
1 号店	1 200
2 号店	800
3 号店	1 000
4 号店	600
5 号店	2 000

代码如下：

```
# (1)导入 Matplotlib.pyplot 模块
from matplotlib import pyplot as plt
# (2)设置中文字体为黑体,中文状态下正常显示负号
plt.rcParams['font.family'] = 'Simhei'
plt.rcParams['axes.unicode_minus'] = False
# (3)根据已知条件设置饼图基础数据
No = ['1号店','2号店','3号店','4号店','5号店']
x = [1200,800,1000,600,2000]
# (4)绘制饼图,设置各扇区标签为 No(门店)
plt.pie(x,labels = No)
# (5)显示饼图
plt.savefig("3.png")
```

运行结果,如图 9-3 所示。

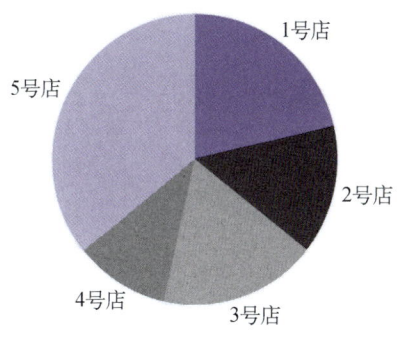

图 9-3　[例 9-3]运行结果

 巩固练习

一、填空题

1. 引入 Matplotlib 的方法是_____。

2. 绘制条形图的方法名是_____,绘制横向条形图的方法名是_____。

二、实操题

根据要求补全以下代码并执行,以验证整段代码的正确性。

1. 导入 matplotlib.pyplot 模块

　　　from matplotlib import _____ as plt

2. 设置中文字体为黑体,中文状态下正常显示负号

```
_____.rcParams['font.family'] = 'Simhei'
_____.rcParams['axes.unicode_minus'] = False
```

3. 绘制一个 8×6 的图

```
plt._____(_____=(8,6))
```

4. 根据已知条件设置 x 轴、y 轴数据

```
x = ['1月','2月','3月','4月','5月','6月']
y1 = [100, 80, 120, 150, 90, 150]
y2 = [60, 40, 80, 100, 80, 90]
```

5. 绘制折线图，展示冰箱销售收入

```
plt._____(x, y1, linewidth = 2, color = 'lightblue', linestyle = '--',
marker = '*', label = '冰箱销售收入')
```

6. 绘制折线图，展示洗衣机销售收入

```
plt._____(x, y2, linewidth = 2, color = 'steelblue',  marker = '*', label =
'洗衣机销售收入')
```

7. 设置组合折线图标题

```
plt._____('冰箱销售收入 vs 洗衣机销售收入')
```

8. 显示图例

```
plt._____()
```

9. 显示组合折线图，保存图像并命名

```
plt._____("冰箱和洗衣机1～6月销售对比图.png")
```

任务二　Matplotlib 高级应用

学习目标

【**知识目标**】了解 Matplotlib 高级绘图的常见应用;掌握 Matplotlib 模块中的 subplot()函数的语法和绘制子图的方法。

【**技能目标**】能够熟练应用 Matplotlib 模块绘制各种图形,并结合 subplot()函数绘制各种子图。

【**素质目标**】培养周到细致、全面系统的思维方式;具备克服困难的信心和决心;培养百折不挠、持之以恒的钻研精神。

Matplotlib 的成功不仅仅在于它的简单(只需要几行代码就能生成简单的图形),还在于它强大的功能,但是要使用这些强大的功能就需要使用它的高级功能。

一、Matplotlib 高级绘图

(一) 子图

Matplotlib 支持多个图表的集成可视化展示,称为子图,如图 9-4 所示。

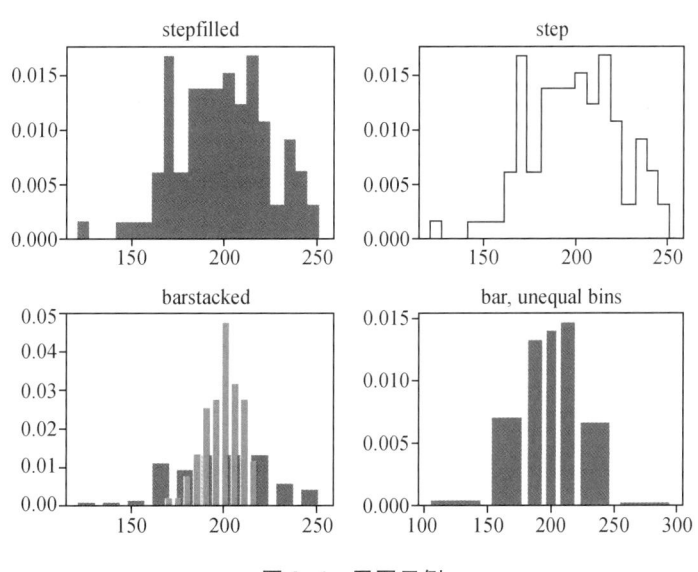

图 9-4　子图示例

(二) 自定义样式

Matplotlib 可以自定义图表的样式,包括颜色、线形、标记等,如图 9-5 所示。

(三) 注解和标签

Matplotlib 可以在图表中添加注解和标签,以增强可读性,如图 9-6 所示。

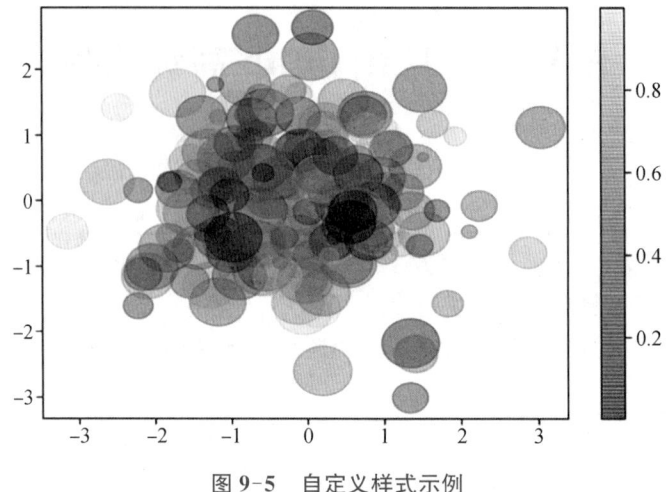

图 9-5　自定义样式示例

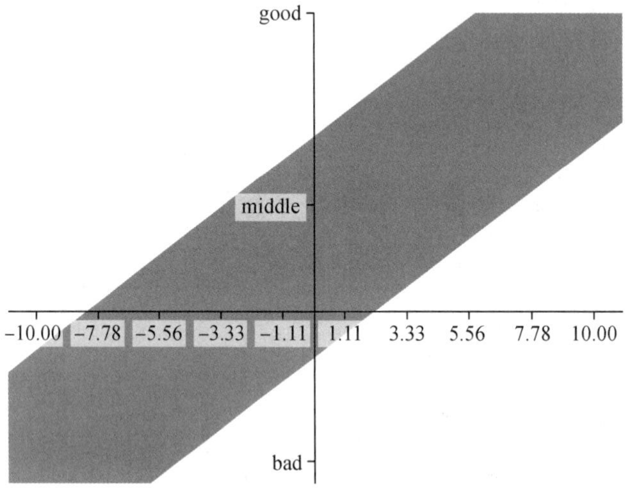

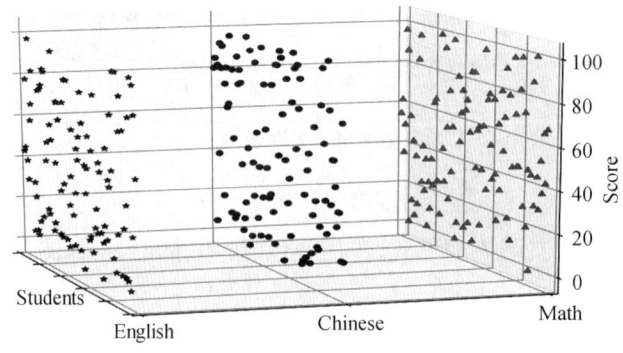

图 9-6　注解和标签示例

(四) 3D 绘图

Matplotlib 支持绘制 3D 图表,如 3D 散点图、3D 曲面图等。3D 散点图示例如图 9-7 所示。

图 9-7　3D 散点图示例

二、Matplotlib 绘制子图

接下来,我们将用一个案例演示如何使用 Matplotlib 绘制子图。

【例 9-4】 使用 Excel 数据绘制 3 个子图。

步骤一:导入数据包,设置并读取数据。

代码如下:

```
# 导入 Pandas、Matplotlib 第三方库
import pandas as pd
import matplotlib.pyplot as plt
# 显示所有列
pd.set_option('display.max_columns',None)
# 显示所有行
pd.set_option('display.max_rows',None)
# 设置中文编码和负号的正常显示
plt.rcParams['font.family']='SimHei'
plt.rcParams['axes.unicode_minus'] = False
# 读取 Excel 文件
df = pd.read_excel("销售信息.xls")
# 展示 Excel 文件前 5 行
print(df.head())
```

运行结果,如图 9-8 所示。

	Unnamed: 0	Unnamed: 0.1	event_time	order_id	product_id	cate
0	0	0	43945.493507	2294359932054530048	1515966223509080064	2268105426648
1	1	1	43945.493507	2294359932054530048	1515966223509080064	2268105426648
2	2	2	43945.609525	2294444024058080000	2273948319057179904	2268105430162
3	3	3	43945.609525	2294444024058080000	2273948319057179904	2268105430162
4	4	4	43945.803021	2294584263154070016	2273948316817420032	2268105471367

图 9-8 [例 9-4]步骤一运行结果

步骤二:绘制年龄分布直方图。

代码如下:

```
# 绘制图像大小
plt.figure(figsize=(8,6))
# 绘制直方图基本样式(内容、边框颜色、图例名称)
plt.hist(df["age"],edgecolor='k',label="人数")
```

```
# 显示图像名称
plt.title("年龄分布直方图")
# 显示图例
plt.legend()
# 保存图像并命名
plt.savefig("直方图.png")
```

运行结果,如图9-9所示。

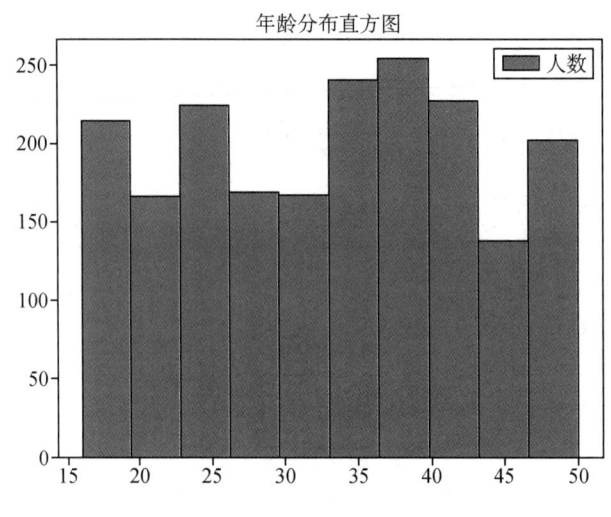

图9-9 [例9-4]步骤二运行结果

步骤三:绘制消费次数与消费金额关系的散点图,计算每个消费者的购买次数、每个消费者的购买总金额。

代码如下:

```
# 计算每个消费者的购买次数
x = df.groupby('user_id')['order_id'].nunique()
# 计算每个消费者的购买总金额
y = df.groupby('user_id')['price'].sum()
# 绘制图像大小
plt.figure(figsize = (8,5))
# 绘制散点图
plt.scatter(x,y)
# 设置x轴、y轴
plt.xlabel('消费次数')
plt.ylabel('消费金额')
# 设置图像标题
plt.title('消费次数与消费金额关系')
# 保存图像并命名
plt.savefig("消费次数与消费金额关系图.png")
```

运行结果,如图 9-10 所示。

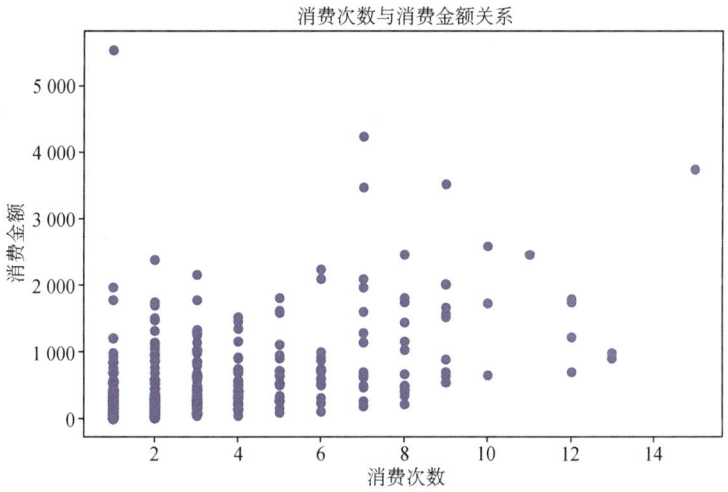

图 9-10 [例 9-4]步骤三运行结果

步骤四:绘制用户男女人数对比饼图。
代码如下:

```
# 计算男女人数总和
x1 = df['sex'].value_counts()
# 绘制图像大小
plt.figure(figsize=(4,4))
# 绘制饼图(内容、显示名称、显示比例)
plt.pie(x1, labels = x1.index, autopct='%.2f%%')
# 设置图像标题
plt.title('男女占比')
# 保存图像并命名
plt.savefig("男女占比图.png")
```

运行结果,如图 9-11 所示。

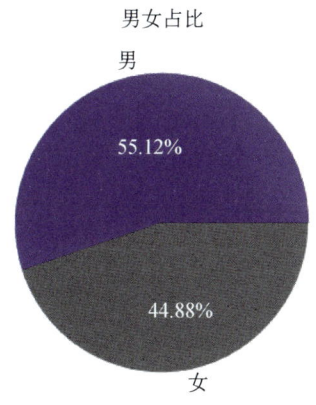

图 9-11 [例 9-4]步骤四运行结果

步骤五：使用 Matplotlib 模块中的 subplot( )函数，在同一图窗中创建多个子图。subplot( )函数的语法结构如下：

subplot(m,n,p)

语法说明：

m 和 n 分别表示子图的行数和列数，p 表示子图的位置。

【例 9-5】 使用 subplot(2,2,1)创建 2 行 2 列的子图，并将第一个子图设置为当前子图。

代码如下：

```
# 绘制画布
plt.figure(figsize = (16,12))
# 绘制第一个图像
ax1 = plt.subplot(2,2,1)
ax1 = plt.hist(df["age"],edgecolor = "k",label = "人数")
ax1 = plt.title("年龄分布直方图")
ax1 = plt.legend()
# 绘制第二个图像
x = df.groupby('user_id')['order_id'].nunique()
y = df.groupby('user_id')['price'].sum()
ax2 = plt.subplot(2,1,2)
ax2 = plt.scatter(x,y)
ax2 = plt.xlabel("消费次数")
ax2 = plt.ylabel("消费金额")
ax2 = plt.title("消费次数与消费金额关系")
# 绘制第三个图像
x1 = df["sex"].value_counts()
ax3 = plt.subplot(2,2,2)
ax3 = plt.pie(x1,labels = x1.index,autopct = "%.2f%%")
ax3 = plt.title("男女占比")
# 保存图像并命名
plt.savefig("消费结构图.png")
```

运行结果，如图 9-12 所示。

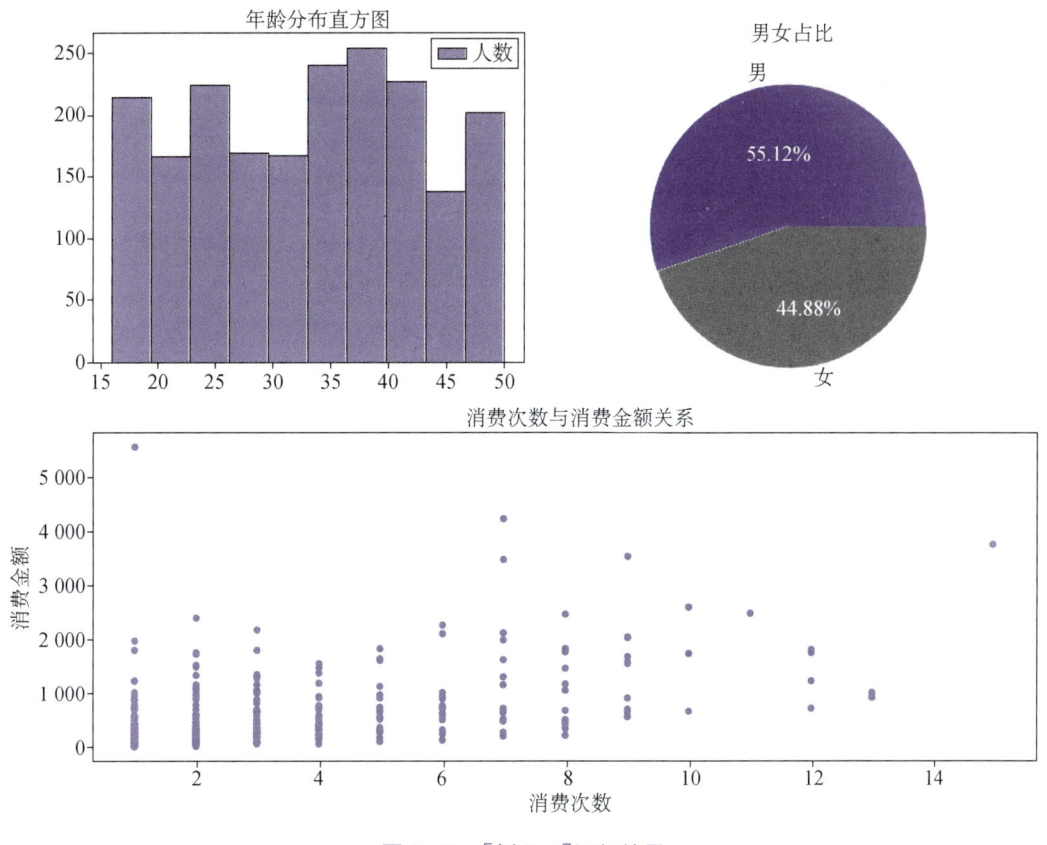

图 9-12 [例 9-5]运行结果

 巩固练习

一、填空题

1. 在 Matplotlib 模块中,给图像 df 添加名称使用的是_____方法。

2. 将图像一同显示需要使用 Matplotlib 模块中的_____函数。

二、简答题

1. 简述 Matplotlib 高级绘图的常见应用。

2. 简述 Matplotlib 模块中 subplot()函数绘制子图的步骤。

任务三　pyecharts 初级应用

学习目标

【知识目标】了解 pyecharts 的概念；掌握绘制直方图、散点图、折线图的方法。
【技能目标】能够判断各个图表的优缺点，针对不同场景选择不同图表绘制。
【素质目标】培养辩证的思维方式。

一、pyecharts 概述

pyecharts 是由百度研发，可以生成直观、生动、可交互、可高度个性化定制的 Web 数据可视化图表的可视化库，具有开源、丰富的可视化类型、深度交互式探索、动态数据、绚丽特效等优点。

pyecharts 具有以下几个特性：

（1）简洁的 API 设计，使用如丝滑般流畅，支持链式调用。

（2）包括 30 多种常见图表，支持主流 Notebook 环境。

（3）可轻松集成至 Flask、Django 等主流 Web 框架。

（4）高度灵活的配置项，可轻松搭配出精美的图表。

（5）详细的文档和示例，帮助开发者更快地上手项目。

（6）多达 400 种地图文件以及原生的百度地图，为地理数据可视化提供强有力的支持。

二、pyecharts 的应用

pyecharts 不仅可以绘制一些基础的图形（柱形图、折线图、散点图等），还可以通过链接百度地图的数据接口，进行地理地图的绘制，以及雷达图、热力图、词云、3D 动态图表的制作。

（一）雷达图

雷达图（radar chart）是一种可视化图表，又称蛛网图、星形图或极坐标图。雷达图以一个中心点为起点，从中心点向外延伸出多条射线，每条射线代表一个特定的变量或指标，每条射线上的点或线段表示该变量在不同维度上的取值或得分，每个变量在雷达图上可以通过长度、角度、面积等方式进行表示。通过观察雷达图的形状和变化，可以直观地了解各个变量的相对重要性、差异程度和趋势，如图 9-13 所示。

（二）热力图

热力图（heat map）是通过密度函数进行可视化用于表示地图中点的密度的热图，如图 9-14 所示。

（三）词云

词云（word cloud）又称文字云，是文本数据的视觉表示由词汇组成类似云的彩色图形，用于展示大量文本数据。词云主要用于文本内容关键词出现的频率分析，适合文本内容挖掘的可视化，如图 9-15 所示。

雷达图
一年的降水量与蒸发量

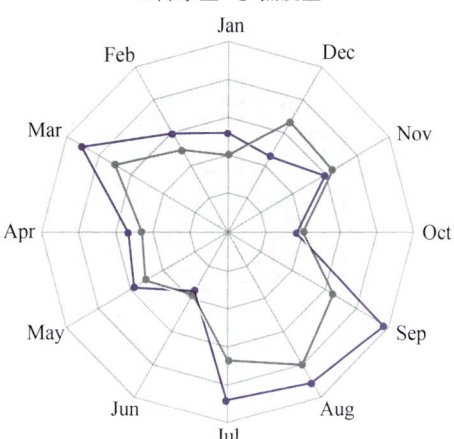

图 9-13　雷达图示例

图 9-14　热力图示例

图 9-15　词云示例

三、pyecharts 常用图表

pyecharts 包含 30 多种图表，常用图表类型如表 9-3 所示。

表 9-3　pyecharts 常用图表类型

函数	说明	函数	说明
Scatter	散点图	Funnel	漏斗图
Bar	柱形图	Gauge	仪表盘
Pie	饼图	Graph	关系图
Line	折线图/面积图	Liquid	水球图
Radar	雷达图	Parallel	平行坐标系
Sankey	桑图	Polar	极坐标系
WordCloud	词云	HeatMap	热力图冰

（一）导入数据包

在使用 pyecharts 之前，需要先进行数据库的导入。

代码如下：

```
from pyecharts.charts import *
```

（二）创建绘图数据

为了方便使用 pyecharts，需要先创建一些数据做支撑，以方便后续绘图时直接使用。

【例 9-6】　不同手机品牌的线上销售量（y_data）和线下销售量（y1_data）。

代码如下：

```
# 创建 x 轴数据
x_data = ['Apple', 'Huawei', 'Xiaomi', 'Oppo', 'Vivo', 'Meizu']
# 创建 y 轴数据
```

```
y_data = [123, 153, 89, 107, 98, 23]
y1_data = [153, 107, 23, 89, 123, 107]
```

(三) 绘制图形

1. 绘制直方图——Bar( )

【例9-7】　利用不同手机品牌的线上销售量(y_data)绘制直方图。

代码如下:

```
bar = Bar()
# 创建x轴并导入数据
bar.add_xaxis(x_data)
# 创建y轴并导入数据
bar.add_yaxis("线上销售量",y_data)
# 将图形保存为html格式,并查看
bar.render("线上销售量直方图.html")
```

运行结果,如图9-16所示。

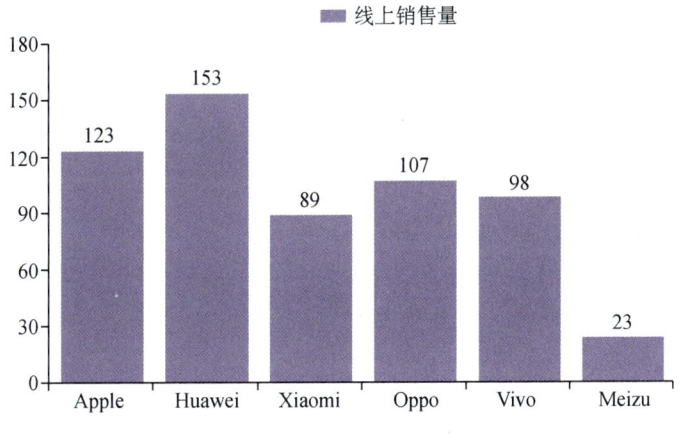

图 9-16　[例9-7]运行结果

2. 绘制折线图——Line( )

【例9-8】　利用不同手机品牌的线下销售量(y1_data)绘制折线图。

代码如下:

```
line = Line()
# 创建x轴并导入数据
line.add_xaxis(x_data)
# 创建y轴并导入数据
line.add_yaxis("线下销售量",y1_data)
# 将图形保存为html格式,并查看
line.render("线下销售量折线图.html")
```

运行结果,如图 9-17 所示。

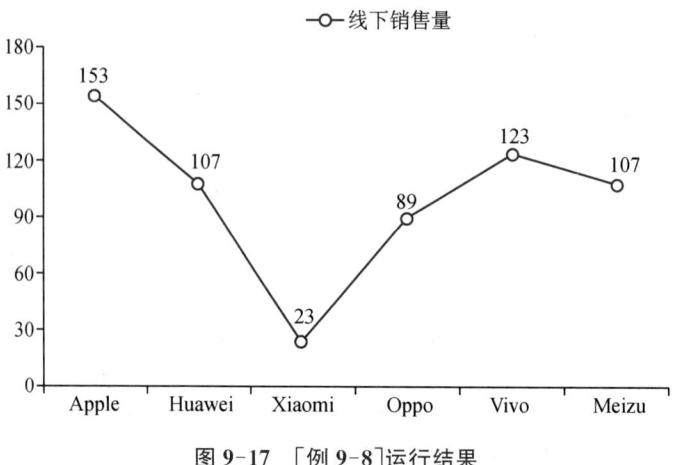

图 9-17 [例 9-8]运行结果

3. 绘制散点图——Scatter( )

【例 9-9】 利用不同手机品牌的线上销售量(y_data)绘制散点图。

代码如下:

```
scatter = Scatter()
# 创建 x 轴并导入数据
scatter.add_xaxis(x_data)
# 创建 y 轴并导入数据
scatter.add_yaxis("线上销售量",y_data)
# 将图形保存为 html 格式,并查看
scatter.render("线上销售量散点图.html")
```

运行结果,如图 9-18 所示。

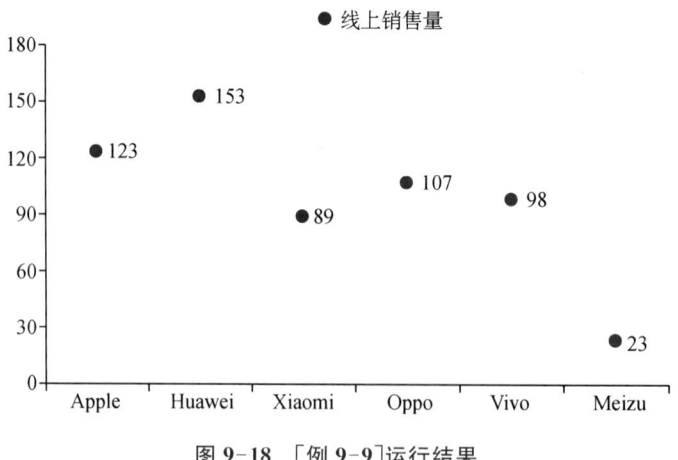

图 9-18 [例 9-9]运行结果

 巩固练习

填空题

1. 导入 pyecharts 库中所有的函数应使用的代码为_____。

2. 绘图时创建 X 轴时并导入数据时应使用的代码为_____。

3. 绘制直方图、折线图、散点图使用的函数分别是_____、_____、_____。

任务四　pyecharts 高级应用

学习目标

【知识目标】掌握 pyecharts 样式设置、图形组合的方法。

【技能目标】提高数据可视化的能力，学会使用不同图像准确表达数据之间的关系。

【素质目标】培养学生具有科技自信、文化自信，通过图表的设计培养学生的创造力和创新思维。

与 Matplotlib 模块一样，pyecharts 模块也提供了高度灵活的配置项和多种组合图表类型，可以帮助用户实现想要的可视化效果。

一、pyecharts 样式设置

在 pyecharts 中，你可以通过设置样式来自定义图表的外观，包括颜色、线条样式、标签字体等。

(一) 绘制饼图

【例 9-10】　某手机销售门店同一月份不同品牌手机销售占比。

代码如下：

```
# 导入绘图模块
from pyecharts.charts import *
# 导入附加功能模块
from pyecharts import options as opts
# 为方便后续绘制图表，先进行数据构建
# 创建 x 轴数据
x_data = ['Apple','Huawei','Xiaomi','Oppo','Samsung']
# 创建 y 轴数据
y_data = [123, 153, 89, 107, 95]
y1_data = [56, 77, 93, 68, 45]
pie = Pie()
# 将数据导入公式
pie.add(('),[list(z) for z in zip(x_data, y_data)])
# 将图形保存为 html 格式，并查看
pie.render('1.html')
list(z) for z in zip(x,y)
```

运行结果，如图 9-19 所示。

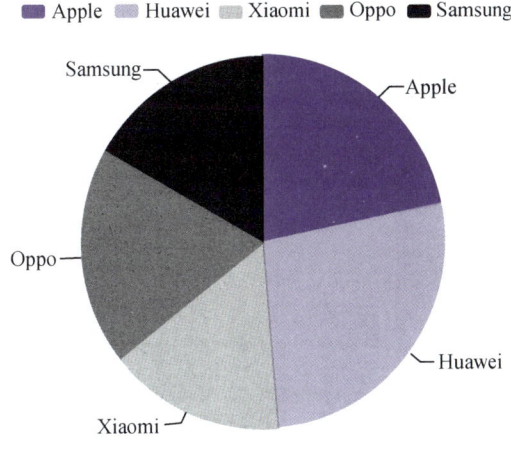

图 9-19　［例 9-10］运行结果

(二) 为图形添加标题

【例 9-11】　某手机销售门店同一月份不同品牌手机线上和线下销售情况。

代码如下:

```
# 绘制一个图形
bar = Bar()
# 创建 x 轴并导入数据
bar.add_xaxis(x_data)
# 创建 y 轴并导入数据
bar.add_yaxis("线上销售",y_data)
bar.add_yaxis("线下销售",y1_data)
# 为图形在左上角添加标题
# 创建标题
bar.set_global_opts(title_opts = opts.TitleOpts(title = "Bar - 基本例"))
# 将图形在 notebook 中展示
bar.render('2.html')
```

运行结果,如图 9-20 所示。

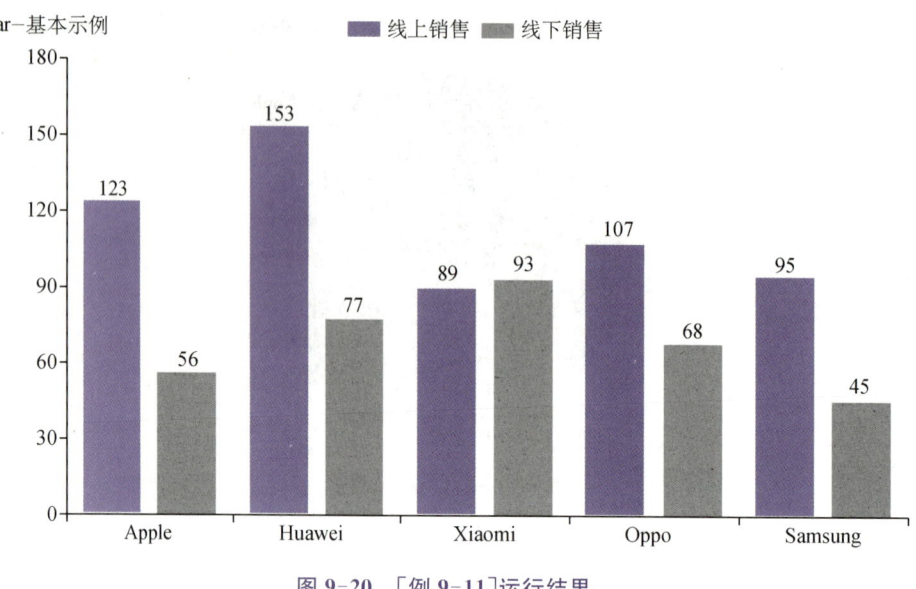

图 9-20 ［例 9-11］运行结果

（三）为图形添加工具栏

【**例 9-12**】 为图形添加工具栏。

代码如下：

```
bar.set_global_opts(toolbox_opts = opts.ToolboxOpts())
# 将图形在 NoteBook 中展示
bar.render('3.html')
```

运行结果，如图 9-21 所示。

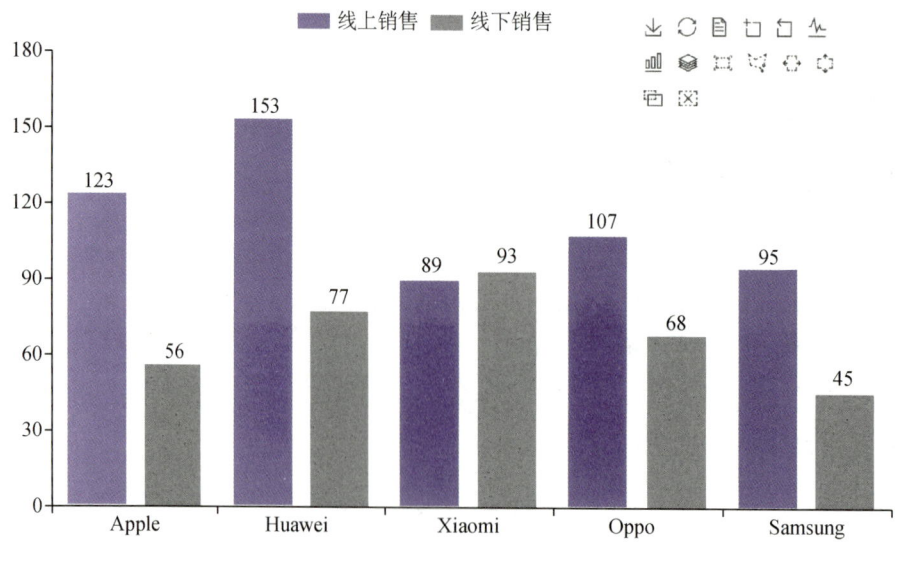

图 9-21 ［例 9-12］运行结果

二、pyecharts 图形组合

我们先创建两个图形以方便我们之后进行图像合并。

【例 9-13】 将折线图和散点图进行组合。

代码如下:

```
# 创建一个散点图
scatter = Scatter()
scatter.add_xaxis(x_data)
scatter.add_yaxis(", y1_data)
# 创建一个折线图
line = Line()
line.add_xaxis(x_data)
line.add_yaxis(", y_data)
# 将两个图像合并
overlap = scatter.overlap(line)
# 将图形保存为 html 格式,并查看
overlap.render('4.html')
```

运行结果,如图 9-22 所示。

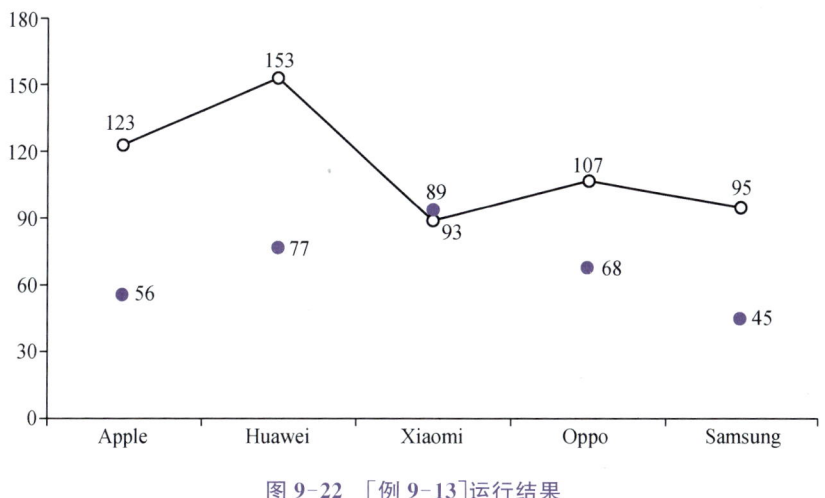

图 9-22　[例 9-13]运行结果

为了保证展示效果,我们再创建两个新的图表。

代码如下:

```
scatter = Scatter()
scatter.add_xaxis(x_data)
scatter.add_yaxis("线上", y_data)
scatter.add_yaxis("线下", y1_data)
```

```
scatter.set_global_opts(title_opts = opts.TitleOpts(title = "Grid - Scatter"))
line1 = Line()
line1.add_xaxis(x_data)
line1.add_yaxis("线上", y_data)
line1.add_yaxis("线下", y1_data)
line1.set_global_opts(title_opts = opts.TitleOpts(title = "Grid - Line", pos_
right = "20%"))
```

【例 9-14】 使用 gird()函数将图像在同一行显示。

代码如下：

```
grid = Grid()
# 第一个图像绘制在左侧
grid.add(scatter, grid_opts = opts.GridOpts(pos_right = "55%"))
# 第二个图像绘制在右侧
grid.add(line1, grid_opts = opts.GridOpts(pos_left = "55%"))
# 将图形保存为 html 格式,并查看
grid.render('5.html')
```

运行结果,如图 9-23 所示。

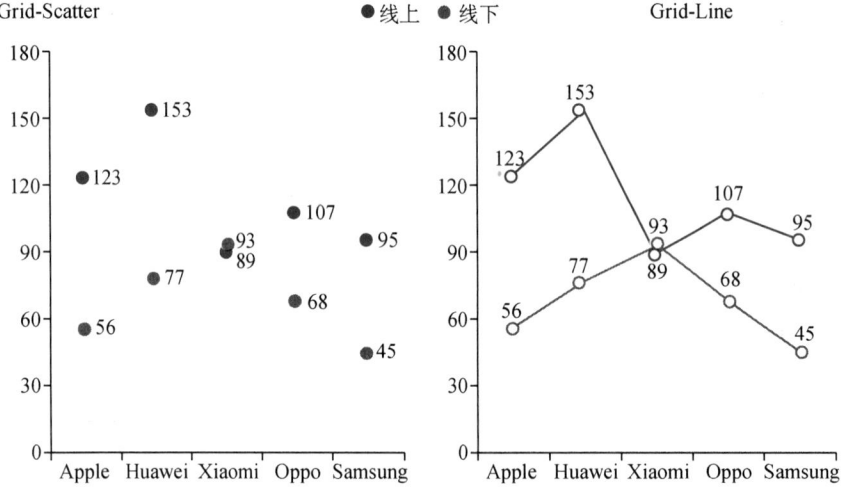

图 9-23 [例 9-14]运行结果

【例 9-15】 使用 tab()函数将图像分模块显示。

代码如下：

```
tab = Tab()
# 创建第一个表,并命名
tab.add(bar, "bar - example")
```

```
# 创建第二个表,并命名
tab.add(pie, "pie - example")
# 创建第三个表,并命名
tab.add(scatter, "scatter - example")
# 将图形保存为 html 格式,并查看
tab.render('6.html')
```

运行结果,如图 9-24 所示。

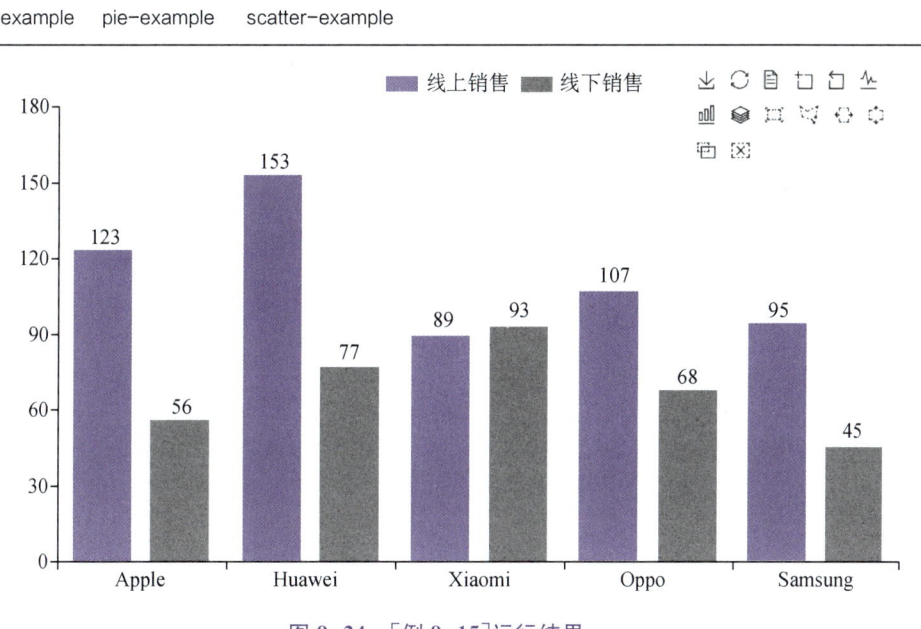

图 9-24 [例 9-15]运行结果

以上只是一些常见的样式设置示例,用户可以根据实际需求灵活调整。Pyecharts 提供了大量的样式选项,通过调整样式,图表将更具吸引力,并强调数据可视化中的重点信息。

 巩固练习

填空题

1. 在图像中添加工具箱的函数是_____。

2. 将图像一同显示的函数是_____。

3. 将图像分模块显示的函数是_____。

 项目总结

不论是企业决策还是趋势预测,数据可视化都可以提供更直观易懂的方式。Python 中

项目九
知识扩展

的 Matplotlib、pyecharts 等第三方绘图模块,为财会人员提供了更加多样化的可视化方法,将财务报表、经营数据等拆解为直观的分析结果,并以多种图表样式展现数据的内在规律。但需要注意的是,财务大数据可视化工具和方法的选择与企业需求、信息系统构建、人才结构等息息相关,企业应根据自身对数据编辑、数据可视化展示、数据运算建模的实际需要,结合企业战略规划,综合考虑成本效益原则,选择合适的可视化工具,为管理决策提供支持。

项目十
案例企业数据分析

Python 数据分析是当今信息时代中,越来越受到重视和关注的技术。通过运用 Python 编程语言以及一系列数据处理工具和技术,能够更好地理解和利用大量的数据资源,为决策提供有力的支持和指导。

知识导航

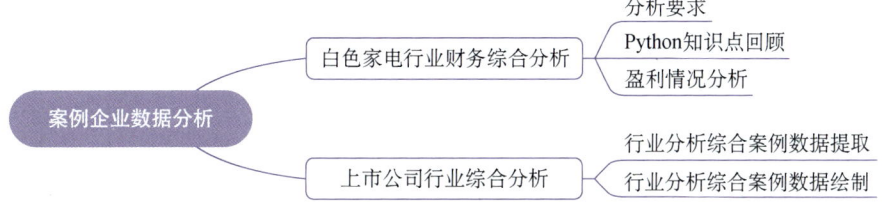

任务一　白色家电行业财务综合分析

学习目标

【知识目标】了解运用 Python 对案例企业进行盈利情况完整分析的思路、过程及方法。

【技能目标】能够使用已学 Python 知识进行财务分析并可视化呈现分析结果。

【素质目标】养成脚踏实地的工作作风、科学严谨、未雨绸缪的优良品格；具备创新意识、实践能力和解决问题的能力，能够在不断变化的环境中应对挑战。

在传统的财务分析方法中，通常通过盈利能力、营运能力、成长能力、偿债能力、现金流量等不同维度的指标计算，综合评价一个企业的财务状况。

本任务将以白色家电行业为例，通过完整的数据分析，对相关企业近年来的盈利情况展开分析。

一、分析要求

（1）读取试验中的经济数据，整理分析后进行数据可视化。

（2）读取试验中的白色家电上市公司盈利数据，进行行业收入、利润分析，并进行可视化呈现。

二、Python 知识点回顾

（一）DataFrame. plot()函数

语法结构：

DataFrame. plot(x = None, y = None, kind = ' line ', ax = None, subplots = False, figsize = None, legend = True, color = "r", style = None, secondary_y = False)

DataFrame. plot()函数参数详情如表 10-1 所示。

表 10-1　DataFrame. plot()函数参数详情

参数	参数说明
x	x 轴上数据列的标签或位置参数
y	y 轴上数据列的标签或位置参数
kind	绘图类型
ax	可以理解为坐标轴，要在其上绘制图形
subplots	子图的排列方式
figsize	图片尺寸大小
title	标题

（续表）

参数	参数说明
legend	子图的图例
color	颜色
style	对每列折线图设置线的类型
secondary_y	设置第二个 y 轴（右辅助 y 轴）

（二）pivot_table()函数

df. pivot_table(index,columns = None,values = None,aggfunc = 'mean',fill_value = None,margins = False,margins_name = 'All')

pivot_table()函数参数详情如表 10-2 所示。

表 10-2　pivot_table()函数参数详情

参数	参数说明
index	数据透视表的行
columns	数据透视表的列
values	数据透视表的值,默认所有数字列
aggfunc	值的计算方式
fill_value	NaN 填充
margins	是否汇总
margins_name	汇总栏命名

三、盈利情况分析

（一）引入模块
代码如下：

```
# 引入 Pandas 模块
import pandas as pd
# 引入 Matplotlib.pyplot 模块
import matplotlib.pyplot as plt
# 设置中文字体为黑体
plt.rcParams['font.family'] = 'SimHei'
# 中文状态下正常显示负号
plt.rcParams['axes.unicode_minus'] = False
```

（二）宏观环境浅析

1. 读取经济数据

代码如下：

```
# 读取"2015—2024年全国居民可支配收入年度数据.xls",以第2行为列名,第0列为
索引,跳过第10行和第11行
dt_economic = pd.read_excel("2015—2024年全国居民可支配收入年度数据.xls",
header = 2,index_col = 0,skiprows = [10,11])
# 显示数据
print(dt_economic)
```

运行结果，如表10-3所示。

表10-3 读取"2015—2024年全国居民可支配收入年度数据.xls"运行结果

指标	2024年	2023年	2022年	……	2017年	2016年	2015年
居民人均可支配收入（元）	41314	39218	36883	……	25974	23821	21966
居民人均可支配收入比上年增长	5.1%	6.1%	2.9%	……	7.3%	6.3%	7.4%
城镇居民人均可支配收入（元）	54188	51821	49283	……	36396	33616	31195
城镇居民人均可支配收入比上年增长	4.4%	4.8%	1.9%	……	6.5%	5.6%	6.6%
农村居民人均可支配收入（元）	23119	21691	20133	……	13432	12363	11422
农村居民人均可支配收入比上年增长	6.3%	7.6%	4.2%	……	7.3%	6.2%	7.5%

[6 rows x 10 columns]

2. 整理经济数据

代码如下：

```
# 将dt_economic进行转置,对索引进行从小到大排序,赋值给dt_economic
dt_economic = dt_economic.T.sort_index()
# 显示数据
print(dt_economic)
```

运行结果，如表10-4所示。

表10-4 整理"2015—2024年全国居民可支配收入年度数据.xlsx"运行结果

指标	居民人均可支配收入（元）	城镇居民人均可支配收入（元）	…	城镇居民家庭恩格尔系数	农村居民家庭恩格尔系数
2017年	18311.0	26467.0	…	35.0%	37.7%
2018年	20167.0	28844.0	…	NaN	NaN
2019年	21966.0	31195.0	…	NaN	NaN
2020年	23821.0	33616.0	…	29.3%	32.2%
2021年	30733.0	42359.0	…	28.6%	31.2%

3. 计算同比变化

代码如下：

```
# 计算同比变化
dt_economic["居民人均可支配收入——同比变化"] = dt_economic["居民人均可支配收
        入(元)"]/dt_economic["居民人均可支配收入(元)"].shift(1) - 1
# 将 dt_economic 的索引赋值给 dt_economic 的列数据"年份"
dt_economic["年份"] = dt_economic.index
# 显示数据
print(dt_economic)
```

运行结果，如表 10-5 所示。

表 10-5　计算"2015—2024 年全国居民可支配收入年度数据.xlsx"同比变化运行结果

指标	居民人均可支配收入(元)	城镇居民人均可支配收入(元)	...	居民人均可支配收入——同比变化	年份
2017 年	18311.0	26467.0	...	NaN	2017 年
2018 年	20167.0	28844.0	...	0.101360	2018 年
2019 年	21966.0	31195.0	...	0.089205	2019 年
2020 年	23821.0	33616.0	...	0.084449	2020 年
2021 年	25974.0	36396.0	...	0.090382	2021 年
2022 年	28228.0	39251.0	...	0.086779	2022 年
2023 年	30733.0	42359.0	...	0.088742	2023 年
2024 年	32189.0	43834.0	...	0.047376	2024 年

[8 rows x 9 columns]

4. 经济数据可视化

代码如下：

```
# 设置画布布局为 2 行 1 列，每个图像大小为 16×8
figure, axes = plt.subplots(2, 1, figsize = (16,8))
# 以"年份"为 x 轴，"居民人均可支配收入(元)"为 y 轴，绘制条形图，标题为"2017—
2024 年居民人均可支配收入"
dt_economic.plot(x = "年份", y = "居民人均可支配收入(元)", kind = 'bar', title =
'2017—2024 年居民人均可支配收入', ax = axes[0])
# 以"年份"为 x 轴，"居民人均可支配收入——同比变化"为 y 轴，绘制折线图，颜色为红
色，设置 y 轴副坐标
dt_economic.plot(x = "年份", y = "居民人均可支配收入——同比变化", kind = 'line',
style = "--", ax = axes[0], color = "r", secondary_y = True)
```

```
# 以"年份"为 x 轴,"城镇居民人均可支配收入(元)"为 y 轴,绘制折线图,颜色为绿色
dt_economic.plot(x = "年份",y = "城镇居民人均可支配收入(元)",kind = 'line',ax =
axes[1],style = "--",color = "g")
# 以"年份"为 x 轴,"农村居民人均可支配收入(元)"为 y 轴,绘制折线图,颜色为红色
dt_economic.plot(x = "年份",y = "农村居民人均可支配收入(元)",kind = 'line',ax =
axes[1],style = "--",color = "r")
# 以"年份"为 x 轴,"居民人均可支配收入(元)"为 y 轴,绘制条形图
dt_economic.plot(x = "年份",y = "居民人均可支配收入(元)",kind = 'bar',ax = axes
[1])
# 保存图像并显示
plt.savefig("2017—2024 年居民人均可支配收入图.png")
```

运行结果,如图 10-1 所示。

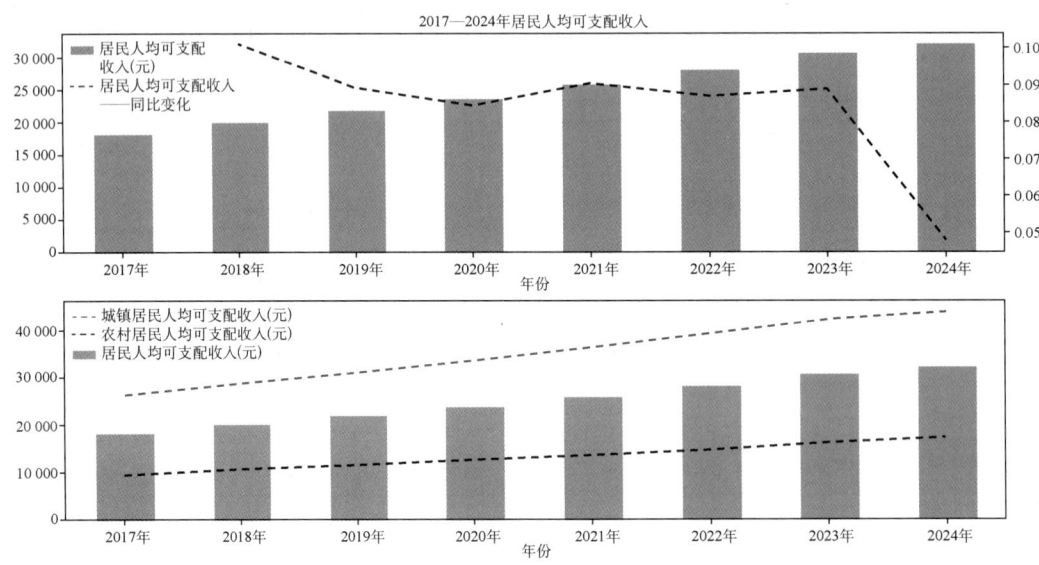

图 10-1　2017—2024 年居民人均可支配收入图

(三)白色家电行业浅析

1. 读取 A 股白色家电上市公司数据

代码如下:

```
# 读取"股票代码.xlsx"中"证券代码",转换为字符串类型
stock_list = pd.read_excel("股票代码.xlsx",converters = {"证券代码":str})
# 显示前 5 行数据
print(stock_list.head())
```

运行结果,如表 10-6 所示。

表 10-6 读取"股票代码.xlsx"运行结果

序号	证券代码	证券名称
0	000333	美的集团
1	000404	长虹华意
2	000521	长虹美菱
3	000651	格力电器
4	000921	海信家电

2. 整理 A 股白色家电上市公司数据

代码如下：

```
# 创建空表"stock_number"为数据存储作准备
stock_number = [ ]
# 循环提取证券代码
for stock in stock_list["证券代码"]：
    # 如果是 6 开头的上证股票代码,添加前缀"sh."
    if stock[0] = = "6"：
    stock = "sh." + stock
    # 否则添加前缀"sz."
    else：
        stock = "sz." + stock
    # 将修正后的股票代码添加到"stock_number"表中
    stock_number.append(stock)
# 将 stock_number 转换为 Series 并赋值给 stock_list["代码简称"]
stock_list["代码简称"] = pd.Series(stock_number)
# 显示前 5 行数据
print(stock_list.head())
```

运行结果,如表 10-7 所示。

表 10-7 整理"股票代码.xlsx"运行结果

序号	证券代码	证券名称	代码简称
0	000333	美的集团	sz.000333
1	000404	长虹华意	sz.000404
2	000521	长虹美菱	sz.000521
3	000651	格力电器	sz.000651
4	000921	海信家电	sz.000921

3. 现金流初始数据获取

代码如下:

```
# 读取行业数据"现金流汇总.xlsx"并赋值给 list_cash
list_cash = pd.read_excel("现金流汇总.xlsx",index_col = 0)
# 显示数据
print(list_cash)
```

运行结果,如表 10-8 所示。

表 10-8　读取"现金流汇总.xlsx"运行结果

序号	code	pubDate	statDate	…	CFOToOR	CFOToNP	CFOToGr
0	sz. 000333	2024-04-30	2023-12-31	…	0. 103993	1. 074549	0. 103452
1	sz. 000333	2023-04-30	2022-12-31	…	0. 138707	1. 526692	0. 138128
2	sz. 000333	2022-04-20	2021-12-31	…	0. 107296	1. 286861	0. 106413
3	sz. 000333	2021-03-31	2020-12-31	…	0. 101543	1. 313329	0. 101036
4	sz. 000333	2020-03-31	2019-12-31	…	0. 167847	1. 682963	0. 167009

[345 rows x 10 columns]

4. 盈利能力初始数据获取

代码如下:

```
# 读取行业数据"利润汇总.xlsx"并赋值给 list_pro
list_pro = pd.read_excel("利润汇总.xlsx",index_col = 0)
# 显示数据
print(list_pro)
```

运行结果,如表 10-9 所示。

表 10-9　读取"利润汇总.xlsx"运行结果

序号	code	pubDate	statDate	…	MBRevenue	totalShare	lipaShare
0	sz. 000333	2024-04-30	2023-12-31	…	261474. 699000	702997. 5999	684711. 3368
1	sz. 000333	2023-04-30	2022-12-31	…	278216. 017000	697189. 9574	680649. 7061
2	sz. 000333	2022-04-20	2021-12-31	…	259664. 820000	666303. 0506	651585. 5746
3	sz. 000333	2021-03-31	2020-12-31	…	240712. 301000	656105. 3319	634900. 6920
4	sz. 000333	2020-03-31	2019-12-31	…	147173. 984000	645876. 6808	614668. 4138

(四) 现金流数据和盈利能力数据清洗

1. 处理"现金流汇总.xlsx"中缺失的数据

代码如下：

```
# 以"0"填充 list_cash 中的空值并赋值给 dt_cash
dt_cash = list_cash.fillna(0)
# 显示数据
print(dt_cash)
```

运行结果，如表 10-10 所示。

表 10-10 处理"现金流汇总.xlsx"运行结果

序号	code	pubDate	statDate	...	CFOToOR	CFOToNP	CFOToGr
0	sz. 000333	2024-04-30	2023-12-31	...	0. 103993	1. 074549	0. 103452
1	sz. 000333	2023-04-30	2022-12-31	...	0. 138707	1. 526692	0. 138128
2	sz. 000333	2022-04-20	2021-12-31	...	0. 107296	1. 286861	0. 106413
3	sz. 000333	2021-03-31	2020-12-31	...	0. 101543	1. 313329	0. 101036
4	sz. 000333	2020-03-31	2019-12-31	...	0. 167847	1. 682963	0. 167009
...	...	...	...	...	...	...	...
0	sh. 603868	2024-04-30	2023-12-31	...	0. 274450	1. 537416	0. 274450
1	sh. 603868	2023-04-30	2022-12-31	...	0. 124309	0. 683701	0. 124309
2	sh. 603868	2022-04-20	2021-12-31	...	0. 139311	0. 656641	0. 139311
3	sh. 603868	2021-03-31	2020-12-31	...	0. 222801	1. 027774	0. 222801
4	sh. 603868	2020-03-31	2019-12-31	...	0. 237775	1. 304322	0. 237775

[345 rows x 10 columns]

2. 处理"利润汇总.xlsx"中缺失的数据

代码如下：

```
# 以"0"填充 list_pro 中的空值并赋值给 dt_pro
dt_pro = list_pro.fillna(0)
# 显示数据
print(dt_pro)
```

运行结果，如表 10-11 所示。

表 10-11　处理"利润汇总.xlsx"运行结果

序号	code	pubDate	statDate	...	MBRevenue	totalShare	lipaShare
0	sz. 000333	2024-04-30	2023-12-31	...	261474. 699000	702997. 5999	684711. 3368
1	sz. 000333	2023-04-30	2022-12-31	...	278216. 017000	697189. 9574	680649. 7061
2	sz. 000333	2022-04-20	2021-12-31	...	259664. 820000	666303. 0506	651585. 5746
3	sz. 000333	2021-03-31	2020-12-31	...	240712. 301000	656105. 3319	634900. 6920
4	sz. 000333	2020-03-31	2019-12-31	...	147173. 984000	645876. 6808	614668. 4138
...	...	...	...	...	...	...	...
0	sh. 603868	2024-04-30	2023-12-31	...	3563. 166555	43560. 0000	43560. 0000
1	sh. 603868	2023-04-30	2022-12-31	...	3752. 791631	43560. 0000	43560. 0000
2	sh. 603868	2022-04-20	2021-12-31	...	3968. 461762	43560. 0000	4360. 0000
3	sh. 603868	2021-03-31	2020-12-31	...	3849. 088824	43560. 0000	4360. 0000
4	sh. 603868	2020-03-31	2019-12-31	...	3359. 394217	43560. 0000	4360. 0000

[345 rows x 11 columns]

3. 对"利润汇总.xlsx"进行数据透视

代码如下：

```
# 按 statDate 的盈利能力进行数据透视,采用加总计算法,提取"MBRevenue"和"netProfit"两列
result_ pro = dt_pro. pivot_table( index = " statDate", aggfunc = " sum"). loc[:,
["MBRevenue","netProfit"]]
# 将列名重命名为"总收入 - A 股白色家电(百万元)"和"总净利润 - A 股白色家电(百万元)"
result_pro.columns = ["总收入 - A 股白色家电(百万元)","总净利润 - A 股白色家电(百万元)"]
# 显示数据
print(result_pro)
```

运行结果,如表 10-12 所示。

表 10-12 对"利润汇总.xlsx"进行数据透视运行结果

statDate	总收入-A股白色家电(百万元)	总净利润-A股白色家电(百万元)
2016-12-31	419562.099219	31250.762109
2017-12-31	465615.686836	38899.146581
2018-12-31	435232.421388	39817.898023
2019-12-31	505138.949244	49509.102824
2020-12-31	723545.089654	62522.086379
2021-12-31	825481.885996	64018.020901
2022-12-31	851897.120492	74053.545648
2023-12-31	831691.570382	75299.628150

4. 计算衡量财务状况的相关指标

代码如下：

```
# 计算净利率
result_pro["净利率-A股白色家电"] = result_pro["总净利润-A股白色家电(百万
元)"]/result_pro["总收入-A股白色家电(百万元)"]
# 计算总收入2017年定基比
result_pro["总收入定基2017比"] = result_pro["总收入-A股白色家电(百万元)"]/
result_pro["总收入-A股白色家电(百万元)"][0]
# 计算总收入同比变化
result_pro["总收入同比变化"] = result_pro["总收入-A股白色家电(百万元)"]/
result_pro["总收入-A股白色家电(百万元)"].shift(1)-1
# 计算总净利润同比变化
result_pro["总净利润同比变化"] = result_pro["总净利润-A股白色家电(百万元)"]/
result_pro["总净利润-A股白色家电(百万元)"].shift(1)-1
# 计算年份值
result_pro["年份"] = result_pro.index.map(lambda x:x[:4])
# 显示数据
print(result_pro)
```

运行结果，如表 10-13 所示。

表 10-13　计算衡量财务状况的相关指标运行结果

statDate	总收入-A 股白色家电(百万元)	总净利润-A 股白色家电(百万元)	...	总净利润同比变化	年份
2016-12-31	419562.099219	31250.762109	...	NaN	2016
2017-12-31	465615.686836	38899.146581	...	0.244742	2017
2018-12-31	435232.421388	39817.898023	...	0.023619	2018
2019-12-31	505138.949244	49509.102824	...	0.243388	2019
2020-12-31	723545.089654	62522.086379	...	0.262840	2020
2021-12-31	825481.885996	64018.020901	...	0.023926	2021
2022-12-31	851897.120492	74053.545648	...	0.156761	2022
2023-12-31	831691.570382	75299.628150	...	0.016827	2023

[8 rows x 7 columns]

(五) A 股白色家电上市公司数据可视化

代码如下：

```
# 设置画布布局为 21,大小为 16×8
figure,axes = plt.subplots(2,1,figsize=(16,8))
# 以"年份"为 x 轴,"总收入-A 股白色家电（百万元)"为 y 轴,绘制条形图,标题为
"2017—2024 年 A 股白色家电行业分析"
result_pro.plot(x="年份",y="总收入-A 股白色家电(百万元)",kind="bar",ax=
axes[0],title="2017-2024 年 A 股白色家电行业分析")
# 以"年份"为 x 轴,"总净利润-A 股白色家电（百万元)"为 y 轴,绘制条形图,颜色为
红色
result_pro.plot(x="年份",y="总净利润-A 股白色家电(百万元)",kind="bar",ax=
axes[0],color="r")
# 以"年份"为 x 轴,"净利率-A 股白色家电"为 y 轴,绘制折线图,颜色为绿色,设置 y 轴
副坐标
result_pro.plot(x="年份",y="净利率-A 股白色家电",kind="line",ax=axes[0],
style="--",color="g",secondary_y=True)
# 以"年份"为 x 轴,"总收入同比变化"为 y 轴,绘制折线图,颜色为绿色
result_pro.plot(x="年份",y="总收入同比变化",kind="line",ax=axes[1],
color="g")
# 以"年份"为 x 轴,"总收入定基 2017 比"为 y 轴,绘制折线图,颜色为红色
result_pro.plot(x="年份",y="总收入定基 2017 比",kind="line",style="--",ax=
axes[1],color="r")
# 保存图像并显示
plt.savefig("2017—2024 年 A 股白色家电行业分析图.png")
```

运行结果,如图 10-2 所示。

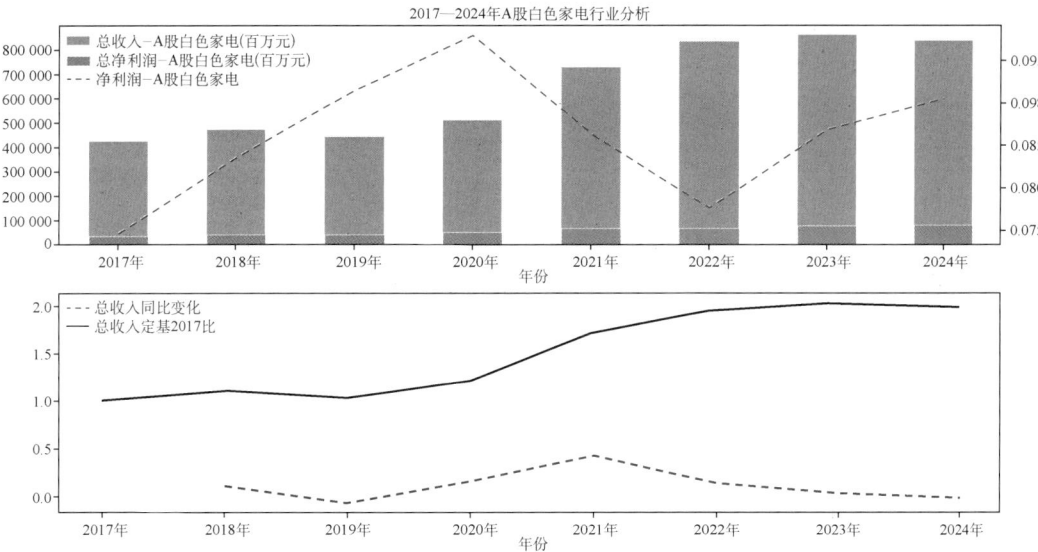

图 10-2　2017—2024 年 A 股白色家电行业分析图

任务二 上市公司行业综合分析

学习目标

【**知识目标**】了解上市公司行业数据分析的方法。
【**技能目标**】能够通过网页爬取公司及行业数据并提取有价值的信息。
【**素质目标**】培养利用数据分析方法的大数据思维。

一、行业分析综合案例数据提取

实验要求如下：

（1）读取计算机通信行业上市公司盈利数据。

（2）对上市公司盈利数据进行清洗，并进行可视化呈现。

（3）对海康威视历史盈利数据进行分析，并进行可视化呈现。

近年来，计算机通信行业发展迅猛，为了更好地了解计算机通信行业的发展情况，从中商产业研究院获取 PC、服务器及硬件的相关企业表（见表 10-14），并通过 Python 获取企业的财报信息，对行业内的上市公司进行综合分析和比较。

表 10-14 PC、服务器及硬件的相关企业表

序号	股票代码	股票名称	公司全称	上市日期	主营业务
1	000021	深科技	深圳长城开发科技股份有限公司	1994-02-02	致力于为全球客户提供技术研发、工艺设计、生产加工、采购管理、物流支持等电子产品制造服务
2	000066	中国长城	中国长城科技集团股份有限公司	1997-06-26	从事网络安全与信息化、高新电子、电源、园区与物业服务及其他业务
3	000938	紫光股份	紫光股份有限公司	1999-11-04	提供技术领先的网络、计算、存储、云计算、安全和智能终端等全栈 ICT 基础设施及服务
4	000977	浪潮信息	浪潮电子信息产业股份有限公司	2000-06-08	服务器等云计算基础设施产品的研发、生产、销售
5	002236	大华股份	浙江大华技术股份有限公司	2008-05-20	为城市、企业、家庭数字化转型提供一站式智慧物联服务与解决方案
6	002415	海康威视	杭州海康威视数字技术股份有限公司	2010-05-28	以视频技术为核心打造从研发、制造到营销的完整价值链
7	002577	雷柏科技	深圳雷柏科技股份有限公司	2011-04-28	消费电子产品的自主研发、设计及销售
8	300042	朗科科技	深圳市朗科科技股份有限公司	2010-01-08	存储产品研发、生产和销售

（续表）

序号	股票代码	股票名称	公司全称	上市日期	主营业务
9	600100	同方股份	同方股份有限公司	1997-06-27	信息技术和节能环保两大主营业务
10	600601	ST方科	方正科技集团股份有限公司	1990-12-19	生产和销售PCB产品，提供网络宽带接入服务、IT系统集成及解决方案、PC产品的FA业务等

（一）引入 Pandas 模块、Matplotlib 模块

代码如下：

```
# 引入pandas模块
import pandas as pd
# 数据显示为两位小数
pd.options.display.float_format = "{:.2f}".format
# 引入Matplotlib模块
import matplotlib.pyplot as plt
# 设置中文字体为黑体
plt.rcParams['font.family'] = 'SimHei'
# 中文状态下正常显示负号
plt.rcParams['axes.unicode_minus'] = False
# 忽略警告信息
import warnings
warnings.filterwarnings("ignore")
# 显示所有列
pd.set_option('display.max_columns', None)
# 显示所有行
pd.set_option('display.max_rows', None)
```

（二）读取行业数据、获得相应股票代码

代码如下：

```
# 创建两个空列表,分别命名为"stockcodes"和"company_names",为后续传入数据作准备
stockcodes = list()
company_names = list()
# 读取海康威视所属行业上市公司的信息表"公司详情.xlsx"
table = pd.read_excel("公司详情.xlsx")
# 将表中"股票代码"列数据赋值给sr
sr = table["股票代码"]
# 循环提取股票代码
```

```
for i,v in sr.items():
# 将股票代码的字符长度赋值给 digit_no
    digit_no = len(str(v))
# 将空值赋值给 s
    s = ""
# 当股票代码的字符长度小于 6 时,在前面填充 "0"
    for j in range(6 - digit_no):
        s = s + "0"
# 将修正的股票代码赋值给 s
    s = s + str(v)
# 将修正的股票代码添加到 "stockcodes"
    stockcodes.append(s)
# 创建空列表 "ls",为存储股票代码和股票名称作准备
ls = list()
# 将 stockcodes 添加到 "ls"
ls.append(stockcodes)
# 将 table['股票名称'] 转化为列表并赋值给 "company_names"
company_names = table["股票名称"].tolist()
# 将 company_names 添加到 "ls"
ls.append(company_names)
# 用 DataFrame 格式读取 "ls" 并赋值给 df_company
df_company = pd.DataFrame(ls)
# 显示数据
print(df_company)
```

运行结果,如表 10-15 所示。

表 10-15　读取行业数据、获得相应股票代码运行结果

序号	0	1	2	3	4	5	6	7	8	9
0	000021	000066	000938	000977	002236	002415	002577	300042	600100	600601
1	深科技	中国长城	紫光股份	浪潮信息	大华股份	海康威视	雷柏科技	朗科科技	同方股份	ST方科

(三) 提取行业内 10 家上市公司 2023 年盈利能力数据

代码如下:

```
# 创建 DataFrame 空表并赋值给 df_profit
df_profit = pd.DataFrame()
# 创建空列表 "columns"
columns = list()
# 循环提取股票代码 stockcodes
for v in stockcodes:
```

```
# 批量爬取股票列表中的数据,地址"https://s.askci.com/stock/financialanalysis/" +
股票代码+"/"
        tables = pd.read_html("https://s.askci.com/stock/financialanalysis/" + v
+"/")
    # 爬取盈利数据
        df = tables[1]
    # 当 columns 长度为 0 时,将盈利数据表 df 第一行数据转换为列表后填充
        if len(columns) == 0:
            columns = df.iloc[0].tolist()
    # 获取 2023 年的数据并赋值给 sr
        sr = df[df.iloc[:,0] == "2023"]
    # 提取 sr 的第 0 行数据赋值给 sr(转换成 Series)
        sr = sr.iloc[0]
    # 把几家企业 2023 年盈利数据依次插入 df_profit
        df_profit.insert(df_profit.shape[1],v,sr)
df_profit = df_profit.T
# 以盈利项目名称为列名
df_profit.columns = columns
# 以"company_names"为索引
df_profit.index = company_names
# 显示盈利能力数据
print(df_profit)
```

运行结果,如表 10-16 所示。

表 10-16 提取行业内 10 家上市公司 2023 年盈利能力数据运行结果

上市公司	类别(年份)	销售毛利率(%)	营业利润率(%)	总资产利润率(%)	净资产收益率(%)	存货周转率(次)	应收账款周转率(次)	总资产周转率(次)
深科技	2023	6.76%	6.95%	3.62%	6.06%	2.95	4.48	0.52
中国长城	2023	−9.22%	−6.62%	−2.60%	−7.42%	1.61	2.68	0.39
紫光股份	2023	2.64%	4.86%	4.31%	6.39%	2.58	5.70	0.89
浪潮信息	2023	1.51%	2.77%	3.80%	9.89%	3.47	6.54	1.37
大华股份	2023	7.98%	25.21%	15.36%	22.43%	2.95	2.03	0.61
海康威视	2023	15.00%	18.02%	11.59%	19.43%	2.60	2.72	0.64
雷柏科技	2023	4.59%	8.63%	2.88%	2.79%	4.77	3.52	0.33
朗科科技	2023	−5.15%	−4.30%	−3.41%	−4.03%	4.04	9.09	0.79
同方股份	2023	−3.24%	−2.57%	−1.35%	−5.24%	2.76	4.51	0.52
ST方科	2023	3.72%	4.67%	2.59%	3.70%	5.50	4.34	0.55

(四) 数据清洗并选择部分指标进行比较

代码如下：

```
# 替换百分号
dt_pro = df_profit.replace({'%':"}, regex = True)
# 转换为 float
dt_pro = dt_pro.iloc[:,2:].astype(float)
# 重命名列名,去除盈利项目名称中的单位
dt_pro.columns = ['营业利润率','总资产利润率','净资产利润率','存货周转率','应收账款
周转率','总资产周转率']
# 显示清洗后的数据
print(dt_pro)
```

运行结果,如表 10-17 所示。

表 10-17 对数据进行清洗后运行结果

上市公司	营业利润率	总资产利润率	净资产收益率	存货周转率	应收账款周转率	总资产周转率
深科技	6.95%	3.62%	6.06%	2.95	4.48	0.52
中国长城	−6.62%	−2.60%	−7.42%	1.61	2.68	0.39
紫光股份	4.86%	4.31%	6.39%	2.58	5.70	0.89
浪潮信息	2.77%	3.80%	9.89%	3.47	6.54	1.37
大华股份	25.21%	15.36%	22.43%	2.95	2.03	0.61
海康威视	18.02%	11.59%	19.43%	2.60	2.72	0.64
雷柏科技	8.63%	2.88%	2.79%	4.77	3.52	0.33
朗科科技	−4.30%	−3.41%	−4.03%	4.04	9.09	0.79
同方股份	−2.57%	−1.35%	−5.24%	2.76	4.51	0.52
ST 方科	4.67%	2.59%	3.70%	5.50	4.34	0.55

(五) 对比行业内上市公司在 2023 年度的各项盈利指标

1. 预览行业内上市公司盈利数据

为了解行业基本布局和市场竞争情况,可绘制折线图,通过对比盈利及营运能力指标了解行业概况。

代码如下：

```
# 设置画布大小为 15×6
plt.figure(figsize = (15,6))
# 设置为 14 号字体
plt.rcParams["font.size"] = 14
```

```
# 根据股票数量循环提取盈利能力数据
for i in range(len(company_names)):
    # 提取对应股票所在行的数据
    sr = dt_pro.iloc[i]
    # 创建空列表"ls"
    ls = list()
    # 从个股盈利能力数据中循环提取每项盈利数据
    for idx,v in sr.items():
        # 将年度以后的列从 string 类型转化成 float 类型
        ls.append(float(v))
    # 以盈利项目名称为 x 轴,盈利数据为 y 轴,公司名称为标签,绘制折线图
    plt.plot(dt_pro.columns,ls,label = df_profit.index[i])
# 将 x 轴的标签命名为"盈利指标"
plt.xlabel(u"盈利指标")
# 将 y 轴的标签命名为"数值"
plt.xlabel(u"数值")
# 将标题命名为"2023 年度行业盈利数据比较"
plt.title(u"2023 年度行业盈利数据比较")
# 设置图例在右下角
plt.legend(loc = 4)
#保存图像并命名
plt.savefig("2023 年度行业盈利对比图.png")
```

运行结果,如图 10-3 所示。

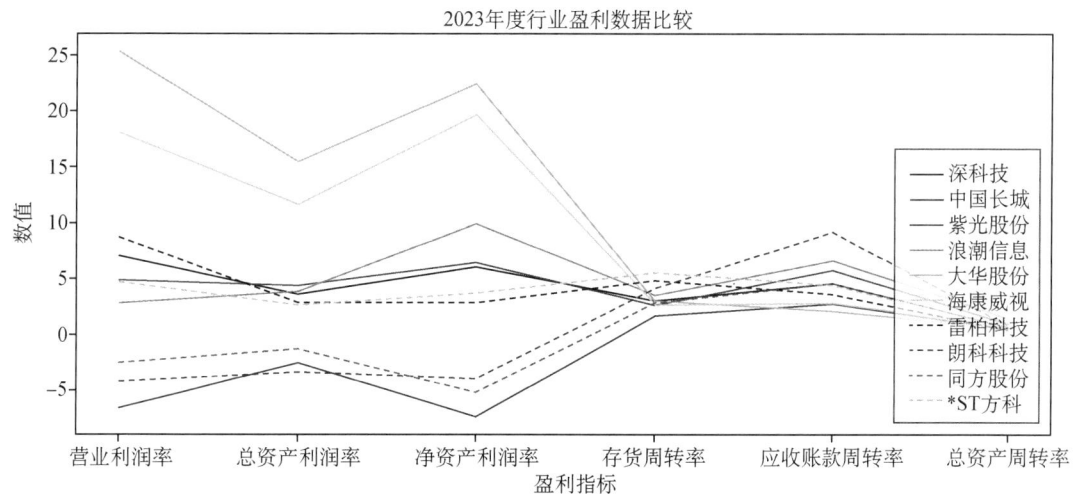

图 10-3   2023 年度行业盈利对比图

从盈利及运营能力来看,在 PC、服务器及硬件行业的 10 家上市企业中,海康威视和大华股份的盈利及营运能表现良好。

2. 描述统计分析行业内上市公司盈利数据

使用 describe() 函数获取行业盈利及营运数据的最小值、均值、最大值等信息。

代码如下:

```
# 将盈利数据 dt_pro 描述统计赋值给 dt_pro_st,并显示结果
dt_pro_st = dt_pro.describe()
print(dt_pro_st)
```

运行结果,如表 10-18 所示。

表 10-18　描述统计分析行业内上市公司盈利数据运行结果

函数	营业利润率	总资产利润率	净资产收益率	存货周转率	应收账款周转率	总资产周转率
count	10.00%	10.00%	10.00%	10.00	10.00	10.00
mean	5.76%	3.68%	5.42%	3.32	4.56	0.66
std	9.85%	5.93%	9.95%	1.15	2.11	0.33
min	−6.62%	−3.41%	−7.42%	1.61	2.03	0.33
25%	−1.23%	−0.37%	−2.33%	2.64	2.92	0.52
50%	4.77%	3.25%	4.88%	2.95	4.41	0.58
75%	8.21%	4.18%	9.02%	3.90	5.40	0.75
max	25.21%	15.36%	22.43%	5.50	9.09	1.37

3. 读取大华股份和海康威视的各项盈利能力指标、营运能力指标数据及相关行业数据

代码如下:

```
# 提取行业均值、行业中位数、行业最大值的行业盈利数据
pro_st = dt_pro_st.loc[["mean","50%","max"],:]
# 合并海康威视、大华股份与行业均值、行业中位数、行业最大值的行业盈利数据
pro_compare = pd.concat([pro_st,dt_pro.loc["大华股份":"海康威视",]])
# 显示数据
print(pro_compare)
```

运行结果,如表 10-19 所示。

表 10-19　大华股份和海康威视与行业数据对比运行结果

项目	营业利润率	总资产利润率	净资产收益率	存货周转率	应收账款周转率	总资产周转率
mean	5.76%	3.68%	5.42%	3.32	4.56	0.66
50%	4.77%	3.25%	4.88%	2.95	4.41	0.58
max	25.21%	15.36%	22.43%	5.50	9.09	1.37
大华股份	25.21%	15.36%	22.43%	2.95	2.03	0.61
海康威视	18.02%	11.59%	19.64%	2.60	2.72	0.64

4. 提取最大盈利指标值

代码如下：

```
# 提取最大盈利指标值
max_value = pro_compare.loc["max"].tolist()
# 将第一项数据赋值到最后
max_value.append(max_value[0])
# 显示处理后的最大盈利指标值
print(max_value)
```

运行结果：

```
[25.21, 15.36, 22.43, 5.5, 9.09, 1.37, 25.21]
```

5. 清洗大华股份和海康威视的盈利数据及营运指标数据

分别获取大华股份和海康威视 2023 年度的盈利及营运指标数据。

代码如下：

```
# 获取处理后的大华股份盈利指标值
dahua = pro_compare.loc["大华股份"].tolist()
dahua.append(dahua[0])
# 获取处理后的海康威视盈利指标值
haikang = pro_compare.loc["海康威视"].tolist()
haikang.append(haikang[0])
# 构建空表为传递数据作准备
ls_index = list()
# 添加大华股份盈利指标值
ls_index.append(dahua)
# 添加海康威视盈利指标值
ls_index.append(haikang)
# 将列表['营业利润率','总资产利润率','净资产收益率','存货周转率','应收账款周转率','总资产周转率']赋值给 labels
```

```
labels = ["营业利润率","总资产利润率","净资产收益率","存货周转率","应收账款周
转率","总资产周转率"]
# 将 ls_index 值传递给以 DataFrame 结构的 df_ratio,索引为['大华股份','海康威视'],
列名为 labels 列表
df_ratio = pd.DataFrame(ls_index,columns = labels,index = ['大华股份','海康威视'])
# 显示数据
print(df_ratio)
```

运行结果,如表 10-20 所示。

表 10-20   大华股份和海康威视数据对比运行结果

项目	营业利润率	总资产利润率	净资产收益率	存货周转率	应收账款周转率	总资产周转率
大华股份	25.21%	15.36%	22.43%	2.95	2.03	0.61
海康威视	18.02%	11.59%	19.64%	2.60	2.72	0.64

6. 准备绘图数据

代码如下:

```
# 计算对应的单位弧度 unt
unt = 2 * 3.1415926/6
# 创建 theta 空列表
theta = list()
# 将 angle 初始值设为"0"
angle = 0
# 循环计算对应的角度值 angle
for i in range(7):
    # 将 angle 添加到 theta
    angle = i * unt
    theta.append(angle)
# 创建 rate_company 空表,为存放两家企业的不同指标参考标杆的数据作准备
rate_company = list()
# 循环读取 ls_index 的索引和值
for idx,ls in enumerate(ls_index):
    # 创建空表 r
    r = list()
    # 循环读取 max_value 的索引和值
    for i,v in  enumerate(max_value):
        # 计算海康威视、大华股份盈利指标值和行业盈利指标最大值比率 ratio
        ratio = float(ls[i])/float(v) * 100
        # 将 ratio 添加到 r
```

```
        r.append(ratio)
    # 将 r 添加到 rate_company
    rate_company.append(r)
# 显示数据
print(rate_company)
```

运行结果,如表 10-21 所示。

表 10-21　大华股份和海康威视绘图数据

项目	营业利润率	总资产利润率	净资产收益率	存货周转率	应收账款周转率	总资产周转率
大华股份	100.00%	100.00%	53.63%	22.33	44.52%	100.00%
海康威视	71.47%	75.45%	87.56%	47.27	29.92%	46.71%

二、行业分析综合案例数据绘制

(一) 绘制大华股份和海康威视盈利能力及营运能力对比雷达图

代码如下:

```
# 计算对应的单位弧度 unt
unt = 2 * 3.1415926/6
# 创建 theta 空列表
theta = list()
# 将 angle 初始值设为"0"
angle = 0
# 循环计算对应的角度值 angle
for i in range(7):
    angle = i * unt
    # 将 angle 添加到 theta
    theta.append(angle)
ls_company = [['002236','大华股份','b'],['002415','海康威视','r']]
# 循环提取列表存储大华股份、海康威视标签信息
for idx,v in enumerate(ls_company):
    # 提取半径 r 值
    r = rate_company[idx]
    # 调用雷达图 polar,并输入角度 theta,半径 r 值,颜色,宽度 lw 值设为 2
    plt.polar(theta,r,v[2],lw = 2)
    # 设置极坐标的刻度 ylim 下限为 0,上限为 100
    plt.ylim(0,100)
    # 创建空列表"ls"为传输数据作准备
    ls = list()
```

```
# 循环提取 theta 值
for vv in theta:
    # 计算 theta 对应的角度并赋值给"ls"
    ls.append(vv * 180/3.1415926)
# 生成盈利指标标签
plt.thetagrids(ls,labels)
# 填充图形,透明度 alpha 设为 0.25
plt.fill(theta,r,facecolor = v[2],alpha = 0.25)
# 设置标题及标题位置在 y 轴 - 0.2 的位置
plt.title(v[1],x = - 0.2)
# 保存图像并命名
plt.savefig("大华股份和海康威视盈利能力及营运能力对比雷达图.png")
```

运行结果,如图 10-4 所示。

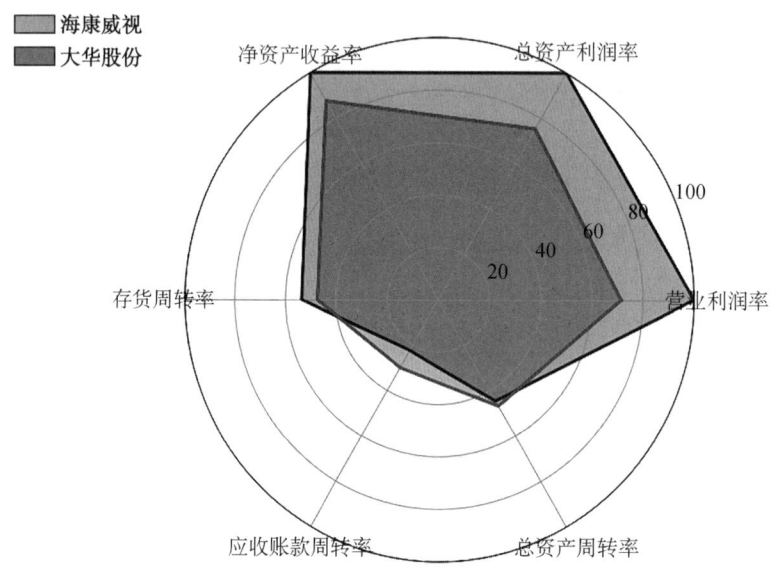

图 10-4 大华股份和海康威视盈利能力及营运能力对比雷达图

图 10-4 中,面积较大的为海康威视的数据雷达图,按照以净资产收益率为核心的杜邦分析体系,可以看出海康威视在净资产收益率、总资产利润率、营业利润率方面都要优于大华股份,因此海康威视的盈利能力及营运能力表现强劲,大华股份虽与其同处行业前列,但总体表现弱于海康威视。

(二)绘制面板数据图形

将重要财务指标及描述统计数以柱形图显示,大华股份和海康威视财务指标对比如下:

代码如下:

```
# 将 pro_compare 数据转置为 pro_compare_T,为绘图作准备
pro_compare_T = pro_compare.T
```

```
# 新建一列"2023年财务指标"
pro_compare_T["2023年财务指标"] = pro_compare_T.index
# 进行条形图绘制,x轴为"2023年财务指标",y轴为['mean','50%','max','大华股份',
'海康威视']对应的财务指标数值,画布大小为15×5
pro_compare_T.plot("2023年财务指标",['mean','50%','max','大华股份','海康威视
'],kind = "bar",figsize = (15,10))
# 保存图像并命名
plt.savefig("2023年大华股份和海康威视财务指标对比图.png")
```

运行结果,如图 10-5 所示。

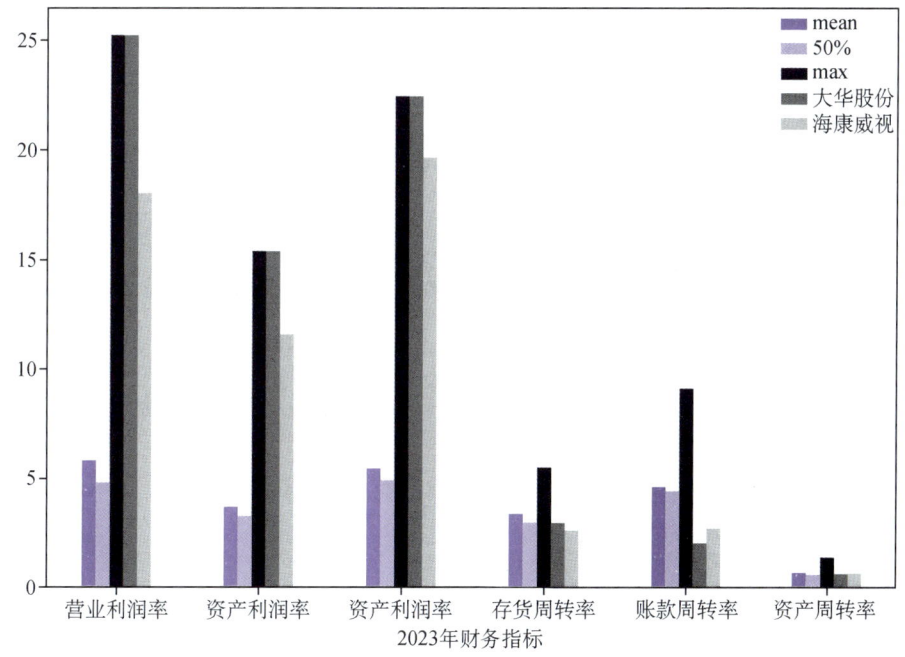

图 10-5　2023 年大华股份和海康威视财务指标对比图

（三）海康威视 2023 年度的财务指标数据与行业均值、行业中位数、大华股份及行业最大值进行对比

代码如下：

```
# 创建画布
plt.figure(figsize = (25,15))
# 设置为14号字体
plt.rcParams['font.size'] = 14
# 显示海康威视盈利指标数据与行业均值的比较结果,海康威视设置为折线图,行业均
值设置为柱形图
plt.subplot(2,2,1)
```

```
    plt.bar(x = dt_pro_st.columns,height = dt_pro_st.loc["mean",:],label = "行业均
值",width = 0.6, alpha = 0.7,color = "b" )
    plt.plot(pro_compare.columns,pro_compare.loc["海康威视",:],"r",linestyle = '--',
marker = '', label = '海康威视')
    plt.title("2023 年海康威视和行业均值")
    # 图例生效
    plt.legend()
    # 显示海康威视盈利指标数据与海康威视的比较结果,海康威视设置为折线图,行业中
位数设置为柱形图
    plt.subplot(2,2,2)
    plt.bar(x = dt_pro_st.columns,height = dt_pro_st.loc["50%",:],label = "行业中位
数",width = 0.6, alpha = 0.7 ,color = "g")
    plt.plot(pro_compare.columns,pro_compare.loc["海康威视",:],"r",linestyle = '--',
marker = '', label = '海康威视')
    plt.title("2023 年海康威视和行业中位数")
    # 图例生效
    plt.legend()
    # 显示海康威视盈利指标数据与大华股份的比较结果,海康威视设置为折线图,大华股
份设置为柱形图
    plt.subplot(2,2,3)
    plt.bar(x = dt_pro_st.columns,height = pro_compare.loc["大华股份",:],label = "大
华股份",width = 0.6, alpha = 0.9 )
    plt.plot(pro_compare.columns,pro_compare.loc["海康威视",:],"r",linestyle = '--',
marker = '', label = '海康威视')
    plt.title("2023 年海康威视和大华股份")
    # 图例生效
    plt.legend()
    # 显示海康威视盈利指标数据与行业最大值的比较结果,海康威视设置为折线图,行业
最大值设置为柱形图
    plt.subplot(2,2,4)
    plt.bar(x = dt_pro_st.columns,height = pro_compare.loc["max",:],label = "行业最大
值",width = 0.6, alpha = 0.9 ,color = "y")
    plt.plot(pro_compare.columns,pro_compare.loc["海康威视",:],"r",linestyle = '--',
marker = '', label = '海康威视')
    plt.title("2023 年海康威视和行业最大值")
    # 图例生效
    plt.legend()
    # 保存图像并命名
    plt.savefig("海康威视 2023 年度的财务指标数据与行业均值、行业中位数、大华股份及
行业最大值对比图.png")
```

运行结果，如图 10-6 所示。

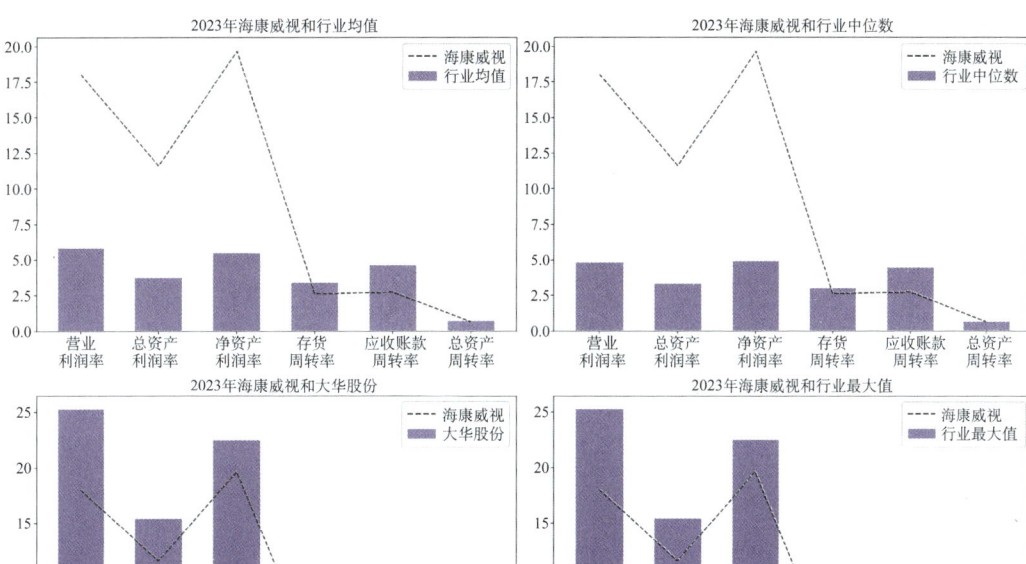

图 10-6　海康威视 2023 年度财务指标数据与行业均值、行业中位数、大华股份及行业最大值对比图

(四) 读取海康威视历史盈利数据

代码如下：

```
# 爬取海康威视历史数据表，并令第 0 行为表头，数据地址"https://s.askci.com/stock/financialanalysis/002415/"
tables = pd.read_html("https://s.askci.com/stock/financialanalysis/002415/", header = 0)
# 获取盈利能力数据
df = tables[1]
# 显示数据
print(df)
df.to_csv("海康威视历史盈利能力数据.csv", index = False)
```

运行结果，如表 10-22 所示。

表 10-22　海康威视历史盈利能力数据

类别 （年份）	销售 毛利率	营业 利润率	总资产 利润率	净资产 收益率	存货周 转率（次）	应收账款周 转率（次）	总资产周 转率（次）
2006	27.64%	31.2%	45.91%	--	2.98	8.18	1.47
2007	29.03%	32.91%	44.72%	80.76%	3.42	13.1	1.36

（续表）

类别 （年份）	销售 毛利率	营业 利润率	总资产 利润率	净资产 收益率	存货周 转率（次）	应收账款周 转率（次）	总资产周 转率（次）
2008	30.83%	34.73%	44.16%	76.27%	3.87	15.31	1.27
2009	31.4%	36.44%	34.87%	60.18%	3.29	10.97	0.96
2010	27.24%	31.71%	17.45%	27.35%	3.42	9.21	0.55
2011	28.12%	33.01%	20.76%	23.98%	3.78	7.07	0.63
2012	27.59%	32.08%	21.85%	27.70%	4.1	5.67	0.68
2013	27.06%	31.51%	24.06%	30.92%	4.6	4.8	0.76
2014	24.51%	30.21%	24.45%	36.27%	5.15	4.81	0.81
2015	21.21%	26.71%	22.27%	35.28%	5.92	4.07	0.83
2016	21.4%	26.03%	20.11%	34.56%	5.61	3.3	0.77
2017	20.72%	25.03%	20.34%	34.96%	5.35	3.23	0.81
2018	20.43%	24.96%	19.59%	33.99%	5.15	3.18	0.78
2019	20.39%	23.86%	18.25%	30.53%	3.67	3.04	0.77
2020	19.9%	24.05%	17.22%	27.72%	2.99	2.93	0.72
2021	19.25%	22.68%	17.78%	28.99%	3.08	3.38	0.78
2022	14.74%	17.86%	12.46%	19.62%	2.6	2.97	0.7
2023	15%	18.02%	11.59%	19.64%	2.6	2.72	0.64

（五）对海康威视历史盈利数据进行可视化

代码如下：

```
# 设置画布大小为15×5
plt.figure(figsize = (15,5))
# 设置14号字体
plt.rcParams['font.size'] = 14
# 创建空列表"year"
year = list()
# 创建空列表总资产利润率(Return On Assets)
ROA = list()
# 创建空列表净资产收益率(Return On Equity)
ROE = list()
# 创建空列表营业利润率(Operating Profit Ratio)
```

```
OPR = list()
# 按索引、行数据循环提取海康威视历史盈利数据
for idx, row in df.iterrows():
    # 将年份数据传输给 year
    year.append(row[0])
    # 如果权益净利率数据为空值即设置为"--",vla 数值为 0
    if row[4] == '--':
        val = 0
    # 如果权益净利率数据不为空值,去除百分号并转换为 float 型数据
    else:
        val = float(row[4].split("%")[0])
    # 将权益净利率数据传输给 ROE
    ROE.append(val)
    # 将营业利润率数据传输给 OPR
    OPR.append(float(row[2]))
    # 将总资产利润率数据传输给 ROA
    ROA.append(float(row[3]))
# 绘制"净资产收益率"图形,颜色为蓝色
plt.plot(year, ROE, marker = 'o', mec = 'b', mfc = 'b', color = 'b', label = u"净资产收益率")
# 绘制"营业利润率"图形,颜色为黄色
plt.plot(year, OPR, marker = '^', mec = 'y', mfc = 'y', color = 'y', label = u"营业利润率")
# 绘制"总资产利润率"图形,颜色为红色
plt.plot(year, ROA, marker = '*', mec = 'r', mfc = 'r', color = 'r', label = u"总资产利润率")
# 图例生效
plt.legend()
# x 轴标签设置为"年份"
plt.xlabel(u"年份")
# y 轴标签设置为"百分比"
plt.ylabel(u"百分比")
# 标题设置为"海康威视 2006—2023 年主要盈利指标折线图"
plt.title(u"海康威视 2006—2023 年主要盈利指标折线图")
# 保存图像并命名
plt.savefig("海康威视 2006—2023 年主要盈利指标折线图.png")
```

运行结果,如图 10-7 所示。

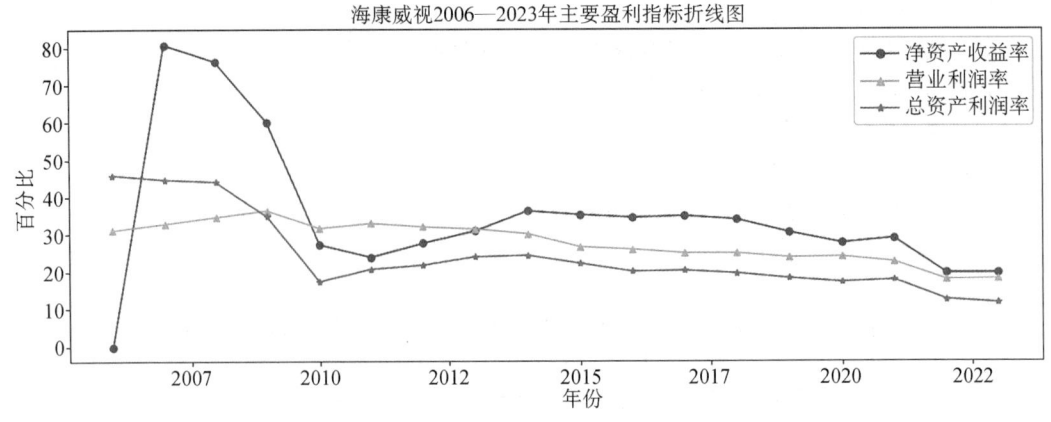

图 10-7　海康威视 2006—2023 年主要盈利指标折线图

项目总结

　　随着金融数据量的不断增长,对于处理和分析大规模数据的需求也日益迫切。本项目主要展示了如何利用 Python 工具分析企业及行业内财务指标数据,从而使金融从业者能够快速有效地获取并分析市场数据、财务数据以及其他相关数据,揭示隐藏在数据背后的规律和趋势,并基于此作出更准确的决策。

　　Python 作为一种功能强大且易于使用的编程语言,已经成为金融行业中的重要工具之一。其广泛的应用领域包括数据分析、量化交易、风险管理、人工智能与机器学习、金融产品开发、数据可视化以及金融大数据分析。Python 的灵活性和丰富的开源库使得金融专业人士能够更高效地处理金融数据,制定有效的投资策略,管理风险,并支持智能决策和自动化交易。在未来,Python 在金融领域的应用前景将继续扩展,并推动金融行业的创新和发展。